保安処分構想と医療観察法体制

日本精神保健福祉士協会の関わりをめぐって

樋澤吉彦

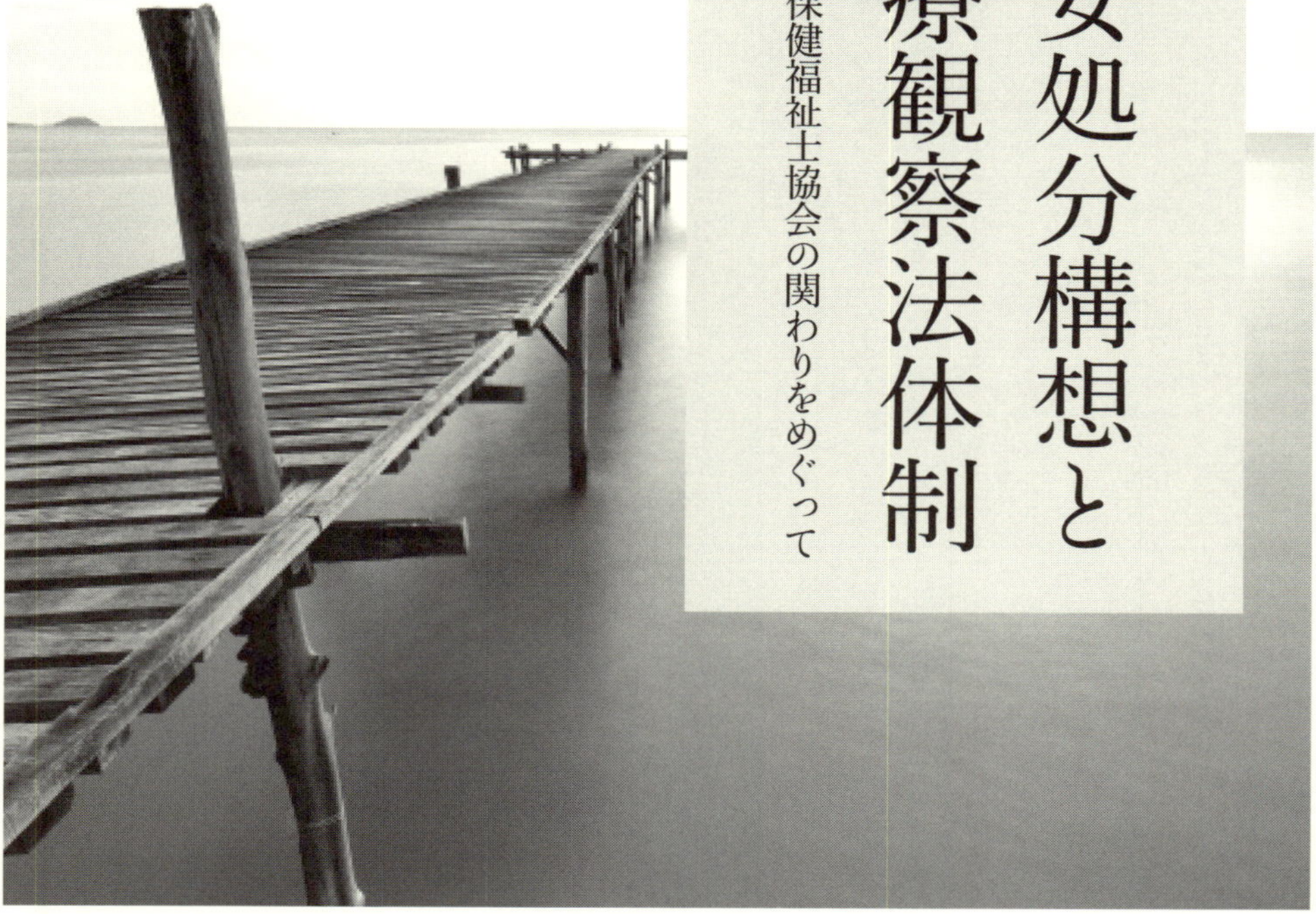

生活書院

はじめに

1　本書の目的

本書は、日本における保安処分に対して、少なくとも一九八〇年代前半までは強固に反対の立場を堅持してきた「日本精神医学ソーシャル・ワーカー協会」（現日本精神保健福祉士協会、以下、引用文献表記以外は協会と略す。また精神保健福祉士を含む精神保健福祉領域のソーシャルワーカーをＰＳＷと略す）が、二〇〇〇年代以降、その構造的類似性から一種の保安処分と同定できる「心神喪失等の状態で重大な他害行為を行った者の医療及び観察等に関する法律」（二〇〇三〔平成一五〕年七月成立、二〇〇五〔平成一七〕年七月施行。以下適宜、医療観察法、観察法または本法と略す）に対して実質的かつ積極的に関与を表明するに至った過程を整理し、検討を行うことを通して、ＰＳＷの医療観察法への関与の正当化論理、及びその鍵概念となる本法における「社会復帰」の意味について明らかにすることを目的としている。

2　本書主題に対する筆者の「態度」について——問題関心に代えて

本書を進めるにあたり、問題関心に代えて筆者の本法に対する態度を明確にしておきたい。本文で詳述の通り、医療観察法はいわゆる保安処分制度を定義付ける必要条件が完備されている点で実質的にわが国初の保安処分制度であると言える。その意味において筆者は、医療観察法は形式的にも実質的にも精神障害のある触法行為者に対してのみ「再犯の危険性」を根拠として当該本人の自由の剥奪を定めているという点において差別的で均衡を逸した制度であると考えており、本法の存在を承認することはできない。当然ながら承認できない法制度にＰＳＷが関与するということにも基本的には反対の立場である。再犯の危険性を公共の安全という面から捉えるか、それとも触法心神喪失者の利益という点から捉えるかによってその目的は異なり、そのうえで本法は後者を志向しているのであるから適正に運用しさえすれば問題は無いという立場が大勢を占めている状況であるが、上述の志向はどちらか一方のみを採用できるものではなく不可分のものである。「再犯の危険性」を根拠として自由の剥奪を伴う処遇制度である以上、運用者が意図せずとも上述の志向の両面を併せ持つことになる。

同じく本文で詳述するが、医療観察法は、特に一九八一（昭和五六）年に日弁連と法務省との間で開催されていた第四回刑法問題意見交換会の席上で法務省が提案した「保安処分制度の骨子」（刑事局案）とされ酷似している。刑事局案は、一九六一（昭和三六）年に刑法改正準備会より提案された「改正刑法準備草案」を踏襲した法制審議会総会による「改正刑法草案答申」（一九七四〔昭和四九〕年五月二九日、第一編第一五章に保安処分の規定あり）が各方面からの強い反対にあったことをふまえて、罪種による対象者の限定を行い、また保安上の必要という文言を削除した「改良」版である。しかしこの刑事局案も日の目を見ることは無かった。協会は同年の第一七回大会・総会において、やはり同年に「保安処分を含む刑法改正実施」を閣議において発言した当時の奥野法相に抗議文を提出し、さらに「保安処分に反対する精神医療従事者連絡協議会」への参加を決議している。少なくとも協会はこの時点では、現行の医療観察法と実質的に同じ作用をもつ刑事局案に対して、その存在自体否定しているのである。その後二〇年の時を経て、協会は関連団体の中でも実質的に最も積極的に医療観察法への関与を表明し、PSWはいまや本法運用の主軸の一人となっている。

筆者はPSWの本来的な活動は、「社会の安全」を志向した強制性を内包する医療観察法のような制度枠組みとは程遠いものと考えている。しかしだからと言って、PSWはもはや本法の制度枠組みから逃れられる状況にはない。また、医療観察法という制度枠組みを一旦離れて考えた場合、少なくともその対象者は、「犯罪者」でもなければ「触法精神障害者」[1]でもなく、精神疾患という難治性かつ社会的偏見の著しい病を抱え、それにより社会生活全般に困難を抱える一人の人間であり、それは紛れもなくPSWの支援対象者と規定される。PSWの使命は根拠法にもあるように精神障害者の社会生活支援にある[2]。病のみならずその病に付着する種々の偏見と差別が精神障害を抱える人々の社会復帰・社会生活の妨げの大きな要因となっていることは周知の事実であり、触法心神喪失者ともなれば、その困難はさらに増すことは想像に難くない。

しかしながらその専門的支援活動は、精神障害者の「危険性の除去」による「社会の安全・安寧」を志向する強制性を内包する医療観察法の枠内でのみ行われることになった。その帰結はそもそも必然であったのかもしれない。ここでいう必然とは、ＰＳＷの活動の価値基盤の中にもともと強制性が内包されていたという必然である。本書は上記の点を白日の下にさらすまでの研究であり、ＰＳＷに対して提言や「あるべき」論を提示するものではない。もちろん、本書は「告発」の論でもない。筆者はソーシャルワークを含む支援／治療には一定程度の強制性が必然的に内在されるものと考えており、それなしに支援／治療は成り立ち得ないと考えている[3]。筆者の問いは、その強制性がいったい何のための／誰のためのものであるのか、という至極凡庸な問いである。

本書は、「再犯のおそれ」と「医療の必要性」という相反的でありかつ相補的でもある処遇要件を完備した医療観察法に対するＰＳＷの関与の強度の過程を精査することを通して、上記の必然を解題するものであり、そしてその解の妥当性の検討の端緒の意味を持つものである。

3　本書の構成

第1章では、「保安処分」とは何かということについて述べる。保安処分については主として刑事法学の分野において膨大な先行研究が存在する。また保安処分は一貫してその矛先の一人に精神障害者を含めているが、日本における保安処分に関する先行研究を見る限り、そもそも保安処分の歴史は「触法精神障害者」対策の歴史と重なり合っていることが明白である。そのため精神医学分野においても特に「危険性予測の可否」と「処遇の内容とその効果」の領域において多数の先行研究が存在する。第1章では後述する医療観察法につながる始点として、保安処分の定義、執行形式、そして保安処分と刑罰との関係について整理する。

なお、第1章において歴史的仮名遣いで執筆された文献については、適宜現代仮名遣いにあらためて引用する。

第2章では、日本における保安処分導入の経過を概観する。その際留意すべき点が二つある。一つは「始点」の位置。もう一つは保安処分の「範囲」である。一つ目の始点については、主要な論考を見る限り概ね一九二六（大正一五）年の臨時法制審議会答申「刑法改正ノ綱領」に置くことで間違いはないと考えられる。二つ目の「範囲」は保安処分の性質に関わることでもありその境界設定は容易ではない。そもそも日本における保安処分制度検討の際のメルクマールともなっている一九六一（昭和三六）年の刑法改正準備会による「改正刑法準備草案」における保安処分条項では「治療処分」及び「禁断処分」、また本準備案をふまえた一九七四（昭和四九）年の法制審議会による改正刑法草案における保安処分条項では「治療処分」及び「禁絶処分」にそれぞれ「限定」されている。さらには一九八一（昭和五六）年に法務省が日弁連との合同の第四回「刑法問題意見交換会」の席上で提案した「保安処分制度（刑事局案）の骨子」では条項において保安処分という語はついに使用されずに名称自体「治療処分」として提案されている。また、精神衛生法から現行の精神保健福祉法に至るまで規定されている強制入院制度（措置入院、医療保護入院）については「行政処分」であり「司法処分」ではないという理由で保安処分の外縁に位置付けられることが定説であるが、これさえも境界設定の基準次第では保安処分となり得る。実際に保安処分と密接に関連するかたちで一九八八（昭和六三）年よりいわゆる「処遇困難患者」のための特別な病棟の設置に関する検討会が厚生科学研究の一つとして開始されている。なお「処遇困難患者」に対する処遇については第4章1-1で述べる。

第3章では、協会の保安処分に対する「対抗」の過程について述べる。協会は一九七四（昭和四九）年以降一九八三（昭和五八）年まで総会決議として五回の保安処分反対決議を行なっている。また一九八〇（昭和五五）年からは「保安処分に反対する精神医療従事者協議会」（日本精神神経学会を事務局として八団体が加盟・組織）に参加している。上記の決議内容は全て保安処分に対する「躊躇」や「保留」のない強固な反対・批判という内容となっている。第3章では第4章で詳述する協会の方針変更過程の整理・検討の前提として、日本における保安処分に対して、協会はどのような「対抗」の姿勢を示してきたのかについて、主に協会が発行してきた『PSW通信』及び関連資料等の記述の検討を通して明らかにする。

第4章では、第3章の「対抗」の時期からほぼ正確に二〇年後、協会が実質的な保安処分である医療観察法へ関与することになった方針変更の過程について述べる。一九九九（平成一一）年の精神保健福祉法改正時の「重大な犯罪を犯した精神障害者」の処遇に関する付帯決議や、二〇〇一（平成一三）年六月八日に発生した大阪教育大学付属池田小学校児童等無差別殺傷事件とその後の政府与党の動きを受けて、協会は第3章で述べる保安処分への対抗の姿勢から大きく方針を変更することとなる。この時、検討が開始された医療観察法与党案の中に「地方裁判所の判定機関」を構成する一員としてPSWが明記されたことを契機として、協会は、二〇〇一（平成一三）年一二月一三日付で全国の保護観察所にPSWを位置づけるという与党案より一歩踏み込んだ「要望」を厚生労働、法務両省に提出する。当初、処遇要件を「再犯のおそれ」としていた医療観察法案は成立までに若干停滞するものの、協会の「要望」の内容を反映させたともいえる修正が施され、二〇〇三（平成一五）年に成立する。ＰＳＷは医療観察法における「精神保健参与員」及び「社会復帰調整官」の事実上の職務要件となり、職務領域の拡大をかちとることに「成功」することになる。第４章では、はじめに医療観察法成立の過程について整理を行う。そのうえで、協会による医療観察法に対する見解等の内容の整理を通して、協会が「迷走」しながらも、徐々に本法に積極的に関与していく様相を明らかにする。

第５章では、第４章で検討した協会の迷走の過程をふまえて、ＰＳＷはどのようなロジックで医療観察法への関与を肯定しているのかについて、主に協会機関誌『精神保健福祉』における医療観察法に関する二度の特集号における論考の検討を通して整理する。

第６章では、社会復帰調整官の役割の一つである「精神保健観察」にみる「社会復帰」の意味について、主に医療観察法におけるＰＳＷの職務のなかでもＰＳＷの使命を具現化した社会復帰調整官の「精神保健観察」に関する論考の整理検討を通して、ＰＳＷの医療観察法への関与の正当化論理及びその鍵概念となる本法における「社会復帰」の意味について明らかにする。

終章では第６章までの総括をしたうえで、医療観察法を皮切りにＰＳＷが司法分野において構造的・機能的に「進出」の意思を明確にしている点を述べたうえで、今後の課題を述べる。

4　本書の意義

本書は医療観察法下におけるＰＳＷの本来的活動のための戦略構想の基礎的研究という位置づけをもつものである。医療観察法については、精神医学をはじめ、法学、看護学及び社会福祉学領域における先行研究が多数ある[4]。本文で詳述する通り、各領域における学術専門雑誌等においても多くの特集が組まれている。それらの先行研究はおおむね左の表のように分類できる。

医療観察法に関する先行研究の論点については、①法制度自体を是とすることを前提としたうえで制度運用が適正に行われるための方策検討や制度の円滑な推進のための方法・技術の研究と、②法制度自体の是非についての各領域からの検討、及び各実践領域の専門職の基盤となる価値と本法理念とのジレンマに関する研究、というようにおおむね二つに大別される。この二つの論点に対して、（ア）本制度に関わる専門職（精神科医、法曹関係者、看護師、精神保健福祉士等の実践領域）と、（イ）学術研究領域という二つの検討主体がそれぞれの視点から研究を行っている状況である。むろん、各論点及び各検討主体はさらに細分化されるものであるが、ここでは便宜上四つの枠組みに分類した。

本法の論点 ＼ 検討主体	(ア) 実践領域（精神医学、看護学、法学、社会福祉学）	(イ) 学術研究領域（精神医学、看護学、法学、社会福祉学）
① ・法制度運用の適正手続 ・法制度運用の方法・技術	○	○
② ・法制度自体の是非 ・現行法との整合性 ・本法との専門職ジレンマ	△	△

各枠組み中の記号は、その領域の先行研究（論考）の相対的進行状況とその「量」を示したものである（○→多い、△→少ない）。上述の先行研究等を概観すると、圧倒的に①-(ア)領域、及び①-(イ)領域におけるものが多い状況にある。それに対して②-(ア)領域、及び②-(イ)領域における先行研究は相対的にきわめて少ない[5]。②-(ア)領域については、本法制度関連分野に身を置き実践を行いながら本法自体の是非について検討を行うということでもあり、そのことは自らの専門職としての実践を、実践を通して否定するということにつながるものでもあり、困難さを内包するものである。その分、筆者を含めた②-(イ)領域が、①-(ア)及び①-(イ)の批判的検証の役割を担いつつ②-(ア)を補完しなければならないのであるが、当領域の先行研究はあまり活発な状況とはいえない。本章2で述べたことの具現化のためには②-(イ)領域における成果を蓄積していく必要があると考える。

［注］

1　協会は「『精神障害者の医療及び福祉の充実強化と触法心神喪失者等の処遇の改革に関する要望書』を提出するに至った経緯等の報告」（第4章2において後述。二〇〇二（平成一四）年一月）のなかで、「触法」という言葉の特殊性を指摘しつつも、自民党や与党のプロジェクトチームが一貫して「触法精神障害者」ではなく「触法心神喪失者」の表記を使用していることに対して一定の評価を与えている。但し筆者は、「触法」の語自体についても「少年非行」の分野における「触法少年」（一四歳に満たないで刑罰法令に触れる行為をした少年）として使用されているように、それ自体に差別性を内在した価値的要素は含まれていないと考えている。そのため本書では適宜、「触法精神障害者」を使用している。

2　「精神保健福祉士」の定義は、「精神保健福祉士の名称を用いて、精神障害者の保健及び福祉に関する専門的知識及び技術をもって、精神科病院その他の医療施設において精神障害の医療を受け、又は精神障害者の社会復帰の促進を図ることを目的とする施設を利用している者の社会復帰に関する相談に応じ、助言、指導、日常生活への適応のために必要な訓練その他の援助を行うこと（中略）を業とする者」である（精神保健福祉士法二条）。日本精神保健福祉士協会のホームページでは、「精神保健福祉士」とは単科精神科病院、総合病院の精神科、精神障害者の地域生活支援を目的とする社会復帰施設、福祉行政機関等で、社会福祉学を基盤として、精神障害者の抱える生活問題や社会問題の解決のための援助、及び社会参加に向けての支援を通して、「その人らしいライフスタイルの獲得」を目標とする専門職であると明記している（日本精神保健福祉士協会［2015-］）。

3　筆者は樋澤［2014］において「暴力」の語をあえて用いたうえで、「専門的治療／支援はその行為様態にかかわらずすべて『暴力』であり、支援を行う専門家は自らの種々のかかわりが暴力の行使であることを開き直ることなく自覚しながら暴力として支援実践を行う必要がある」旨を論じている。それ以前に筆者は協会機関誌に所収された樋澤［2003］をはじめ、同［2005a］、同［2005b］において、いわゆる「パターナリズム／パターナリスティックな介入行為」をソーシャルワークにとって条件付きで必要不可欠なものと位置づけている。

4　医療観察法に関する精神医学、看護学、法学の各分野の主な先行研究については第4章注3に記載している。また、社会福祉学分野の先行研究については終章注2に記載している。筆者はこれまで本主題における論点を含ませながら医療観察法とＰＳＷとの関係について検討を行ってきている（樋澤［2008］、同［2011a］、同［2011b］、同［2015］）。

5

上記注4及び第4章注3とも重複するが、例えば政府与党において観察法が具体的に検討されはじめた二〇〇一（平成一三）年から法施行後一年後の二〇〇六（平成一八）年までの間の期間に限定して、一般的な学術情報データベースであるＮＩＩ学術情報ナビゲータ（CiNii）を用いてキーワードを「医療観察法」で検索すると、学会報告要旨も含めて二六四件の論考がある。同様に「触法精神障害者」で検索すると上記と重複しているものも含めて一五三件の論考がある。また同様に「社会復帰調整官」は一〇件となっている。筆者は重複分を除き、これらに加えて当該論考の引用文献のうちCiNiiに登録されていない論考を含めて、同様の期間分については三三六本の論考を収集した。本文において詳述するが、医療観察法に対しては協会も含めて精神医療・保健・福祉に関わる学術及び職能一九団体が加盟している「精神保健従事者団体懇談会（精従懇）」として二〇〇二（平成一四）年五月一四日付で、当時、審議段階にあった医療観察法の可決成立に明確に「反対」の意思を表明している。協会は上述期間の二〇〇二（平成一四）年に機関誌において観察法に関する特集を企画している（日本精神保健福祉協会［2002e］）。当該声明に名を連ねている団体のうち精神医学分野の主要団体としては日本精神神経学会及び日本病院・地域精神医学会があげられる。前者は上述期間に機関誌『精神神經學雑誌』において日本精神神経学会総会第一〇一回及び一〇二回大会において開催された医療観察法についての企画シンポジウム関連論考が所収されている（日本精神神経学会［2006a］、同［2006b］）。それぞれ法に賛成・反対の立場からの論考が所収されているが、本文の②-(ア)の立場からの論考については中島（中島［2006a］、同［2006b］）、冨田（冨田［2006］）によるものがある程度で、それ以外は地域処遇に係る運用上の課題、いわゆる精神鑑定全般に関する運用上の課題、本法における鑑定入院と審判に係る運用上の課題等、①-(ア)の立場のものである。後者は上述期間に機関誌『病院・地域精神医学』において本法関連特集「精神保健福祉における暴力の問題」（病院・地域精神医学会［2005］）において観察法関連論考が所収されているが、基本的には

①-(ア)の立場のものである。上述期間における看護学分野のものとしては『精神看護』における特集がある(『精神看護』編集室[2004])。論考執筆者は必ずしも看護学専門の研究者、実践者ではなく、法施行前後という時期もあり、医師や検事による法の概要紹介のニュアンスのものがほとんどである。看護学分野について筆者は上述と同様の検索のもとで二〇一三年までの間のものとして九三本の論考を収集・整理したが、全てが①-(ア)、特に病床における多職種チーム(Multi Disciplinary Team：MDT)における看護師の役割に関するものが多い。また看護学分野のもう一つの特徴として、医療観察法病棟における看護師のストレスに関する論考が施行後三~六年の間に複数報告されている点があげられる(梅津[2007]、宮城[2009]、板山[2011]、櫻木[2011]、梅﨑[2011])。上述期間における法学分野のものとしては、本法特集号である『ジュリスト』増刊号(町野編[2004])をはじめ『法と精神医療』(法と精神医療学会[2004]、同[2005])、『法と民主主義』(日本民主法律家協会[2002])、『判例タイムズ』(判例タイムズ社[2005])、『刑法雑誌』(日本刑法学会[2005])、『法律のひろば』(『法律のひろば』編集部[2006])、『更生保護と犯罪予防』(日本更生保護協会[2005])、『犯罪と非行』(日立みらい財団[2003])における特集号において観察法関連論考が所収されている。法成立直前の『法と民主主義』における特集号はおおむね②-(ア)の立場のものであるが、それ以外はほとんどが①-(ア)の立場の論考である。

保安処分構想と医療観察法体制——日本精神保健福祉士協会の関わりをめぐって

目　次

終章　本書のまとめ――ＰＳＷの司法分野における構造的・機能的役割拡大へ

第1章

保安処分とは何か

第1章では「保安処分」とは何かについて述べる。「はじめに」で述べたように保安処分については主として刑事法学の分野において膨大な先行研究が存在し、また精神医学分野においてもその主要な対象が「触法精神障害者」であるが故に特に「危険性予測の可否」と「処遇の内容とその効果」の領域において多くの先行研究がある[1]。本章では後述する医療観察法につながる始点として、保安処分の定義、執行形式、そして保安処分と刑罰との関係について整理する。

1 保安処分の始点と定義

日本における新派刑法学の第一人者（三井他編［2003: 743］）である牧野英一は一九二九（昭和四）年の

著書において次のよう述べている。

いうまでもなく、最近の諸国の刑法草案では、保安処分に関して規定を設けていないものがない。思うに、保安処分ということは、二十世紀、少くともその初頭における世界の刑法の特色を為すものであろう。丁度、十九世紀の刑法が罪刑法定主義をその特色としたように（牧野［1929：265］）。

むろん、実際は日本においては罪刑法定主義に基づく刑罰一元主義が採られており、牧野の予測通りにはならなかった。しかし一九世紀後半から二〇世紀初頭にかけて保安処分がにわかに勃興したのは事実である。その背景には「累犯の増加」や「数多くの犯人を無差別に同一監房に留置する」というような「監獄の不完全」があった（牧野［1925：56］）。

保安処分の始点は一八九三年、スイス・ベルン大学教授で刑法学者カール・シュトース（Carl Stooss）によるスイス刑法典予備草案、いわゆる「シュトース案」における規定であるということが刑事法学をはじめとする複数の論者により定説として述べられている[2]。但しこれよりも前、一八六六年一月三〇日のベルン刑法典において保安処分の語がすでに用いられていた（木村［1942：356］）。またさらにそれよりも以前、一八世紀初頭のドイツにおいて犯罪の嫌疑を解くまでは釈放されない保安処分的要素を持つ「嫌疑刑」と呼ばれる刑罰が存在していた（小川［1964：45］）。一七九四年の「プロシア共通地方法」のうち刑法部分の立案者であった刑法学者クライン（E.F.Klen）は、これを刑罰から切り離し保安処分とする二元主義を主張した（木村［1942：364］、小川［1952：42］、同［1964：45-46］、墨谷［1982：70］）。クラインは刑罰及び保安処分両者の唯一の正当化根拠を「公共の安寧幸福」に置いた（安平［1936：64-65］）。その後、一七九九年には保安処分の一元主義が採られた（小川［1964：46］）。クラインの保安処分一元主義は、法と道徳の分離、罪刑法定主義を徹底させた刑法学者フォイエルバッハ（A.v.Feuerbach）による批判を受けることになる[3]。

「制度」としての保安処分は、主としてドイツ（一九三三年、ナチス政権下の刑法に導入、その後、一九六九年に改正）（大西他［1983］）、イタリア（一九三〇年、刑法に導入）（森下［1982］、同［1984］）、スウェーデン（一九二七年、「異常な犯人」と「重大な累犯者」に対する保安拘禁と監置の制度）（森下［1958］、古田［1981e］）、デンマーク（一九二五年、「精神機能の発育不全、かなり恒久的な欠陥または障害――性的異常を含む――により罪を犯し、公共の安全に対していちじるしく明白かつ重大な危害を与える、特に危険な人物の収容に関する法律」が施行、一九三〇年、刑法に導入され、一九三三年施行）（森下［1958］、古田［1981g］、葉山他［1983］）、ノルウェー（一九〇二年制定の刑法に不定期刑と保安拘禁が導入）（森下［1958］）、オランダ（一八八六年精神病院への収容命令が規定、一九二五年には「ＴＢＲ処分（政府の処置にゆだねる監置処分）」が導入され一九二八年より施行）（古田［1981c］、日本弁護士連合会編［1983：60-75］、永野［1983］）等で主に刑法典の一部として導入された。またフィンランドは刑法に関連する法律として保安処分を制定している（特別法として例えば一九三二年に制定された危険な累犯者に関する法律）（森下［1958］、Günter Blau／斎藤訳［1962］）。刑罰と保安処分との区別はおろか保安処分という概念自体存在しない（荘子［1958］、古田［1981a］、同［1981b］、戸塚［1983］）イギリスは、上述の安平による第二期における各種法に加えて、一九五九年の「精神保健法（Mental Health Act）」（一九八三年及び二〇〇七年に改正）[4]において行政措置としての緊急入院（Emergency admission）とは別に、犯罪を犯した精神障害者に対する裁判所による入院命令（Hospital order）が規定されており、実質的な保安処分制度（古田［1981a：3-4］）として運用が開始された。後述の通りイギリスにおける処遇実践は医療観察法の事実上の主要なモデルとなっている。日本が旧刑法（一八八二〔明治一五〕年施行）のモデルとしたフランスでは刑法典のなかに犯罪を犯した精神障害者に対する保安処分を導入する草案が一九三四年以降数次にわたって出されているものの、いわゆる司法処分としての制度導入には至っていない。

保安処分はどのように定義づけがなされているのか。『刑事法辞典』では以下のように定義されている。

広義においては、犯罪の防遏（ぼうあつ）のために用いられる刑罰以外の刑事処分を保安処分という。刑事裁判所で適用の可否が決定される点で、措置入院などの行政処分と異なる。刑罰が過去の違法な行為に対する責任非難・代償として、個人の法益を剥奪するのに対して、保安処分は、行為・行為者・物などの規制対象の危険性の除去ないしは予防にその中心的役割がある。／広義の保安処分には、物の利用制限、財産的利益の没収、営業所の閉鎖などの対物処分も含まれるが、狭義においては、対人処分を保安処分と呼んでいる。対人処分には、運転免許の停止・取消し、居住の制限、保護観察、優生手術などのような自由制限を伴う処分と施設に収容する自由剥奪を伴う処分とがあり、後者を再狭義における保安処分という。再狭義の保安処分にも、対象者の改善を目標とする処分と隔離を目標とする処分とがあり、前者を改善処分（中略）、後者を保安処分（中略）と呼んで区別することもある（三井他編［2003：708］）。

但し、広義と狭義の捉え方については後段の牧野のように、保安処分を教育・矯正と隔離とに分け、後者を狭義の保安処分とする場合もある（牧野［1925：235］）。さらに同じく後段の木村のように、定義付けの要素の完備の程度により広義と狭義を段階的に分類して説明する場合もある（木村［1942：355-358］）。後述のようにそもそも保安処分の定義に幅があるのは、それが「元来理論に依って構成せられたところのものではなくして、実際の要求に基いて成立したもの」であって（木村［1942：377］）、「保安処分という言葉を用いること自体が実際の要求から生まれている」からである（小川［1964：2］）。このように保安処分に関しては論者により広義・狭義の範囲が異なるため注意が必要である。

『刑事法辞典』の定義から保安処分を構成する三つの要素を抽出することができる。第一は、「犯罪の危険の防止（再犯防止）」を企図した処分であるということである。第二は、「刑罰の補充・代替」として当該個人の「治療・教育・改善」を目的とした「自由の剥奪を伴う隔離・拘禁を含む強制的な措置」であるということである。そして第三は、精神保健福祉法における強制入院制度である措置入院のような行政処分とは異なり、刑事裁判所によって言い渡される「司法処分」であるということである。第2章以降で日本における保安処分の過程及び医療観察法の導入過程について検討を行うが、制度案に対する厳しい批判を受けて、その対象や名称の修正が行われるものの、この三つの要素は医療観察法に至るまで基本的には完備されている。

本書では基本的に以上の三つの要件が含まれている法制度について「保安処分」と定義する。この定義を土台としてここで保安処分についての古典的な定義を提示しておきたい。

牧野は、論の前提として「中間者」の処遇、すなわち心神耗弱者を取り上げる[5]。

わが刑法第三九条第二項は心神耗弱者に対して刑を減軽すべきことを規定している。従来の自由意思論に従うときは、自由意思が、その自由において五割減ぜられるにつれて、刑も又五割減軽されねばならぬ、またそれでいい、ということになるのである。しかし、これでは、観念上の問題はそこに形式上解決され得たにしても、実際問題は、実質上、少しも解決され得ていないのである。責任半減の原則に依っては、心神耗弱者に困る社会生活の侵害乃至脅威に対し、社会の秩序を維持し乃至発達を促進することは少しも待ち設けられないばかりでなく、却って、それが常に危殆に陥らざるを得ないことになるのである（牧野[1934：65]）。

そして以上のような心神耗弱者に対しては「刑に加えて――むしろ刑に代えて――」、「刑と治療法との中間に位するもの」（牧野［1934：66］）として保安処分の必要性を主張する。保安処分には「社会防衛」と「治療」という二つの目的が含まれる。

保安処分は、一方において、社会防衛を全うせねばならぬ。その危険なる心神耗弱者から受ける脅威に対して、社会の保安を全うせねばならぬのである。刑は、従来、この意味において、甚しく不完全なものであったのであるが、それが心神耗弱者に対する場合においては格別に著しいことになるのである。それを、今、保安処分に因って補充しようということになるのである。／保安処分は、なお、他方において、心神耗弱者に対する治療を全うすることにせねばならぬ。心神耗弱者は、やはり、その耗弱の点において一種の精神病者であるのである。そうして、通常の精神病者に対して社会は治療の方法を講ぜねばならぬものであるならば、おなじく、心神耗弱者に対しても、社会は治療の方法を尽さねばならぬのである（牧野［1934：70-71］）。

牧野は保安処分の実際の運用について、①不定期であること、及び②先に保安処分を執行したうえで刑の執行を行うこと、場合によっては刑の執行を免除することの二点を示している（牧野［1934：71-72］）。安平は「社会一般の安寧維持」のためには「個人の利益を犠牲に供するもまたやむを得ず」（安平［1936：序3-4］）との信念のもと、保安処分を次のように定義する。

保安処分とは、犯罪または之に類似する行為に出でむとする特殊の危険性ある者に対し、その将来的危険を防止し、社会的秩序の侵害を予防するの目的を以てなさるる行政的処分を云い、その実質は、個人を社会に適合せしむるか、または適合不可能の者を社会より隔離せむとする国家的の処置をいう（安平［1936：25-26］）。

すなわち「犯人の危険性に対応した特殊の処置をなすことによって犯人の再犯危険を防止せんとするもの」は（狭義の）保安処分となる。これに「改善」を加えたものが広義の保安処分となり、安平は一般的には広義の保安処分がすなわち保安処分となるとしている（安平［1936：26］）。上述した一般的な定義と比較してその条件は非常に広くかつ緩くとられている。上述の定義づけの三要素のうち第三の要素は含まれておらず、むしろ、行政的処分全般を含むものと規定されている。安平は刑罰との比較において保安処分の特徴を四点にまとめている。第一は、刑罰は犯罪鎮圧としての一般予防を第一次目的としているのに対して、保安処分は特別予防を第一次目的としており、一般予防は副次的なものとしている点である。第二は、刑罰は応報観念の充足を目的としているのに対して、保安処分は危険性の駆逐を目的としている点である。第三は、刑罰は「害悪たる性質」を持つのに対して、保安処分は危険性防止のための手段性が本質である点である。そして第四は、刑罰は責任を基礎として科すのに対して、保安処分は犯人の「社会的危険性」に立脚して科す点である（安平［1936：44-45］）。

安平は保安処分の対象として「一定の犯罪的危険性のある物体」と端的に述べている。「処分の目的はこの危険物体に対して直接、間接に之が排除を試みんとするにある」（安平［1936：330］）。「犯罪的危険の主体」は、直接的には「一定の人」であり、間接的には「一定の物」となる。そのため保安処分は「人的保安処分」と「物的保安処分」とに分類される。

「人的保安処分」は「一定の人格に対してその者によって惹起されんとする将来の犯罪的危険行為より之を防衛せんが為めに之に対し加えらる、刑法的の強制処分」を指す。判断の対象となるのは「一定人の『社会共同生活に対する将来的危険性』の存否」であり、「刑事事件」に関連をもつ「一定人格が危険性」を有する限り「凡ての自然人は処分の対象となる」（安平［1936：332］）。これに対して「物的保安処分」は「犯罪及びそれによる侵害的危険を防止せんとの目的を以て、直接に物に対して加えらる、国家的予防手段」を指す（安平［1936：322-333］）。具体的には犯罪を誘発する可能性のある凶器等や、あるいは既に発生した犯罪の「残存的危険物」、例えば犯行に使用された凶器や犯罪により取得した賄賂等がこれにあたる（安平［1936：334］）。

木村亀二は主観主義・行為者主義の立場から、「保安処分」という言葉の由来に触れたうえで、保安処分を広義と狭義とに分類している。広義の保安処分は「犯罪の危険を防止する為めに、刑罰以外に於てこれを補充し、又は、これを代替するものとして、国家が使用するところの改善・教育・保護その他の処分の総てを含むもの」としている。それに対して狭義の保安処分は「刑罰以外に於てこれに代替するか又はこれを補充するものであつて、犯罪行為を原因として行為者の危険性を防止する為めに裁判所に依って言渡されるところの行為者の自由を剝奪することを内容とする処分」とする。木村の定義に従えば広義の保安処分に関しては上述三要素のうち第一の犯罪の危険の防止ということのみ合致することになる。木村の広義の定義には狭義の定義に比して「自由の剥奪」は要素に入っておらず、また、裁判所による言渡しの有無も含まれていない。さらには、当時の少年法及びイタリア刑法の例を示したうえで、「最広義に於ける保安処分の概念に在っては、犯罪行為の有無は処分の要件とせられない」と述べている。そのうえで当時の諸外国の刑法草案の概念をふまえて保安処分について議論する際は広義の定義のものと解すべきと述べている（木村［1942：355-358］）。

法務官僚として日本における保護観察処分制度導入に尽力した小川太郎は保安処分を以下のように定義する。

> 保安処分とは、特定の犯人の犯罪を原因として、その将来の危険を防止するために、刑罰以外においてこれを補充しまたはこれに代替するものとして、裁判所によって言渡されるところのその犯人に対する自

由の剝奪または制限を伴う隔離または改善の処分である（小川［1964：27］）。

小川の定義は木村の狭義の定義とほぼ同様のものであるが、小川はこの定義をふまえ保安処分の性質を五点挙げる。第一は、保安処分を「一般人を対象とする防犯処分」と異なり「個々の犯人に対する処分」とするという点である。これはすなわち特別予防を指す。第二は、「保安処分は犯罪のあることを前提とする」という点である。第三は、「保安処分においては、犯人の将来の危険性」の認定の必要があるという点である。第四は、「自由の剝奪または制限を伴う隔離または改善の処分」であるという点である。そして第五は、「裁判所によって言渡される」という点である（小川［1964：27-35］）。小川の定義も基本的には上述三要素と合致している。小川は以上五点の性質に加えて保安処分制度の前提として、「従来の刑事制度にはなかった機関と施設」を持つ必要を述べている。具体的には裁判所には「考査所」または「鑑別所」などの専門機関の附置、また処分の執行については「専門家と良識者とを構成員とする委員会組織」と「保護観察官、調査官などの名をもってよばれる職員」の必要性を挙げている（小川［1964：34-35］）。

瀧川は刑罰手段の体系との比較において保安処分を説明している。第一は、刑罰は「犯罪鎮圧」であるのに対して、保安処分は「犯罪予防」である点である。第二は、刑罰の発生動因は違法行為に対する制裁としての「応報」であるのに対して、保安処分は「将来的危険性の防衛」としての「個別処遇」を目標とする点である。第三は、刑罰は「害悪」が本質であるが、保安処分はそうではない点である。そして第四は、刑罰は個々の違法行為ごとの「責任」を基礎としているが、保安処分は「犯罪人の社会的危険性」に立脚している点である（瀧川［1962：95］）。瀧川の保安処分の説明は刑罰の比較においてなされているため当然ながら司法処分ということが前提となっている。

2 保安処分の執行形式

保安処分の具体的な執行形式としてどのような種類のものが想定されているか。安平は一九三一（昭和六）年の改正刑法草案に盛り込まれた保安処分、すなわち「監護処分」、「矯正処分」、「労作処分」、「予防処分」に加えて、付随的なものとして「保護観察」、「善行保証」及び、当時の少年法に規定されていた「保護処分」を含めた七種類の処分を保安処分として説明している。なお、この他に当時の「精神病院法」（一九一九〔大正八〕年）における「監置処分」なども挙げているが、これについては「本質は全く行政的なもの」として保安処分には含めていない（安平［1936：334-336］）。

木村は当時の各国の刑法草案の規定をふまえて上述の安平による説明と同様に保安処分を「対人的保安処分」と「対物的保安処分」とに分類している。前者については自由剥奪の有無によりさらに二つに分類できるとしている。自由剥奪を伴う対人的保安処分については、①責任無能力者及び限定責任能力者に対する治療監護所収容、②酒癖者及び麻酔剤等の使用者に対する矯正所収容、③浮浪・乞食者及び労働嫌忌者等に対する労働所収容、④犯罪の常習者及び危険者に対する予防所収容、の四種類を挙げている。また自由剥奪を伴わない対人的保安処分として、①職業等の禁止、②居住制限、③国外追放、④保護監視、⑤

善行保証、⑥去勢、⑦飲酒店出入禁止、等を主なものとして挙げている。対物的保安処分については、①没収、②営業所閉鎖、③法人の解散、等を主なものとして挙げている。以上のうち木村も一九三一（昭和六）年の改正刑法草案をふまえて、自由剥奪を伴う四種の処分を保安処分と規定することについて妥当であるとしている（木村［1942：381］）。

小川は特に対人的保安処分を取り上げ、保安処分の基本構造を「隔離、改善」の軸と「自由制限、剥奪」軸との四要素の組み合わせにおいて説明している。すなわち、隔離によって社会の安全を図る「自由を剥奪することによる隔離処分」、拘禁をしないまでも当該者の行動を制限することを通して社会を防衛することを企図する「自由を制限することによる隔離処分」、少年院等への収容もしくは精神病者に対する治療処分等の「自由を剥奪することによる改善処分」、そして保護観察等に代表される「自由を制限することによる改善処分」である（小川［1964：37-43］）。処分の様態については第2章の日本における保安処分の歴史の整理検討の箇所において、特に日本における刑法改正草案に盛り込まれた処遇の種類についてあらためて述べる。

3　刑罰と保安処分の関係――併行主義と代替主義

保安処分と刑罰とが同じ刑法典に規定されているとき、どちらを優先的に執行すべきなのか。また、そもそも理論的背景の異なるものを同じ刑法典に定めることについて問題はないのか。瀧川は両者について、

「両者は必ずしも明確に区別されえないものがあり、また純理論的、終極的な目的観においても全く相異なるものとして理解しえざる」ことは事実であるとし、「応報観念を前提として成立している刑罰」と「犯罪的傾向に対する社会防衛手段としての処分」を概念上は明確に区別しながらも、両者ともに同じ刑法典に規定しているところに「今日の刑法改正或は改正された刑法典の立法理念や立法技術上の困難が存する」と指摘している（瀧川［1962：96］）。ここで指摘される刑罰と保安処分との競合・代替の問題は、旧派的な刑罰の乗り越えとして勃興してきた保安処分を刑罰と併存させるという矛盾という形で、制度の運用・手続き上の問題を超えて保安処分存立に関する根本的課題となっている。

この点については安平による詳細な分類がある（安平［1936：397-417］）。はじめに安平は検討の前提として刑罰と保安処分に関するいわゆる「一元主義」と「二元主義」について整理を行っている。すなわち刑法典の中において制裁手段として刑罰と保安処分の規定を認めているものを「広義の二元主義」と呼ぶ。反対に刑罰または保安処分のどちらか一つのみの規定を認めるものを「広義の一元主義」と呼ぶ。「広義の二元主義」は後述する「狭義の二元主義」（「重畳主義」）と「狭義の一元主義」（「代替主義」）とに分類される。前者の「狭義の二元主義」はその執行にあたってさらに「執行上の併行主義」と「執行上の代替主義」とに分類される。

以上の基本的な分類をふまえて安平は、保安処分と刑罰の関係に関して（A）「処分言渡しに関し、法条競合の場合」、（B）「同一人に対し、刑罰と処分の競合を生ずる場合」、（C）「同一人に対し、二以上の処分が同時に競合する場合」の三パターンに分けて検討すべきとしている。そしてこれらのパターンは「言渡手続上の問題」と「執行上の問題」とにそれぞれ関連づけて検討されるべきとしている。（A）については、「事態の現状に即して、処分本来の合目的観に訴えて最も有効適切なるものが適用」される必要があるとしている。（B）については、（a）刑法典において刑罰か保安処分のどちらか一つのみを認める広義の一元主義、（b）刑罰と保安処分の併科を許す広義の二元主義、そして（c）原則として併科を許すも裁判官が場合によってはどちらか一つを宣告し、それをもって他に代替させるという狭義の一元主義の三つに分類される。（C）についても（B）と同じように分類される。これに続いて安平は上述の「広義の二元主義」の基本的分類、すなわち「狭義の二元主義」（「重畳主義」）と「狭義の一元主義」（「代替主義」）についてその「良し悪し」の検討を行っている。

「狭義の二元主義」について安平は、当該形式は理論的に最も単純で自然的なものとしているが、執行段階において困難が生じると述べる。刑罰か保安処分のどちらか一方を先に執行した際、その執行によって一定の刑政目的を達成した場合、それでもさらに他方を科すということは「無意義」であり、「無用有害」なものとなる。この弊害を解決しようとするものが「狭義の一元主義」（「代替主義」）である。狭義の一元主義は、刑法典上は二元主義であるが、その適用において保安処分一元主義を採る形式である。狭義の二元主義の執行上の問題点である一定の処分後の更なる処分の弊害は当形式では一応解決することになる。しかし狭義の一元主義においては刑罰と保安処分は代替的関係に置かれるため双方の類似性が求められる。その点において、そもそもその本質を異にする刑罰と保安処分との交互代替を許すことについて旧派学派から「事態の混同であり正義的でない」という批判がなされることになる。そもそも刑罰の不十分性によって保安処分が勃興したのであるから刑罰によって保安処分が代替できるとなるとそれは理論矛盾となる。安平はこの点について「刑罰はその行使が、一定の処分の行使によって到達せんとする目的を達し得る限りに於て、保安処分を代替し得べき」と総括する。安平は日本における刑罰制度を概観したうえで、刑罰には「広範囲に於て、保安処分の分子を内蔵するが故に、之に類似する広範囲の保安処分を代位し得べく、その限りに於て保安処分は抹殺されて然るべきこと、なるのである」（安平［1936：407］）という。

これとは反対に保安処分による刑罰の代替の可能性について安平は、「責任判断」と「一般人威嚇作用」という二つの点において代替可能であるとしている。一つ目の責任判断について安平は「『裁判に於ける責任判断及び非難性』の点は、処分とても、一定犯罪行為に基き、裁判によって科せられる、限り、刑罰の場合と異らない」と述べ、仮に裁判官が刑罰の代わりに保安処分を科したとしても責任判断は加えられたことになり、保安処分による刑罰の代替は可能であるとする。二つ目の「一般人威嚇作用」はすなわち一般予防作用のことであるが、これについて安平は代替可能性について「やや疑ひなきを得ぬ」としながらも、「自由剥奪に関する保安監置、強制労働、酒癖矯正、非自由処分なる国外追放、職業禁止、公権剥奪の如し」「多くの処分は、その内実に於て、害悪分子を含んでいること明白である」（安平［1936：409］）として、刑罰を代替し得るとする。

4　小括

以上、本章では本書の端緒として保安処分とは何かということについての整理を行った。本章の要点を二点にまとめる。第一は、古典的な保安処分の焦点は「危険性の除去」であり、それが可能な場合は「治療・矯正」へ、不可能な場合は「予防拘禁」へという風に、改善可能性の可否自体は処遇要件にはなっていない点である。第二は、「治療・矯正」の対象と想定されていたのは、当該制度検討初期の段階からいわゆる心神喪失等の状態が呈される精神障害者とアルコール・薬物依存症者であった点である。第2章では、本章で整理した保安処分の理念型が日本においてどのように具現化されようとしていったのか、そしてなぜ「保安処分」としては具現化されなかったのかについて、その過程について整理検討を行う。

［注］

1　例えば「はじめに」注5でも触れ、本書の引用文献の基本的なデータベースとして活用したＮＩＩ学術情報ナビゲータ（CiNii）で、日本において本格的に保安処分についての検討が開始される、戦後の一九四五（昭和二〇）年から大阪教育大学付属池田小学校児童等無差別殺傷事件が発生する前年の二〇〇〇（平成一二）年までの間に限定して、「保安処分」のキーワードで検索すると学会要旨や一般雑誌記事も含めて四一七件の論考がある。これを「法」と「精神医療」とに大別し、それぞれ主要な学術誌等で絞込検索を行った場合、前者については『季刊刑政』では本章でも多数引用している牧野英一の論考含め六編、『法律時報』では一九六九（昭和四四）年及び一九七三（昭和四八）年の二度の保安処分及び刑法改正に関する特集号を含め二〇編、『法律のひろば』では2章でその検討過程について述べるが一九六一（昭和三六）年一二月に刑法改正準備会によって公表された「改正刑法準備草案」について、本章でも引用した小川太郎の解説論考や一九七二（昭和四七）年及び一九八一（昭和五六）年の二度の保安処分に関する特集号を含め三七編、『自由と正義』では一九六九（昭和四四）年及び一九八一（昭和五六）年の二度の特集を含め一七件、『判例時報』では本章1諸外国における動向の箇所で引用した古田佑紀によるヨーロッパ諸国における保安処分に関する一〇本の連載（古田［1981a～j］）、

『判例タイムズ』でも同じく本章1諸外国における動向の箇所で引用した森下忠による論考（森下［1982］、同［1984］）を含むヨーロッパ諸国における保安処分に関する論考等一五編等が挙げられる。後者の「精神医療」については、『精神神経学雑誌』（精神神經學雜誌）では一九七二（昭和四七）年及び一九八一（昭和五六）年の日本精神神経学会における特集を含め二一編等が挙げられる。筆者は上述データベースを参考として、本書引用文献および参考文献として保安処分に関して一三四編の論考を収集した。その多くは、2章で詳述するが、法制審議会総会による「改正刑法草案答申」が出された一九七四（昭和四九）年前後及び、法務省による「保安処分制度の骨子（刑事局案）」が素案として公表された一九八一（昭和五六）年前後に集中している。

2　保安処分の概要の整理を行っている本章では、当該制度の始点に関する議論を始めとして、三井他編［2003］を適宜参考にしながら、小川［1964：7］で挙げられている比較的初期の刑事法学分野における保安処分に関する基本的文献のうち、牧野［1925］、同［1929］、同［1934］、安平［1936］、木村［1942］、Günter Blau／斎藤訳［1962］に加えて、小川［1952］、日本刑法学会編［1958］、瀧川［1962］、泉編［1983］、吉川［2001］等を引用、参考文献として整理検討を行っている。

3　保安処分の歴史の前提として刑罰理論の系譜について触れておきたい。刑罰とは「裁判官が犯人に対し犯罪ありたるの故を以て科する害悪であり、それは行為及び行為者に対する社会的無価値の判断を表明の下に置かんとするものである」（安平［1936：23］）。刑罰の基本的な考え方として、その根拠に「応報」を求める説（応報刑）と「目的」を求める説（目的刑）とがある。前者は犯罪という行為そのもの（過去）に刑罰の根拠を置く。そのため前者においては犯罪者個人の「資質・性格」は考慮されない。それに対して後者は「犯罪者」すなわち行為者（未来）に刑罰の根拠を置く。後者の場合、必然的に行為者の再犯防止すなわち「予防」（行為者の「危険性」の除去）に接続する。後者における刑罰は行為者の将来を見据えて科されるものとなるため、その内容は「治療・改善・教育」となる。目的刑論における予防は一般予防と特別予防とに大別される。一般予防は「一定の犯罪に対し一定の刑罰を表示すること」すなわち罪刑法定主義を基礎として、国家が国民に対し権威を威嚇として事前に示すことにより、一般人を犯罪から遠ざけることを指す。本論でとりあげたフォイエルバッハによる心理強制説は一般予防の中心的学説である。それに対して特別予防は行為者の「特性」に適合する改善手段もしくは保安処分により当該行為者の危険性を除去することにより再犯を防止することを指す。同じく本論でとりあげたクラインや彼の保安処分論に刺激され刑罰個別化論を打ち出し（安平［1936：65］）、フォイエルバッハと激しく対立したグロールマン（Grolmann）らの説は特別予防論の中心的学説である（瀧川［1962：133-134］）。処罰と人権保障という刑罰における二律背反の問題から刑罰と保安処分との関係に取り組んだ瀧川春雄は、刑罰理論の系譜を四つに分類している（瀧川［1962：30-33］）。第一は「絶対的刑罰理論」である。この理論は刑罰の「唯一の根拠」を「犯罪」という過去の行為にのみ求める。この理論における刑罰は純粋な「応報」だけの意味を持ち、「威嚇、改善、保安、教育、或は無害」ということを目的にはしない。すなわち刑罰そのものが目的であり、「絶対理論のプリンシプルは刑罰の目的を除外する点にある」（瀧川［1962：30］）。第二は「相対的理論」である。相対理論では刑罰の権利の起源は「社会の目的、全体の利益」、すなわち「予防」に見いだされる。「行為者を罰するのは、彼が法律秩序を妨害したからではなく、主に法律秩序の妨害を最小限に喰い止めんがためである」（瀧川［1962：31］）。ここでいう「予防」には上述した二つの予防が想定される。第三は「改善（矯正）理論」である。この理論では刑罰は「目的に適した刑罰執行によって達せられるべき改善（矯正）」ということになる。第四は「総合（合一）理論」である。この理論は上述の絶対的理論と相対的理論の「橋渡し」を目指したものである。以上の四類型のうち、絶対的刑罰理論及び一般予防を志向する相対的刑罰理論の系譜は「旧派（古典学派）」に分類される。それに対して、特別予防を志向する相対的刑罰理論及び改善（矯正）理論の系譜は「新派（近代学派）」に分類される（三井他編［2003：124-125、460-461］）。旧派は行為者の「自由意思」の存在を肯定している。ここでいう自由意思とは「他行為可能性」の有無を指す（池原［2002a：11-12］、同［2002b：68］）。他行為可能性が無ければ行為者は罪には問われない。旧派は自由意思を前提とした道義的責任（規範的責任）としての刑罰を想定している。それに対して、新派は刑罰における自由意思論を否定する。新派の代表的論者であるイタリア新派刑法学（イタリア学派）の大家で精神科医であったロンブローゾ（Lombrose）は、その著『犯罪人論』（初版一八七六年）において犯罪を犯す者には一定の身体的・人類学的・精神的特徴があるとし、それらを具備した者を「生来性犯罪人」と総称したうえで、その「発生原因」を隔世遺伝に求めた（木村［1942：34］）。ロンブローゾは、犯罪とは「出生・死亡・妊娠と同じように、自然現象であり、必然現象である」としたうえで、犯罪が必然のものであるのであればこれに対する社会の防衛も必然であり、刑罰は行為者の責任の有無ではなく「危険性の程度」に従って決定されるべきであるとした（木村［1942：35-36］）。犯罪を「自然災害」と同類のものと捉えるのであれば当然それに対する「事前の策」が必要であると言うのである。ゆえに、新派における刑罰は社会に対する国家の責務、すなわち、社会的責任としての国家の権力手段と規定されるのである（瀧川［1962：39-40］）。以上の刑罰の基本的系譜から保安処分は目的刑・特別予防・新派の流れに沿うものと位置付けることができる。

4　イギリスにおける一九八三年改正精神保健法及び二〇〇七年改正精神保健法の解説として、刑事法学者である緒方あゆみ（緒方［2004a］、同［2004b］、同［2010］、同［2011］）、柑本美和（柑本［2004a］、同［2004b］）の論考がある。また、イギリスの司法精神医療制度におけるＰＳＷの紹介として助川征雄による論考がある（助川［2003］、同［2004］）。なお、ここで「イギリス」の制度というばあい、通常はイングランド及びウェールズを指す（戸塚［1983：230］、柑本［2004a：63］）。

5　「心神喪失及び心神耗弱」については一般的に以下の定義が確定的とされている。「心神喪失ト心神耗弱トハ孰レモ精神障礙ノ様態ニ属スルモノナリト雖其ノ程度ヲ異ニスルモノニシテ即チ前者ハ精神ノ障礙ニ因リ事物ノ理非善悪ヲ弁識スルノ能力ナク又ハ此ノ弁識ニ従テ行動スル能力ナキ状態ヲ指称シ後者ハ精神ノ障礙未タ上叙ノ能力ヲ欠如スル程度ニ達セサルモ其ノ能力著シク減退セル状態ヲ指称スルモノナリトス」（大審院昭和六年一二月三日判決）。

第2章

日本における保安処分導入の過程

第2章では、日本における保安処分導入の過程について述べる。「はじめに」で述べたように、史的展開について整理する際、留意すべき事項が二つある。第一は、その「始点」をどこに置くかということである。第二は、「範囲」をどのように規定するかという問題である。第一の留意事項は第二の留意事項に連動して設定される。特に第二の事項について、現在も含めて当該制度がこれまで刑法典の中において「制度」としては規定されてこなかったため、当該制度「らしきもの」を第1章で述べた定義付けの各要素との同定作業のうえ論を展開する必要があるが、その際、定義付けのための要件自体が不確定である以上、それは十分条件とは成り得ず、同定作業も困難になる。至極当然のことであるが、定義が確定しない限り何が保安処分であるかについては確定的なことは言えないということである。反対に、例えばある制度の定義付けの要素の一つに人権を侵害するおそれのある要素が含まれる必要性がある場合、当該制度の立案と実施についてはは厳しい議論が行われるはずである。しかし仮に為政側が理念のレベルでは保安的な色合いをトーンダウンさせつつ、機能的なレベルで当該制度を推し進める意図がある場合、理念や名称に固執することなく、当該制度の定義付けの要素のうち理念的なレベルの要素を破棄することにより外形は「別物」に仕立て上げたうえで、実質的に当初案と同等の機能を持つ制度構築を目論む可能性はある。そのため「範囲」を考える際、理念的に当該制度を標榜していないとしても、実質的・機能的なレベルにおいて当該制度が目指している役割を果たすことを企図されている制度についても、慎重に吟味したうえでその範疇に入れて検討する必要があると考える。

日本における保安処分制度検討のメルクマールともなっている一九六一（昭和三六）年の刑法改正準備会による「改正刑法準備草案」における保安処分条項では「治療処分」及び「禁断処分」、また本準備案をふまえた一九七四（昭和四九）年の法制審議会による改正刑法草案における保安処分条項では「治療処分」及び「禁絶処分」にそれぞれ「限定」されている。さらには一九八一（昭和五六）年に法務省が日本弁護士連合会（以下、日弁連と略す）との合同の第四回「刑法問題意見交換会」の席上で提案された「保安処分制度（刑事局案）の骨子」では保安処分という語はついに使用されずに名称自体「治療処分」として提案されている。しかし上述の観点から、これらを保安処分検討対象から外すという選択肢はあり得ない。医療観察法についても「理念や名称に固執することなく、機能的なレベルで当該制度を推し進める意図」のもと制度化されたものであると考える。この点を含めて、ＰＳＷと保安処分及び医療観察法との関係については第3章以降で検討を行う。

林弘正は日本における刑法改正事業を四期に区分している（林［2003：1］）。第一期は明治政府成立に伴う律令法系から一八八二（明治一五）年施行の刑法（旧刑法）に至る期である。第二期は明治一五年刑法（旧刑法）制定から一九〇七（明治四〇）年の現行刑法成立に至る期である。第三期は現行刑法制定から一九四〇（昭和一五）年の「刑法並監獄法改正調査委員会総会決議及留保条項（刑法総則及各則）」（仮案）の答申に至る期である。そして第四期は上記仮案から一九七四（昭和四九）年の「改正刑法草案」登場に至る期である。本章では第1章で整理した保安処分の定義付けの三要素（再犯防止、刑罰の補充・代替としての強制的措置、司法処分）に加えて、対人的保安処分として企図されたものを暫時的に保安処分と規定して論を進める。具体的には林の区分のうち第三期以降に限定し、下段の順でその提起の経過を中心に整理検討を行う[1]。

・一九二六（大正一五）年「刑法改正綱領」（臨時法制審議会決議）
・一九二七（昭和二）年「刑法改正予備草案」
・一九三一（昭和六）年「刑法並監獄法改正調査委員会総会決議及留保条項（刑法総則）」
・一九四〇（昭和一五）年「刑法並監獄法改正調査委員会総会決議及留保条項（刑法総則及各則）」
・一九六一（昭和三六）年「改正刑法準備草案」（刑法改正準備会）
・一九七四（昭和四九）年「改正刑法草案」（法制審議会総会答申）
・一九八一（昭和五六）年「保安処分制度の骨子（刑事局案）」（法務省）

1　現行刑法制定から一九七四（昭和四九）年の「改正刑法草案」まで

現行刑法の事実上の土台となっている一九〇七（明治四〇）年に旧刑法から改定された刑法は、一九九五（平成七）年にひらがな書き、現代仮名遣いに改める等の「刑法の平易化」と呼ばれる改正や、社会の変化に対応した刑罰の追加等の改正がなされてきたが（三井他編［2003：197］）、これまで数度の刑法改正草案が示されてきたものの全面的改正には至っていない。刑法典とは別に保安処分的要素を持つ法律として、「旧感化法」における感化院への入所処分規定、「精神病院法」（一九一九（大正八）年）における強制入院規定、「少年法」における保護処分、「新聞紙法」における発行禁止措置規定、「監獄法」における「戒護」処分規定、「少年救護法」における「教護処分」規定等は既に存在していたが（安平［1936：304-306］）、刑法そのものに保安処分を導入することは実現していなかった。そのため、刑法の全面改正を企図した改正草案には必ず保安処分が盛り込まれてきた。保安処分導入企図の根拠は、応報としての刑罰では困難になってきた「国家がその政治を行う上において守らねばならぬところの道義的規範」としての「美風良習」及び「淳風美俗」の維持にあった（牧野［1934：6］）。その最初のものは一九二六（大正一五）年に臨時法制審議会答申として示された「刑法改正綱領」（以下、綱領と略す）である。綱領は一九二一（大正一〇）年の諮問を受けたものである。この綱領を基礎として、一九二七（昭和二）年に「刑法改正予備草案」（以下、予備草案と略す）、そして一九三一（昭和六）年に「刑法並監獄法改正調査委員会総会決議及留保条項（刑法総則）」（以下、昭和六年草案と略す）の公表に至ることになった（牧野［1934：2］）。
予備草案では保安処分として「予防監護」、「酒癖矯正」、「労働留置」、「予防拘禁」の四種が規定されていた。「予防監護」は「禁固以上の刑」に該当する罪を犯した「心神喪失者」又は「瘖唖者」、また既に懲役以上の刑に処せられている「心神耗弱者」又は「瘖唖者」に対して無罪又は免訴の言渡しが為された場合、「公益上」必要あると認められるときに裁判所により言渡しが為されるものである。「酒癖矯正」は飲酒の習癖がある者で、酩酊により一年以下の懲役等の言渡しが為されているか、心神喪失等で無罪または免訴の言渡しが為された場合、習癖の矯正が行われなければ再び罪を犯すおそれが認められた場合、その裁判と共に言渡しがなされるものである。「労働留置」は無節制又は労働嫌忌により常習として罪を犯している者で、一年以下の懲役等の言渡しが為される場合にその裁判と共に労働留置の言渡しがなされるものである。「予防拘禁」は懲役以上の刑の終了後、釈放された後にさらに放火、殺人又は強盗のおそれの顕著なものに対してなされる処置である。

昭和六年草案では「予防監護」は「監護処分」に、「酒癖矯正」は「麻酔剤」[2]使用を加えた形で「矯正処分」に、「労働留置」は「労作処分」に、そして「予防拘禁」は「予防処分」に修正がなされた。昭和六年草案は九年後の一九四〇（昭和一五）年に提案された「刑法並監獄法改正調査委員会総会決議及留保条項（刑法総則及各則）」（以下、昭和一五年仮案と略す）に引き継がれている。但し、上記のうち「監護処分」の内容について留意すべき変更点がある。予備草案における「予防監護」は「公益上」の必要性を処分要件としていたのに対して、昭和六年草案及び昭和一五年仮案における「監護処分」では、その処分要件が「公安上」の必要性に修正されている。しかし昭和一五年仮案が公表された同年一〇月、閣議決定に基づく各種委員会、調査会等の整理によって調査委員会自体が廃止され（林［2003：99］）、「突如として刑法改正事業の中止が言明されるに至った」（木村［1942：457］）。この翌年の一九四一（昭和一六）年には予防拘禁制度が導入された改正治安維持法が成立している[3]。

昭和一五年仮案以降、刑法改正作業は戦中から戦後にかけて一時的に中断するが、戦後、一九四六（昭和二一）年の日本国憲法公布を契機として一九五六（昭和三一）年以降、刑法改正作業も再開されることとなる。安平とともに（相対立する立場として）刑法改正準備会において保安処分の起草を担当した吉川によれば、新派の代表的論者であった牧野は司法法制審議会ならびに臨時法制調査会のメンバーとして、日本国憲法における基本的人権を「建て前」として、特に三六条の公務員による拷問、残虐刑の禁止はすなわち教育系の理念を採用したものとして、刑法改正もそのような方向で行われなければならないことを力説したという。応報刑こそが残虐刑にあたるというのである。しかし牧野に代表される「純粋な新派」の意見はこれ以降見当たらなくなったという。新派の刑法思想は刑罰を「受刑者を社会に復帰させるための『教育』と観念する」ため、処罰範囲の拡大により「国家刑罰権」の早期発動を正当化したが、そのこと自体が主観主義・行為者主義的な「心情刑法」に陥る危険性をはらむものとして日本国憲法における基本的人権尊重主義は拒否せざるを得なかったと吉川は述べる（吉川［1972：156-157］）。

一九六〇（昭和三五）年四月に刑法改正準備会による未定稿を経て、翌一九六一（昭和三六）年一二月に「改正刑法準備草案」（以下、昭和三六年準備草案と略す）が公表された。保安処分は第一六章、第一〇九条～一二八条で規定された。昭和六年草案と大きく異なる点は処分の種類が四種から、「治療処分」及び「禁断処分」の二種類に変更になった点である。予防拘禁的色合いの強い「労作処分」及び「予防処分」は外されることになった[4]。すなわち「精神障害犯罪者」及び「薬物中毒による犯罪者」の「治療を主眼とする処分に限られた」(大谷［1982：15-16］)のである。昭和三六年準備草案はその後の日本における保安処分議論のメルクマールとなる。昭和三六年準備草案自体に対しては「広範な批判」が起こったものの、保安処分条項自体は好意的に迎えられた。評価の理由は上述の通り予防拘禁的要素の強い労作処分及び予防処分を除いたことなどがあげられる(斉藤［1984：100］)。

昭和三六年準備草案における「治療処分」は昭和六年草案の「監護処分」が修正されたもので、禁固以上の刑にあたる行為をした精神障害者について、「将来再び禁固以上の刑にあたる行為をするおそれがあり、保安上必要があると認められるとき」に、「保安施設」に収容のうえ治療処分に付することができるというものである。昭和六年草案及び昭和一五年仮案における「監護処分」の要件であった「公安上」の必要性は昭和三六年準備草案では「保安上」の必要に修正されている。「禁断処分」は昭和六年草案の「矯正処分」が修正されたもので、「過度の飲酒又は麻酔剤もしくは覚せい剤使用の習癖のある者」が「その中毒のため禁固以上の刑にあたる行為をした場合」に「その習癖を除かなければ将来再び禁固以上の刑にあたる行為をするおそれがある」ときに、禁断処分に付することができるというものである。禁断処分については、保安施設への収容のみならず収容によらなくても習癖を除くことができると裁判所が認めた場合は行政官庁の「禁断監護」に付することができるとも規定されている。また、昭和六年草案及び昭和一五年仮案における「矯正処分」に加えて「覚せい罪使用の習癖のある者」が明記されることになった。

昭和六年草案及び昭和一五年仮案に対して昭和三六年準備草案では〈刑と保安処分との執行の順序〉及び〈刑と保安処分との代替〉の項が設けられている。〈順序〉については「懲役、禁固又は拘留と保安処分とを執行すべき者に対しては、刑の執行を終り、又は執行を免除された後、保安処分を執行する。但し、裁判所は、刑の執行の前に、又はその執行を停止して、保安処分を執行することを命ずることができる」と規定されている。後段において例外的に保安処分を先に執行する旨の条文があるものの、原則的には刑罰先執行主義がとられている。また〈代替〉については「刑の執行によって、保安処分を執行する必要がなくなったときは、裁判所は、保安処分を取り消すことができる」と規定され、また「保安処分の執行によって、刑を執行する必要がなくなったときは、裁判所は、刑の全部又は一部の執行を免除することができる」と規定されている。これは第1章3で整理した安平の分類に照らし合わせれば、原理上は広義の二元主義を採りつつ、法執行のレベルで狭義の一元主義（代替主義）を採りいれた形式となっている。

その後、法制審議会刑事法特別部会第三小委員会において昭和三六年準備草案を土台とした審議が重ねられ、一九六八（昭和四三）年、改正刑法草案の土台となる「保安処分（治療矯正処分）に関する要綱案」（以下、要綱案と略す）がまとめられた。上述したように昭和三六年準備草案では処分の種類が「治療処分」及び「禁断処分」の二種類に限定された。処分の種類の限定に対しては、保安処分を推進する立場から法の「実効性」の観点から批判があった。具体的には「常習犯人」及び「犯罪性精神病質者」に対しては「無力」ではないかという批判である。この点について要綱案では、「常習犯人」については不定期刑を持って臨み、「犯罪性精神病質者」については限定責任能力の範囲を拡げることにより治療処分の対象となる精神障害者の範囲を拡げることによって対応することになった（吉川［1969：67-73］）。後者の精神病質者に対する治療処分適用性の拡大の方向性は、病院での処遇困難の可能性から、一九六九（昭和四四）年以前の日本精神神経学会により批判されることになる。

要綱案作成に至るまでは第三小委員会の議論のうち「八年近い期間の大半をこの問題の審議に費」（吉川［1977・1978：253］）やされることになった。しかし要綱案作成にあたっては処分の性格に関して意見が分かれることとなり、イ案（後にA案）とともに対案としてのロ案（後にB案）の二つの案が提出されることになった。イ案は基本的には昭和三六年準備草案を継承したものであるのに対して、「当時の若手の刑法学者の委員等」（斉藤［1984：101］）により策定されたロ案は「治療」的要素を重視したものであった。イ案については特に治療処分に関して当該者の責任能力に関する文言の追加や、昭和三六年準備草案では治療処分にのみ要件として規定されていた「保安上」の必要性の文言が、除癖処分（昭和三六年準備草案でいう禁断処分）にも付せられる等の修正が施されている。

イ案では「保安処分の種類」として昭和三六年準備草案を引き継いで「治療処分」及び「除癖処分」（後に「禁絶処分」）の二種類が規定されている。それに対してロ案は保安処分という文言は使用されずに「治療矯正処分（後に療護処分：筆者注）の種類」として「治療処分」及び「習癖矯正処分」（後に「禁絶処分」）の二種類が規定されている。

イ案の治療処分は「精神の障害により、第一五条第一項に規定する能力（責任能力：筆者注）がなく、又はその能力の著しく低い者が、禁固以上の刑にあたる行為をした場合において、将来再び禁固以上の刑にあたる行為をするおそれがあり、保安上必要があると認められる」ことが処分の条件となっている。それに対してロ案における治療処分の要件は、責任能力が「著しく（相当に）低い者」について「将来再び禁固以上の刑にあたる行為をするおそれがあり、その防止のため治療及び看護の処置を必要とすると認められたとき」と規定された。ロ案の処分要件はその対象をほぼ責任無能力者に絞っている。これは吉川によれば、重大犯罪を犯した限定責任能力者等については刑罰で対応し、治療処分の対象者は比較的軽微な犯罪を反復するような者を想定したことによる（吉川［1977・1978：255］）。またロ案の処分要件には保安上の必要に関する文言が一切盛り込まれておらず、あくまで「治療及び看護」の必要性の有無が処分要件となっている。ロ案のこの要件は、後述する医療観察法検討過程の初期に検討されていた処分要件案と酷似している。また、施設収容（イ案は「保安施設」、ロ案は「治療矯正施設」等）の期間について、イ案は原則最大七年としているものの、「死刑又は無期もしくは短期二年以上の懲役にあたる行為をするおそれのあることが顕著な者」については七年を超えての収容を認めているのに対して、ロ案はいかなる場合も七年を超えての収容はできない旨の規定となっている。

イ案の除癖処分とロ案の習癖矯正処分についても違いがある。除癖処分は「過度に飲酒し又は麻薬、覚せい剤その他の薬物を使用する習癖のある者が、その習癖のため禁固以上の刑にあたる行為をした場合において、その習癖を除かなければ将来再び禁固以上の刑にあたる行為をするおそれがあり、保安上必要があると認められる」ことが処分要件になっているのに対して、ロ案の習癖矯正処分は「過度に酒に酔う習癖のある者」というように、酒量に関わらず「異常に酒に酔う」という対象者の状況を要件としている（吉川［1969：88］）。また、ロ案の習癖矯正処分には治療処分要件と同様に保安上の必要に関する文言がない。

また両案の相違点として処分の収容先施設の違いが挙げられる。イ案では治療処分、除癖処分ともに「保安施設」と規定されているが、ロ案では治療矯正施設に加えて、裁判所が適当と認めるときは当時の精神衛生法第二九条による措置入院が盛り込まれている。入院措置となった場合は精神衛生法の規定によって入院したものとみなすとの文言も付記されている。さらには処分の執行の順序についても、両案とも狭義の一元主義（代替主義）である点は同じであるが、イ案が原則刑罰先執行なのに対して、ロ案は処分先執行となっている。以上の点からもロ案は本処分制度が保安上の必要性ではなく、あくまで「治療」目的の制度であることを企図したものといえる。

その後、イ案、ロ案はそれぞれA案、B案として引き続き第三小委員会において議論が行われ、最終的には特別部会での採決の結果、A案を採ることになる。その後さらに第三小委員会において字句の修正などふまえて、一九七一（昭和四六）年六月、改正刑法草案に引き継がれる第二次参考案が「保安処分の手続きに関する要綱案」とともに決定された（吉川［1972：167］）。A案決定の背景として、B案提案者の一人である平野龍一は、法務省管轄の要綱案でありながら厚生省（当時）の施設を「積極的」かつ「柔軟」に取り入れることを目論んだB案であったが、治療処分及び禁絶処分対象者について、厚生省（当時）管轄の精神科病院は受け取りを「拒否」したり、また反対にB案の処分で精神科病院に入院した者が退院した後について、法務省が保護観察所の療護観察を「拒否」するなどの「縦割り主義」があったと述べている（平野［2004：3-4］）。

主として精神障害者、薬物・アルコール中毒者に焦点を絞った刑法改正による保安処分導入の機運が高まる中、法務省とは別に厚生省中央精神衛生審議会は、「法制審議会で審議されている保安処分が、精神医療及び精神衛生法と関係の深い事項であると認め」、一九七四（昭和四九）年一月、「保安処分に関する中央精神衛生審議会の意見」（以下、精衛審意見と略す）を公表している。厚生行政はあくまで医療色の強い処分制度導入を目論んでいたことがわかる。

精衛審意見はこの段階で検討中であった改正刑法草案に向けて八点の提言を行っている。第一は名称である。精衛審意見は「保安処分という名称は、この処分の大きな要素である医療及び保護の意味を的確に表現していない」ため、変更することが望ましいと提言している。第二は、保安処分の対象は精神障害の種類ではなく責任能力（責任無能力及び限定責任能力）で決定すべきであり、また、中毒者については習癖の存否によって決定すべきであるとした点である。第三は、保安処分の決定には精神医学的要素が不可欠であるので、特に犯罪精神医学の専門家が関与すべきであるとした点である。第四は収容施設についてである。精衛審意見は保安処分の言渡を受けた者の収容施設について、法務省所管の特殊施設として設置されるべきとしている。その理由として精衛審意見は、「一般の精神病院が精神医療の進歩に伴って開放治療の方向をめざしつつある現在、犯罪を行なう危険によって保安処分を受ける者を一般の精神病院に収容することは、その治療活動に好ましくない影響を与えるから」としている。精衛審はその後一九七八（昭和五三）年、公衆衛生審議会として統廃合されることになるが、精衛審意見の考え方は一九八九（昭和六四、平成元）年の同審議会精神保健部会に設置された「処遇困難専門病棟」設置のための専門委員会に受け継がれることになる。第五は、処分期間についてである。精衛審意見では治療処分と除癖処分（禁絶処分）の間の期間の差異を不要とし、また精神障害者（治療処分）については上限設定をすることなく期間を延長できるようにするべきとしている。第六は、保安処分終了後の「アフターケアー」についてである。精衛審意見は、処分終了後「一定期間アフターケアー」が必要であるとする。そのうえで、保護観察所に専門の人員（精神衛生指導員）を配置することを提案している。保護観察所に精神保健の専門職員を配置するという考え方はその後、医療観察法において実現することになる。第七は、保安処分の先執行の提案である。第八は、いわゆる除癖処分（禁絶処分）の設置の提案であり、この時点で公表されている草案（昭和三六年準備草案）には設置されることになっていたものである。

2 昭和四九年草案に対する各種団体の反応

一九七四（昭和四九）年五月二九日、法制審議会答申として改正刑法草案（以下、昭和四九年草案と略す）が法務大臣に答申された。昭和四九年草案の骨格は上述の特別部会第三小委員会においてまとめられた第二次参考案を踏襲したものである。治療に主眼を置き保安処分的要素を極力排していたB案ほどではないが、昭和四九年草案自体も保安に力点を置いてはいるものの、実質的には治療処分及び禁絶処分という治療的要素の強い処分に限定された。この点は昭和三六年準備草案から一貫している。保安処分が「治療」に収斂されたことはすなわち触法精神障害者対策に収斂されたということである[5]。

昭和四九年草案はそれまで必ずしも主流とはならなかった反対運動を勃興させる契機となった。その主たる要因として日本精神神経学会（以下、精神神経学会と略す）が保安処分に対するそれまでの姿勢を保安処分必要論から反対へと「一八〇度転換」（吉川［1977・1978：256］）させたことが挙げられる。保安処分の主たる関心が触法精神障害者の処分であったことは、必然的に精神医療を担う精神科医にとっても逃れることのできない主要な関心事であったのである。以下において精神神経学会の刑法改正、保安処分に対する対峙の経緯について述べておきたい。

昭和三六年準備草案発表後、一九六五（昭和四〇）年に精神神経学会に設けられた「刑法改正問題研究委員会」（委員長：中田修）は「刑法改正に関する意見書（第一次案）」（以下、意見書一次案と略す）を作成している。意見書一次案における主要な意見は、昭和三六年準備草案で規定された責任能力及び保安処分に関する規定に対するものであった。特に後者の保安処分規定に対しては、「社会的に危険性のある精神障害者に対しては、現行精神衛生法の措置入院の手続によって治療、看護を強制的に施すことができる」ため「精神衛生対策を拡充強化」すれば事足りるという意見もあるものの、「実際問題としては精神衛生法で扱うことの不適当な者」は少なくないため、保安処分は必要であると明言している。意見書一次案では単に昭和三六年準備草案に対する賛成を表明しているのみならず、対象と種類、要件、刑の執行と保安処分との関係、決定機関と鑑定制度、収容施設、処分の期間とその更新、そして仮退所及びアフター・ケアというように、ほぼ全領域にわたって、より踏み込んだ提案がなされている。対象に関しては昭和三六年準備草案から除かれた「危険な常習犯人」と「労働嫌忌者」は対象にすべきとしている。処分の種類に関しては「労働嫌忌者に対する労働処分」、「保護観察などの非収容処分」に加えて「去勢」の措置も考慮すべきとしている。刑罰と処分の関係については昭和三六年準備草案が採っている刑罰先執行ではなく、行為者の状態により保安処分を先に執行することが合理的であるとする。処分の決定機関と鑑定に関しては、特に鑑定について「将来の危険性すなわち累犯を予測する犯罪学的知識と経験」の必要があるとして、犯罪学等に精通する専門家との合議のための審査委員会の必要性に言及している。収容施設については治療的設備と人員を備えたうえで、「警備の厳重な施設」と「現在の精神病院程度の警備の軽い施設」の二種類設けることが望ましいとしている。常習犯罪者に対しては、できうる限り刑罰により、専門の保安施設への収容が望ましいとしている。期間について及び仮退所とアフター・ケアについては概ね昭和三六年準備草案の内容に賛同しているものの、禁断処分の場合の期間の延長、また仮退所時に処分判定時と同様の機関による判定の必要性について言及している。

その後、意見書一次案をもとに会員による意見集約がなされ、一九六六（昭和四一）年に「刑法改正に関する意見書（第二次案）」、そして一九六七（昭和四二）年に「刑法改正に関する意見書（第三次案）」（以下、意見書三次案と略す）が公表される。内容の基本的枠組みは意見書一次案に沿ったものであるが、意見書三次案では新たに「精神病質者」の処遇に言及している。すなわち上述した通り、昭和三六年準備草案では、常習性が高く受刑中の取り扱いも困難な精神病質者を一種の限定責任能力者として治療処分の対象にするという方向が示されているが、これは「責任能力についての概念、範囲を混乱させるおそれ」があるため、慎重な検討を要するとしているのである。要はここで挙げられている「精神病質者」については極力通常の刑罰執行が望ましいとしているのである。この考え方は最終的には選択されなかった上述のロ案に近いものである。しかし意見書三次案は、一九六七（昭和四二）年に開催された精神神経学会評議員会において、反対意見が多く精神神経学会としての意見を代表するものではないとされ、「刑法改正問題研究委員会」は解散する（青木［1980：279］）。

以上のように、初期には保安処分には賛成であることを前提として、さらにその対象と種類の拡大を提唱していた精神神経学会は、意見書三次案から四年後の一九七一（昭和四六）年六月に開催された第六八回精神神経学会総会において、これまでの立場を一八〇度転換し、「保安処分制度新設に反対する決議」を賛成多数で採択した（賛成四四六票、反対二票、保留四票）。この決議には「かつて発表した刑法改正に関する意見書及び、それに続く第二次、第三次意見書案が、保安処分の推進を行ったという事実を本学会総会は反省し、かつ、これらの三つの意見書案を廃棄する事を決議する」とした「付帯決議」も賛成多数により採択されている（賛成三六〇票、反対二票、保留七一票）（病院精神医学会［1972：109］）。その後、同年八月、理事会「保安処分に反対する委員会」より「保安処分制度新設に反対する意見書」（以下、精神神経学会反対意見書と略す）が公表された。精神神経学会反対意見書の「2．本学会の検討経過」において姿勢転換の契機として、一九六九（昭和四四）年第六六回総会における既存の精神科医療に内在する社会防衛的機能に対する厳しい批判を挙げている。当該総会は金沢市で開催されたもので、前年から続いていた「専門医・認定医制度」導入を巡り、制度導入側の理事長・理事会が不信任に追い込まれたものである（阿部［2011：144］）。この大会以降、精神神経学会は明確に保安処分反対の立場を示すことになった。

精神神経学会反対意見書が直接に反対表明をした対象は昭和三六年準備草案に添付された「理由書」である。精神神経学会は保安処分に対する批判点を六つ挙げている。第一は、昭和三六年準備草案以降、保安処分が対象として想定している「精神障害者」及び「酒精薬物嗜癖者」に処分を課す理由が挙げられていない点である。第二は、将来の危険性予測の可否である。第三は、精神障害の診断及び責任能力判断の困難さについてである。第四は、治療処分であっても削除された予防処分と同様に用いられる可能性があるという点である。第五は、保安処分における拘禁状況下のもとでの「治療」や「教育」は不可能であるという点である。そして第六は、精神障害者対策を主軸に据えた保安処分は精神科医療を不当に圧迫し、精神科医療を著しく歪曲するものであるという点である。精神神経学会反対意見書に挙げられた保安処分に対する批判点はその後の制度案に対しても一貫したものとなる。

昭和四九年草案前後、精神神経学会のみならず日弁連をはじめとして種々の職能団体や学会から反対の決議や声明が出されることになった。例えば一九七四（昭和四九）年三月には、精神医療関係者や弁護士のみならず、宗教家や労働運動関係者等も含めた「刑法改正・保安処分に反対する百人委員会」が東大病院精神科第一研究室を仮事務局としたうえで結成されている（青木［1980：326-328］）。第三章で詳述するが、協会が具体的に保安処分に対峙の姿勢を見せ始めたのも昭和四九年草案以降である。その中でも日弁連の対応は、精神神経学会による批判と並行して、昭和四九年草案以降の保安処分に一定の影響を及ぼすことになる。以下において日弁連の刑法改正、保安処分に対する対峙の経緯について述べておきたい。なお上述の通り、日弁連の一連の見解は保安処分のみならずＰＳＷの保安処分への対峙の姿勢にも大きく関与するため、本節では簡単に経緯を述べ、第3章4において特にＰＳＷとの関係について詳細に述べる。

日弁連は昭和三六年準備草案及び昭和四九年草案に関連して、一九七二（昭和四七）年三月に「刑法全面改正要綱案に対する意見（案）」（以下、日弁連意見案と略す）、一九七四（昭和四九）年三月に「『改正刑法草案』に対する意見書——刑法全面『改正』に反対し、国民の人権を守るために」（以下、昭和四九年日弁連意見書と略す）をそれぞれ公表している。また同年二月、「刑法『改正』阻止実行委員会」を発足させている。またこれに関連して、一九七四（昭和四九）年五月二五日に開催された第二五回定期総会において「刑法全面『改正』阻止に関する宣言」（以下、第二五回宣言と略す）を公表し、さらに同年五月二九日に会長声明として「刑法全面『改正』に関する声明」を発表している。それぞれについて保安処分に言及している。

日弁連意見案は主に昭和三六年準備草案に対するものであり、保安処分に関しては全面的に批判を行っている。日弁連意見案では、第一に、精神障害者と犯罪の危険性との関係に科学的根拠が無い点、第二に、将来的な犯罪予測の不可能性、第三に、（当時の）精神衛生施策と行刑の極度に貧困な状況により「治療」は期待できず、治療処分が実質的に予防拘禁となってしまう可能性がある点、第四に、対象となり得る「精神病質者」の概念規定がきわめて曖昧な点、の四点を主たる批判点として挙げている。その後の、昭和四九年草案に対する昭和四九年日弁連意見書は批判の基本的骨格は日弁連意見案と同様であるものの、各論点に対してより詳細な批判を展開している。昭和四九年日弁連意見書では「わが国に精神障害者の処遇としては現在なにが最も必要とされているのかという問題を、まず、論議の基礎にすえておかなければならない」としたうえで、①精神障害者等に対しては医療を先行させるべき、②精神障害者等と犯罪との関係性については科学的な解明が行われていないため、精神障害者等の「危険性」に対する偏見と独断は批判されるべき、③（精神神経学会反対意見書においても述べられているように）保安処分の実施にとって最も重要な精神医学による正しい専門的意見は期待できない、④諸外国において精神障害者に対する保安処分はほぼ例外なく採用されているという昭和四九年草案理由書の記述は、その前に昭和三六年準備草案理由書における「外国の立法形式にならう必要はなく」という記述と矛盾しており理由として無意味である、という四点を基本的な批判として挙げている。さらに保安処分の効果と実態について、①保安処分における治療目的を実現するための現実的な基盤がまったく存在していない点、②拘禁下での治療は至難である点、③昭和四九年草案説明書において「性格の偏りがあって医学的な方法でこれを治療させることは不可能ないし著しく困難」であるとしている以上、精神病質者に対する処分は問題外である点、④治療目的とその機能が成立しえない以上、また、保安処分の本質が将来に再犯の危険を予防するところにある以上、当該制度は予防拘禁の実質化に他ならないという点、等の問題点を挙げている。加えて、再犯危険性予測の不可能性、処分の具体的内容の不明確さ、手続き面における不備等の問題も挙げ、「保安処分の新設そのものを否定する以外に道はない」と結論づけている。

第二五回宣言では、刑法改正は「明らかに、強権的国家秩序の維持を重視し、処罰の範囲と程度をいちじるしく拡大・強化するもの」であり、「刑法における人権保障の大原則を実質的に否定し、わが国における民主主義の根幹を崩壊させるおそれがある」として、改正の阻止に「全力をつくす」としている。この提案理由の中に、「『国益』の優先と人権の無視」を表しているものとして「常習犯、不定期刑、保安処分など『危険な性格』を軸とする長期的拘禁制度の新設」が挙げられている。

以上のように日弁連も保安処分に対しては全く妥協点の無い姿勢で反対の立場を表明していたが、この後、保安処分に関して単なる批判・反対ではない形で積極的に提言等を行うことになる。その動きに対して、協会をはじめとして、批判がなされることになる。

3 「保安処分制度（刑事局案）の骨子」と日弁連「精神医療の抜本的改善について（要綱案）」の波紋

昭和四九年草案は上述の通り各方面からの批判を受けつつも、法務・厚生両行政や、刑事法学・精神医学の各専門家による根強い支持もあり、法務大臣への答申後、国会上程まではいかないまでも廃棄されることなく残っていた。一九七六（昭和五一）年には、昭和四九年草案の追加・修正版である代案としての「中間報告」が出される。法務省は昭和四九年草案と中間報告のいずれをとるかについて各界の意見を聴取するため、「意見を聞く会」を一九七六（昭和五一）年二月以降、仙台市、札幌市、福岡市、名古屋市、広島市、高松市まで順次開催をしていたが、名古屋市では弁護士会の協力を得られず、高松での開催を最後に中断した。「意見を聞く会」中断の最たる理由は、意見表明者が裁判官、検察官、行刑・警察関係者に偏り、かつ反対意見の資料を配布せず、法務省側の資料のみその都度配布するというように、保安処分導入を目論む法務行政主導のもとに恣意的に開催されたことによる（原［1982：100-101］）。

一九八〇（昭和五五）年、死者六人、負傷者一四人を出した「新宿駅西口バス放火事件」[6]が発生する。容疑者が以前に精神科病院への入院歴があったことから、主たる対象を精神障害者とした保安処分を含む刑法全面改正の機運が再び勃興した（中山［1984：3］）。事件発生直後、奥野誠亮法務大臣（当時）は閣議において、「保安処分を含む刑法全面改正」に対して協力を呼びかける発言を行う。さらに翌一九八一（昭和五六）年六月に東京都江東区で発生した連続通り魔事件後も、直後の閣議において保安処分を実現する旨の発言を行った。一連の法務大臣発言は各方面からの批判を呼ぶこととなる（勢藤［1981：37-40］）。しかし同時に、一九八〇（昭和五五）年の衆参同時選挙において自民党が圧勝したことも契機として、法務省は刑法改正、特に保安処分導入について積極姿勢に転じることになった（斉藤［1984：103］）。

保安処分導入の布石として法務省は一九八一（昭和五六）年より日弁連との意見交換会を行っている。そもそもは日弁連が、上述の「意見を聞く会」に対抗して、昭和四九年草案及び中間報告の不当性を訴えるためのパネルディスカッションを、一九八〇年（昭和五五）年一一月以降、東京（同年一一月二九日）、大阪（一九八一（昭和五六）年三月七日）で開催したのとほぼ同時期に、法務大臣より日弁連に対して協議の打診があったことが端緒となっている（原［1982：102］）。一九八一（昭和五六）年七月二五日の第一回会合を皮切りに、一九八四（昭和五九）年六月八日を最後に、計二三回開催されている（桐原［2010-］）7。

第一回意見交換会では日弁連側は刑法改正に対する「基本的態度」を表明し、法務省側からは一九八二（昭和五七）年三月の国会上程を目指したい旨の発言がなされた。日弁連の「基本的態度」には、当該の意見交換会が刑法全面改正法案の国会上程のための口実とされることは「承服しがたい不信義」であることが表明されている（原［1982：102-104］）。以降、第三回までは昭和四九年草案及び中間報告に関する意見交換が行われる。その後、第四回意見交換会の席上、法務省より「刑法改正作業の当面の方針」（以下、当面の方針と略す）及び「保安処分制度（刑事局案）の骨子」（以下、骨子と略す）が資料として提示される。

当面の方針は、改正刑法草案について現行法と同一の内容を定めている条項についてはおおむね現行法通りとし、新規定や修正規定のうちおおかたの合意が得られているもの及び修正を加えることが相当と考えられるものは草案に従った規定を設け、反対に賛否の対立が著しくなおその動向を見守ることが相当と認められるものについては原則として現行法通りとする旨が記されている。しかし、保安処分については後段の「現行法通り」とされていたものの、実際は「対象罪種及び収容期間を限定するなど、要件を厳格なものとし、人権保障上一層の配慮を加えた規定を新設する」という方針が示された。その規定案が同日に配布された骨子である。当面の方針及び骨子が第四回意見交換会の席上で資料して配布された背景には、それ以前に新聞報道において骨子と考えられるものが既に報道されている状況等を鑑み、日弁連側が「新聞報道などで操作することでなく、意見交換会においてきちんと示すべきだというわれわれの要求」があった（石川他［1982：62］）。

骨子は昭和四九年草案まで名称として規定されていた「保安処分」を完全に破棄し、名称自体を「治療処分」と規定している。骨子の治療処分は「精神の障害（過度の飲酒又は麻薬、覚せい剤その他薬物の使用の習癖に基づく一時的な精神の障害を含む。）により放火、殺人、傷害、強姦、強制わいせつ又は強盗の罪に当たる行為をした者について、心神喪失または心身耗弱のため刑を減軽する場合において、治療施設に収容して治療、看護又は習癖を除去するための措置を施さなければ再び精神の障害によりこれらの罪のいずれかに当たる行為をするおそれ」があることを処分要件として規定している。骨子は、昭和四九年草案まで残っていた禁絶処分を治療処分に統合化している。そのうえで昭和四九年草案までは「禁固以上の刑にあたる行為」をした者を対象としていたのに対して、骨子は殺人等の重大六罪種に限定している。また昭和四九年草案では二つの処分ともに明記されていた「保安上」の必要性要件が削除されている。また治療施設への継続収容期間については、昭和三六年準備草案では五年、昭和四九年草案では三年であったものが、一年ごとの更新に変更されている。これに加えて、骨子には検討中事項について「備考」として、①処分の対象者を心神喪失者に限定すること、②治療施設として国立の精神病院等を用いること、の二点を明示している。

骨子のなかでも特に大きな修正点として、対象者要件の一つであった「禁固以上の刑にあたる行為」とした量刑による限定から、「罪種」による限定への修正が挙げられる。加藤久雄は、昭和四九年草案以前までの「禁固以上の刑」という要件については、これに該当しないものは「変死者密葬罪」、「単純賭博罪」、「単純富くじ授受罪」、「過失傷害罪」の四種しかなく、適用範囲が広すぎるという批判があった点を挙げたうえで、保安処分賛成の立場から、処分の運用が「保安的」になされる恐れがあるのであれば、重大な犯罪に限定した要件とすべきとしている（加藤［1981：46］）。

しかし仮に「治療」の必要性と「再犯」可能性という観点を重視するのであれば、犯した罪が重大犯罪か否かということは本来的には考慮には入らないはずである。澤登俊雄によれば、骨子において禁固刑にあたる行為から重大六罪種に変更になった理由は必ずしもはっきりしないとしたうえで、傷害と放火の一部は特に重い罪ではなく、また、放火と殺人を除けば精神障害者による犯罪率が特に高いわけでもないため、「結局、人身犯罪を中心として、市民の不安感を特に刺激するものに限定すると、この六罪種にしぼられるということであろう」と述べている（澤登［1982：14］）。

法務省の土屋眞一参事官（当時）は骨子における対象要件の変更に関して座談会において次のように述べている。「いろいろな意見を考慮いたしまして、最近、保安処分の要件について罪名を限定しようということを検討しているわけです。その罪名は殺人、放火、傷害、強姦、強制わいせつ、強盗などです。これらが凶悪な犯罪であるし、実際に精神障害者あるいは薬物使用の習癖のある者によって犯される率の多い犯罪でございまして、これ以外に窃盗がありますが、もっとも社会に危険を与える犯罪ということになりますと、さきほどいったような犯罪になります」（森下他［1981：28］）。但し土屋は別論考において、刑罰一元主義を原則とした必要最小限の保安処分導入の必要性を主張しつつも、「治療処分の要件を限定することが、現実に犯罪を犯した精神障害者や薬物中毒者の治療、処遇と一般市民の安全の保護のために果して適切なものであるかどうかについて問題はあるが（中略）」とも述べており（土屋［1981：38］）、罪種を限定することの合理性に問題があるという認識も示している。

村井敏邦は罪種限定に関して、凶悪性と犯罪率という基準に照らし合わせても六罪種に限定する合理性は見いだせず、また、将来の危険性という観点からも保安主義ですらなく、むしろ重大な犯罪を犯した精神障害者への限定というのは「素朴な応報感情」によるものといえると述べている（村井［1982：20］）。対象者の要件について六罪種に限定するということについては、その後の医療観察法における対象者の要件の一つとして踏襲されることになる。

骨子自体は改正刑法における保安処分条項策定の方向性を示した概要であり、「その内容が抽象的に過ぎ、さらに処分の言渡しに関する手続にまったく言及していなかったことから、『技術論的検討の対象とするには、あまりにも不十分なもの』と評価」（楠本［2002：20］）される内容のものであったものの、これ以降、協会を含めて保安処分に対する反対運動が激化していく。しかしその中でも日弁連による対応は、図らずも保安処分の「精神」と通底していることが主に精神医療の専門家に暴かれることにもなり、やや複雑な様相を見せることになる。

上述の意見交換会第一回目が終了後の一九八一（昭和五六）年八月三一日、日弁連内の「刑法『改正』阻止実行委員会」は「精神医療の抜本的改善について（要綱案）」（以下、日弁連要綱案と略す）を公表する。同年一〇月一九日に日弁連が公表した「精神医療の改善方策について（骨子）」によれば、日弁連要綱案は一九八一（昭和五六）年八月二八日〜三〇日に開催された日弁連夏期合宿の会内の討議資料として作成されたものであった。

日弁連要綱案は、「精神障害と犯罪をめぐる諸問題」については刑法改正による刑事政策によるのではなく、「あくまで精神医療と福祉の領域の問題」として対応すべきという昭和四九年日弁連意見書における基本方針を踏襲したものとしている。そのうえで、「精神医療の抜本的改善」、「措置通院制度」導入を含む「措置入院の改善」、「アフター・ケア体制の確立」、「第三者的審査機関の確立」、「薬物中毒者等への対応策」について課題と提案が示されている。但し、日弁連要綱案を貫いている主旨は、精神障害者の再犯のみならず初犯も含めた犯罪予防であり、法務省が推し進めている刑事政策としての保安処分は、その対策手段としては不適切かつ不十分であり限界があるという論調である。すなわち日弁連要綱案で述べられている医療と福祉の充実は、あくまで犯罪予防のための最も適した手段的意味合いを帯びたものとして位置付けられている。例えば、「弁護士会の基本的考え方」では、保安処分は「初犯防止」には対応できず、「精神医療と福祉の立場」から対応することにより、初犯であれ、再犯であれ対応が可能であるとしている。また、「措置入院改善の基本方向」では、「措置通院制度」導入について「この措置に従わなかった場合の対応策をふくめて」検討するとしている。また「保安処分必要論への回答」において、保安処分必要論者のいう「不適切な早期退院、アフター・ケアの欠落による『危険な精神障害者の野放し状態』」は措置入院の改善やアフター・ケア体制の確立等により十分に解決可能としつつも、犯罪行為をした精神障害者に対しては「罪に対する強烈な自己洞察・反省（時には自らの生命を引かえにするほどに強烈なもの）にむけられた精神医療」の理解が重要であるとしている。

日弁連要綱案は、公表直後の同年一二月五日に、東京、大阪に続いて名古屋で開催予定であった上述の第三回パネルディスカッションが「抗議行動」（中島［2002］）、具体的には「会場乱入者」（足立他［2002：69］）のため「流会」となる事態を引き起こすなど、精神医療各方面に少なからず波紋を呼ぶこととなる。日弁連要綱案に対しては精神神経学会をはじめ種々の関連団体が「要望」等を出している（町野［1982：23］）[8]。精神神経学会は学会内「保安処分に反対する委員会」との連名で「『精神医療の抜本的改善について（要綱案）』に対する意見書」（以下、要綱案意見書と略す）を公表している。要綱案意見書では冒頭で『精神医療』の当事者」、すなわち「精神障害者であり、精神障害者家族であり、そしてわたしたち精神医療従事者」抜きに今後の精神医療の方向性について論じていることに疑問を呈している。そのうえで、①精神医療に対する社会防衛的視点、②精神医療の現状認識、③「精神障害者」像、④社会と差別、⑤具体的諸提案の五点についての危惧を述べている。特に五点目については、日弁連要綱案における「第三者的審査機関」が退院のチェックに権限を持つこと、「措置通院制度」に内在する社会防衛的視点、犯罪をおかした精神障害者の治療を国公立病院に集中して引き受けさせることの問題点等について指摘している。総じて日弁連要綱案は「全体として社会防衛的視点が強く混入しており」、「精神医療に重大な危険をもたらす可能性が強い」と結論づけている[9]。

日弁連要綱案及び「精神医療の改善方策について（骨子）」公表とそれに対する反響をふまえて日弁連は、昭和四九年日弁連意見書に続いて、一九八二（昭和五七）年二月二〇日に「『精神医療の改善方策について』意見書」（昭和五七年日弁連意見書）を公表する。昭和五七年日弁連意見書は「基本的な観点」として、日弁連要綱案同様、昭和四九年日弁連意見書において主張されている医療の先行及び精神医療の抜本的改善を前提としたうえで、「精神障害者の人権保障と精神医療施策の充実」を根本目的とすべきとしている。そのことが「時としておこる不幸な出来事を防止する結果となる」としている。「改善方策」として「措置入院制度の適正な運用と改善」、「患者の権利保障に関する提案」、「アフター・ケアとリハビリテーションに関する提案」、「不服申立の権利をめぐる提案」、「第三者的審査機関の設置に関する提案」、「薬物中毒者に対する適正な方策」、「国と地方公共団体の責任をめぐる若干の提案」の七点について言及している。あくまで会内の「討議資料」として作成されたとされている日弁連要綱案に比べて全体構成は整ったものとなっている。また、日弁連要綱案で言及、提案されていた保安処分の「初犯防止」の限界性、「措置通院制度」、「自己洞察・反省」を志向した精神医療などは、昭和五七年日弁連意見書では削除されている。但し、日弁連要綱案には無かった事項として、あらたに「同意入院制度に関する若干の提案」として、同意入院（現行法における医療保護入院）における「保護義務者」（一九九三〔平成五〕年の精神保健法一部改正により「保護者」と改訂、その後、二〇一三〔平成二五〕年の精神保健福祉法の一部改正により廃止。第5章注1参照）の範囲や選任手続き等の改善提案を行っている。

昭和五七年日弁連意見書は法務省との第六回意見交換会（一九八一〔昭和五七〕年三月一七日開催）の場で直接説明がなされている（石川他［1982：63］）。その際注目すべき点として、日弁連の委託を受けた長浜赤十字病院精神神経科医師（当時）野田正彰による「精神病による犯罪の実証的研究」（以下、野田報告書と略す）[10]が、昭和五七年日弁連意見書の「正しさ」を裏付けるために併せてその場において法務省側に提供された点である（石川他［1982：63］、中島［2002］）。野田報告書は「最近の新聞記事で大きく取り扱われ、かつ週末を使っての調査のため、あまり遠くはないものという選択基準」で選択された精神障害者による殺傷事件一〇例に加えて、「法務省が『保安処分制度が新設されれば、後発の重大犯罪を抑止し得た』代表的事例」三例を加えた計一三事例の「症例研究」レポートである。野田報告書では調査総括として、①患者本人あるいは家族は事件前に必ず「精神的危機を訴えるサイン（Crisis Call）」を送り、医療を求めている、②しかしそれに対して医療は的確に受け止め、適切に対応していない、③精神科医の社会的責任は大きい、④この種の犯罪を予防するには、「精神科救急医療」と「地域社会に根差し機能分化された精神医療体制」のもと「患者の症状が慢性化し、非社会化あるいは反社会化していくのを防ぐ以外にない」、⑤「すぐれた精神病理学的診断能力と、病院精神医学や地域精神医学の訓練をつんだ臨床精神科医の養成」の五点を挙げ、保安処分ではなくあくまで精神医療の充実・改善による対策の必要性を訴えている（野田［2002：244-261］）。

昭和五七年日弁連意見書は、その社会防衛的性質の帯同により各方面からの批判をあびた日弁連要綱案と比してあくまで精神医療の充実の必要性に主眼を置いたものとなっている。しかし日弁連による二つの意見書と一つの要綱案は本来、昭和四九年草案以降、具現化されようとしていた保安処分の「対案」としての意味合いを有する必要があった。換言すれば保安処分とは異なる精神障害者の（初犯、再犯を問わない）犯罪防止手段としての精神医療の充実という提案であった。昭和五七年日弁連意見書の「裏付け」として提出された野田報告書は、対象者本人と直接会うこともなく新聞記事等の情報のみで「診断」を行い、かつ上述の目的に沿って一定の影響力を持った報告書として公表するという症例検討の不備と、その結論としての精神医療至上主義について、協会や日本臨床心理学会（佐藤［1982］、日本臨床心理学会［1983］）から、結果的に保安処分導入の後押しになっているという批判を受けることになった。

他方、保安処分にまい進する法務省にとっては日弁連の一連の意見書等は保安処分の対案足り得ておらず、「生ぬるい」と認識させるものであった。法務省は一九八二（昭和五七）年五月二四日、昭和五七年日弁連意見書に対する「総評」とでもいうべき「日弁連の『精神医療の改善方法について』について」（以下、法務省意見と略す）を公表している。法務省意見は昭和五七年日弁連意見書における提言について、あくまで精神障害者による再犯防止策足り得ているか否かという観点で検証を行っている。その点において法務省意見は躊躇や迷いは微塵も見受けられないものになっている。

措置入院及び同意入院に関する提言については、それぞれの入院制度を「更に制限的なものとする」として異論を述べている。アフター・ケアとリハビリテーションの拡充に関する提言については、重要な提言ではあるものの、「対象者の隔離・収容をできる限り制限的なものとし、廃止の方向に向かうべきであるとの考え方を前提とするものであること」に問題があり、「精神障害者の再犯は防止し難い」と異論を呈している。第三者的審査機関の設置提言については、その権限について不明瞭な点があり、特に「犯罪防止の観点から不十分ないし不適切な点があると認められた場合」是正する権限の有無が不明である等、「犯罪防止の観点からはその意義に乏しい」とする。国と地方公共団体の責任をめぐる提案に関しては、やはり上述したことと同様に「隔離・収容はできる限り避けるべきであるとの基本的な考え方を前提」にしていることに「問題」があるとしている。以上の点から昭和五七年日弁連意見書は、「当面の問題である精神障害者による重大犯罪の再犯防止という面から、現行の制度及び運用に不備欠陥があることを認めて、これを是正しようとするものでなく」、「現行制度を人権保障の面から制限的なものに改めようとするものであり、保安処分制度の代案たり得るものとはいえない」と結論付けている。法務省意見ではむしろ各方面から批判の声が挙がった日弁連要綱案のほうが「趣旨不明確な点」があったものの、不十分な再犯防止策の改善意図が含まれていたと評価している。

当面の方針及び骨子公表後、法務省による刑法全面改正と保安処分導入の動きについては、この段階で再び「停滞」することになる。保安処分が「精神障害者の再犯防止」に特化されたかたちで検討が進められてきた経緯もあり、この後は厚生行政の側がその検討の主軸となっていく。

本章の最後に、第3章以降における整理検討の前提として、PSWが保安処分議論の過程においてどのような役割を期待されていたかについて、国会における質疑及び上述の日弁連要綱案で期待されているPSWの職務を取り上げて、若干の整理をしておきたい。

刑法全面改正による保安処分導入については国会上程されることは叶わなかったため、国会での議論自体はあまり無いが、第3章で整理検討を行う協会の保安処分に対する「対抗」の歴史をみるにあたって、注目すべき質疑が残っている。それは、第七一回国会参議院法務委員会（一九七三〔昭和四八〕年六月二八日）における佐々木静子委員の質問に対する鈴木義男説明員（法務省刑事局参事官〔当時〕）の説明の中にある。この時期は上述の要綱案を土台とした昭和四九年草案に引き継がれることになる法制審議会刑事法特別部会第三小委員会による第二次参考案が決定された時期である。この決定に関する報道が同年六月二三日に朝日新聞等に掲載されたこと（朝日新聞［1973］）を契機として質疑がなされている。この質疑のなかで「精神科ソシアルワーカー」が登場する。

もし精神障害者の現在の状況から見て、これは施設の中で処遇するよりも施設の外で処遇したほうがいいというふうに判断されます場合には、いつでも、仮退所と申しまして施設から外へ出して、そのかわり今度は何と申しますか、現在行なわれております保護観察という制度が一般の犯罪者については定められておりますが、その保護観察を、医療的な意味での保護観察ということで療護観察ということにいたしまして、普通の保護司さんではなくて、精神医学に造詣のある人、特に精神科ソシアルワーカーというよう

（中略）

なことばも使われておりますが、そういう人たち、そういう医療的な専門家を中心にしたアフターケアをやっていこうと、こういう考え方でございます。

（傍線は筆者、国立国会図書館国会会議録検索システムにて検索引用）

本議事録の検索に使用した「国立国会図書館国会会議録検索システム」において、一九四五（昭和二〇）年一月一日以降で、「ソーシャルワーカー」及び「ソシアルワーカー」で検索した結果、前者は第四六回国会衆議院法務委員会（一九六四（昭和三九）年四月七日）に登場する。当該委員会「暴力行為等処罰に関する法律等の一部を改正する法律案」審議過程において政府委員の法務省刑事局長竹内壽平が少年問題との関係で発言したのが最初である。その後は一九七四（昭和四九年）第七二回国会衆議院予算委員会において公述人として出席した丸尾直美が発言するまでは国会議事録に登場することはない。

後者の「ソシアルワーカー」は第八回国会参議院厚生委員会（閉会中審議）（一九五〇（昭和二五）年一月六日）に登場する。「社会保障制度に関する調査の件（社会保障制度審議会の勧告に関する件）」審議過程において大内兵衛参考人が「ソシアル・サービス」の専門家養成に関して発言したのが最初である。その後、上述議事録に登場するまで本会議一回を含む五回の会議において議事録として残っているが、どれも保安処分とは関連の無い文脈における単発の発言のみである。前後者ともに「精神科」が冠せられたかたちで登場したのは上述の委員会議事録が最初である。すなわち戦後の国会委員会においてＰＳＷは、保安処分における「療護観察」要員候補としてはじめて登場しているのである。第３章で述べる通り、この質疑の二か月前、協会は一人の青年による告発により存続の危機に陥ることとなり、さらにその後、当該の告発を「活用」したかたちで保安処分との親和性を正当化していくことになる。

「1」で述べたように、一九六九（昭和四九）年に公表された精衛審意見においても処分終了後の「アフターケアー」要員として、PSWを意識していると思われる「精神衛生指導員」を保護観察所に配置することを提案している。

また本節において経緯を述べた日弁連要綱案及び昭和五七年日弁連意見書においてもPSWが登場する。特に「措置通院制度」案を提案していた日弁連要綱案では「アフター・ケア体制の確立」項目において、また昭和五七年日弁連意見書では「アフター・ケアとリハビリテーションに関する提言」項目においてPSW活用に関する記述がある。例えば昭和五七年日弁連意見書では、「精神科ソーシャル・ワーカー」を公認資格化したうえで、「退院後の通院治療やデイ・ケア等のアフター・ケア、住居の確保・職業訓練、就労等にかかわるリハビリテーション」といった業務遂行のため「職務の権限と内容を適正に規定」する必要があるとしている。日弁連の二つの文書におけるPSWの職務規定に対して、協会は第3章で述べるように抗議を行うと同時に、曖昧な態度を取っている。ここに協会の保安処分に対するアンビバレントな姿勢が表れており、この姿勢は後の医療観察法に対する協会の迷走した姿勢に引き継がれることになる。

4　小括

以上、本章では日本における保安処分導入の過程について、主に実質的な保安処分検討が開始された現行刑法制定以降に限定したうえで整理検討を行った。保安処分を具体的な制度として導入しようとした背景を戦前と戦後とに大別して整理すると、戦前は「美風良習」及び「淳風美俗」、すなわち「国家がその政治を行う上において守らねばならぬところの道義的規範」を維持することの困難な状況が比較的躊躇なく挙げられていた。他方、戦後は実質的な「保安」という理由は覆い隠されたうえで、「残虐」な「応報刑」に代わるものとして新しい日本国憲法における基本的人権にも沿った制度として導入が企図されていた。但し、戦後の保安処分案は名目上は「科学」の衣を纏ってはいたものの、その実質は保安処分と何ら変わるものではなく、特に昭和四九年草案以降、その対象として特化されていたのが精神障害者であったこともあり、精神神経学会が反対に舵を切ったことを契機としてそれまで必ずしも主流ではなかった反対運動を勃興させた。協会も同様に強固な反対運動を繰り広げたが、それ自体保安的色合いを強く内在していたPSWの活用が明記された日弁連による保安処分の対案としての日弁連要綱案に対しては、曖昧な態度に終始した。ここに主客ともに、PSWと保安処分とは親和性が高い職種と認識していた／されていたことの端緒を見出すことができる。

PSWは保安処分に対して、当初は反対し、その後名目上は保安処分ではないが保安処分的要素のきわめて強い医療観察法には積極的にその職を欲し、まい進することになった。第3章及び第4章ではその過程を追う。

［注］

1　本章以降で、特にその内容にまで言及している保安処分草案等の原文、精神神経学会及び日弁連による各種公表物についてはそれぞれ以下の文献等に所収されているものを引用・使用した。文献表に掲載しているものは文献記載に従った。団体ホームページに掲載されているものはURLを記載した。

・「刑法改正綱領」（臨時法制審議会決議、一九二六（大正一五）年）（牧野［1934：304-306］）
・「刑法改正予備草案」（一九二七〔昭和二〕年）（牧野［1934：306-323］）
・「刑法並監獄法改正調査委員会総会決議及留保条項（刑法総則）」（一九三一〔昭和六〕年）（牧野［1934：323-342］）
・「刑法並監獄法改正調査委員会総会決議及留保条項（刑法総則及各則）」（一九四〇〔昭和一五〕年）（林［2003：503-534］※各則のみ掲載）
・「改正刑法準備草案」（刑法改正準備会一九六一〔昭和三六〕年）（ジュリスト編集室［1982：78］※「第16章保安処分」条項案のみ掲載）
・「同　理由書」（病院精神医学会［1972：13-49］※抄録として「序説」及び「第1編総則第16章保安処分」のみ掲載）
・「刑法改正に関する意見書（第一次案）」（精神神経学会刑法改正問題研究委員会、一九六五〔昭和四〇〕年）（病院精神医学会［1972：50-56］）
・「刑法改正に関する意見書（第三次案）」（同、一九六七〔昭和四二〕年）（病院精神医学会［1972：57-64］）
・「保安処分（治療矯正処分）に関する要綱案」イ案及びロ案（一九六八〔昭和四三〕年）（吉川［2001：315-323］※イ案は「第16章保安処分」、ロ案は「第16章治療矯正処分」各条項案のみ掲載）
・「保安処分に関する中央精神衛生審議会の意見」（一九六九〔昭和四九〕年一月）（病院精神医学会［1972：65-66］）
・「保安処分制度新設に反対する決議」（第六八回精神神経学会総会、一九七一〔昭和四六〕年六月）（病院精神医学会［1972：109］）

・「保安処分制度新設に反対する意見書」（精神神経学会理事会保安処分に反対する委員会、一九七一〔昭和四六〕年八月）（病院精神医学会［1972：109-114］）

・「刑法全面改正要綱案に対する意見（案）」（日弁連、一九七二〔昭和四七〕年三月）（病院精神医学会［1972：115-116］※「（4）保安処分について」のみ掲載）

・「改正刑法草案」（法制審議会総会答申、一九七四〔昭和四九〕年）及び「同参考案（第一次案）B案」（ジュリスト編集室［1982：79-84］※改正刑法草案は「第15章保安処分」、B案は「第16章療護処分」各条項案のみ掲載）

・「『改正刑法草案』に対する意見書――刑法全面『改正』に反対し、国民の人権を守るために――」（日弁連、一九七四〔昭和四九〕年三月）（青木［1980：318-325］※保安処分に関する部分のみ掲載）

・「刑法全面『改正』阻止に関する宣言」（日弁連、一九七四〔昭和四九〕年五月二五日）（日本弁護士連合会［1974a］）

・「刑法全面『改正』に関する声明」（日弁連会長声明、一九七四〔昭和四九〕年五月二九日）（日本弁護士連合会［1974a］）

・「保安処分制度の骨子（刑事局案）」（法務省、一九八一〔昭和五六〕年）（ジュリスト編集室［1982：85］）

・「精神医療の抜本的改善について（要綱案）」（日弁連「刑法『改正』阻止実行委員会、一九八一〔昭和五六〕年八月三一日）（桐原［2010-］）

・「精神医療の改善方策について（骨子）」（日弁連、一九八一〔昭和五六〕年一〇月一九日）（桐原［2010-］）

・「『精神医療の抜本的改善について（要綱案）』に対する意見書」（精神神経学会及び「保安処分に反対する委員会」、一九八一〔昭和五六〕年九月二九日）（桐原［2010-］）

・「『精神医療の改善方策について』意見書」（日弁連、一九八二〔昭和五七〕年二月二〇日）（ジュリスト編集室［1982：90-91］）

・「日弁連の『精神医療の改善方法について』について」（法務省、一九八二〔昭和五七〕年五月二四日）（ジュ

リスト編集室［1982：92-93］）

2　昭和六年草案及び昭和三六年準備草案における「麻酔剤」の標記は誤りであり、その後「麻薬」と改められている（吉川［1969：88］）。

3　一九四一（昭和一六）年の治安維持法改正では、検察官の請求に基づく裁判所の決定によって収容されたものに対する転向の強要が実施された。期間は二年間であったが、不定期に更新することが可能であった。一九四五（昭和二〇）年連合国最高司令部（ＧＨＱ）指令「政治的、市民的及び宗教的自由に対する制限の撤廃に関する覚書」により廃止された。同法による検挙者は六万七〇〇〇人以上、被告人は六〇〇〇人以上と推計される（三井他編［2003：781］）。

4　小川太郎（第1章1参照）は、昭和一五年仮案までの「監護処分」、「矯正処分」、「労作処分」、「予防処分」の四種から「治療処分」及び「禁断処分」の二種に絞った点について、「予防処分」は「いわば改善しない危険犯人」に対するものであり、「人権保障の面から論議にさらされていたもの」でもあるのでそれを破棄したことは肯定できるが、「労作処分」については、「享楽品のはん濫、余暇の増大――それらは労働嫌悪と小犯罪の累行に拍車をかけて」おり、「なぜ準備草案は削ったのかであろうか。大きな疑問としたい」と述べている（小川［1964：319-320］）。

5　例えばこの時期より少し先になるが、本章でも引用している一九八二（昭和五七）年の『ジュリスト』における特集「保安処分の総合的研究」（ジュリスト編集室［1982］）に所収されている論考六編（大谷［1982］、町野［1982］、加藤［1982］、堀内［1982］、浅田［1982］、墨谷［1982］）全てが触法精神障害者対策としての保安処分のあり方に主軸を置いた検討がなされている。

6　事件当時、バスに乗り合わせ瀕死の重症を負い、その後フリーの編集者、ドキュメント作家となった杉原美津子の著書として杉原［2004］、同［2014］。

7　日弁連は同日、「刑法問題意見交換会一時休会にあたって」を公表している。当該コメントにおいて日弁連は、「刑法問題意見交換会は23回におよぶ意見の交換を経て、法務省より、成案作成にむけ現在検討中の事項について、その内容の説明が現段階においては具体的に呈示できないので、当面一時休会したいとの申し入れがあり、日弁連はこれを認めることにした」としている。また「日弁連からの再三の要望にもかかわらず、法務省が検討中の事項について、積極的に意見交換会の素材としなかったため、現時点においては遺憾ながら論議をつくしたとは言いがたい」としながらも、意見交換会が「刑法『改正』問題に対する論議の対立点、一致点を国民の前に明らかにする上で大きな役割を果たしてきたことを高く評価する」と自己評価を行っている（日本弁護士連合会［1984］）。

8　精神神経学会による要望以外のものとして、精神病院医学会による「要望書」（一九八一〔昭和五六〕年九月）、日本臨床心理学会による「要望書」（同年一〇月）、全国自治体病院協議会による「保安処分に関連し精神医療の改善についての要望」（同年一一月）、日本公衆衛生学会による「『精神医療の抜本的改善（要綱案）』について」（同年一二月）、第二東京弁護士会による「日弁連『精神医療の抜本的改善について』（要綱案）および同『精神医療の改善方策について』（骨子）に対する意見書」（同年一二月）が出されている（町野［1982：23］）。

9　第三回パネルディスカッションが開催される直前、要綱案意見書が日弁連に送付されるまでの時期に日弁連要綱案を批判しつつ今後の動向を注視していたものとして青木［1993：91-296］。青木のプロフィールについて立岩［2013：169］。

10　野田報告書は、精神病床数、在院日数等の修正を加えたかたちで出版されている（野田［2002］）。同報告書一九八二年初版の「あとがき」では、「調査報告は、日本弁護士連合会・刑法『改正』阻止実行委員会の依頼で作られ、『精神病による犯罪の実証的研究』と題して、さる（一九八二年）三月一七日の、第六回法務省――日弁連刑法問題意見交換会の討議資料となった。これは、保安処分の新設を急ぐ法務省に対し、最も現実をふまえた反論であった」と記されている。野田報告書の発端である毎日新聞に掲載された二つの記事（一九八二〔昭和五七〕年四月一九日及び同二一日）及び原報告書の抜粋が佐藤［1982］に掲載されている。また野田のプロフィールについて立岩［2013：97］。

第3章

協会の保安処分に対する「対抗」の過程

協会による保安処分から医療観察法への対峙の歴史は一九八〇年代までの「対抗」の過程と、二〇〇〇年以降の方針変更の過程とに大別することができると考える。但し、それぞれの過程において単線的に迷いなく対抗、もしくは方針の変更の歩みを採ったのではなく、当然ながら両過程ともに曲折と錯誤の連続であり、その連続をつなぎ合わせるとかろうじて一方は対抗、他方は方針変更の歴史となるという言い方のほうが正しい。

協会は一〇年毎に年史を公刊している（以下、『〇〇年史』〔〇は年〕と略す）。具体的には『二〇年史』（日本精神医学ソーシャル・ワーカー協会二〇週年記念全国大会運営委員会編［1984］、以下引用注記は二〇年史編［1984］と略す）及び『三〇年史』（日本精神医学ソーシャルワーカー協会第三〇回全国大会運営委員会編［1994］、以下引用注記は三〇年史編［1994］と略す）、そして『四〇年史』（日本精神保健福祉士協会事業部出版企画委員会編［2004］、以下引用注記は四〇年史編［2004］と略す）、『五〇年史』（日本精神保健福祉士協会五〇年史編集委員会編［2014］、以下引用注記は五〇年史編［2014］と略す）を公刊している。『三〇年史』を除いて、時期区分と当該時期における協会の状況について、それぞれ以下のように整理されている。

『二〇年史』
一九六四年～一九六九年：草創期（理念中心）、一九七〇年～一九七二年：躍動期（実践中心）、一九七三年～一九七七年：混乱期（対象者からの提言）、一九七八年～一九八〇年：機能回復期（専門性検討、かかわりの始点）、一九八一年～一九八三年：再生期（社会的承認を求めて）。

『四〇年史』
一九六三年まで：協会前史、一九六四年～一九六九年：草創期、一九七〇年～一九七二年：躍動期、一九七三年～一九七七年：混乱期、一九七八年～一九八二年：機能回復期、一九八三年～一九八八年：再生期、一九八九年～一九九三年：資格化への模索期、一九九四年～一九九七年：資格化の具現化、一九九八年～現在：資格制度成立から現在。

『五〇年史』
一九四五年～一九六三年：黎明期～終戦から協会成立まで～、一九六四年～一九七二年：創始期～協会設立からY問題前まで～、一九七三年～一八八八年：再生期～Y問題から精神保健法施行（昭和の終わり）まで～（一九七三年～一九七七年：Y問題提起による混乱期、一九七八年～一九八二年：提案委員会報告による機能回復期、一九八三年～一九八八年：「札幌宣言」以降の再生期）、一九八九年～一九九九年：充実期～精神保健法施行（平成の始まり）から国家資格化まで～、二〇〇〇年～二〇一四年：躍動期～精神保健福祉士の誕生から今日まで～。

各年史ごとに若干の時期区分の違いや語句の違いがあるが、おおむね、①日本におけるPSW活動の開始から一九七二年までの創始期、②Y問題（後述）による混乱を極めた一九七三年～一九七七年、③協会会員の以降を汲み取りY問題と資格化議論を二者択一ではなく相補的な課題として再提起した一九七八年～一九八八年、③精神保健福祉士誕生の過程及び職域拡大を志向する一九八八年～現在、というように大きく三期に区分化することができると考える。日本における保安処分導入機運の時期は、上記区分②から③の前半にあたる。また、いわゆる「処遇困難者」対策から「触法精神障害者」対策を経て、医療観察法施行に至る時期は③にあたる。

本章では主に保安処分に対する協会の「対抗」の過程について整理検討を行う。はじめに①の時期についてごく簡単に概要を整理した後、保安処分導入機運の時期と重なる②の時期に起きた、ある一人の青年からの告発の事象についてやや詳細に取り上げ整理する。そのうえで上記とほぼ同時期の保安処分導入機運に対する協会の「対抗」の過程について整理検討を行う。③の時期ともかぶる医療観察法へ関与することになった方針変更過程については第4章において整理検討を行う[1]。

1　協会創始期

現在、日本精神保健福祉士協会のホームページにおいてＰＳＷとは、単科精神科病院、総合病院の精神科、精神障害者の地域生活支援を目的とする社会復帰施設、福祉行政機関等で、社会福祉学を基盤として、精神障害者の抱える生活問題や社会問題の解決のための援助、及び社会参加に向けての支援を通して、「その人らしいライフスタイルの獲得」を目標とする専門職であると明記されている（日本精神保健福祉士協会［2015-］）。保安処分に対するＰＳＷの「対抗」の過程に入る前に、日本におけるＰＳＷの史的展開について主に柏木編［2002］及び協会発行の年史等を参考に若干の整理をしておきたい。

日本におけるＰＳＷの発祥は、一九二八（昭和三）年に編纂された東京府立松沢病院史に登場する「遊動事務員」制度の計画がその始点であるといわれている（柏木編［2002：45］、五〇年史編［2014：3］）。また一九三一（昭和六）年に内務省衛生局内に設置された日本精神衛生協会より創刊された（柏木編［2002：45］）『精神衛生』第一〇号（一九三六（昭和一一）年）に掲載された中央社会事業協会の福山政一による論考「社会事業と精神衛生」において、「ケース・ウォークの一分派としてサイキアトリック・ソーシャル・ウワークなる独自の活動分野を開拓した」と述べられている。同論考において福山はＰＳＷの役割について「退院患者のアフターケヤー」を挙げている（柏木編［2002：46］、五〇年史編［2014：3］）。同雑誌第一一号（同年）には村松常雄による論考「精神衛生相談の事業について」において「精神衛生の教育訓練を受けた『社会婦』、または『保健指導婦』、または『公衆衛生看護婦』」の必要性に言及している（柏木編［2002：46］）。

ＰＳＷの活動自体は一九四八（昭和二三）年に国立国府台病院において当時の院長であった上述の村松によって「社会事業婦」という名称で同病院の看護婦二名を配置したのが最初である。村松はその後に名古屋大学医学部長に転身し、同大においてもＰＳＷを配置している。また一九五三（昭和二八）年には東海ＰＳＷ研究会が発足する。同年に医療ソーシャルワーカーの職能団体の前身である日本医療社会事業家協会（一九五八（昭和三三）年、日本医療社会事業協会、二〇一一（平成二三）年公益社団法人日本医療社会福祉協会に変更）が結成され、ＰＳＷも参加することになる。その後ＰＳＷとしての専門職アイデンティティの高まりのなかで、一九六三（昭和三八）年八月二四日、日本社会事業大学講堂において全国から七六名のＰＳＷが参加して、ＰＳＷ全国集会が開催される。翌一九六四（昭和三九）年五月二一日～二二日、第一回全国大会・総会が東京で開催される。同年一一月一九日、仙台市民会館において設立総会が開催され、これより「日本精神医学ソーシャル・ワーカー協会」として活動がスタートすることになる。仙台での開催理由は同時期に同市で開催されていた「全国精神衛生大会」に併せたことによる（柏木他［1985：59］）。なお、同年には全国精神障害者家族会連合会、臨床心理学会が発足している。また理学療法士及び作業療法士法が施行されている。一九六六（昭和四一）年には精神神経学会総会において、分科会「精神科医療体系におけるＰＳＷの役割」が設定される。この分科会には「ＰＳＷに関心を持つ少数の医師と多数のワーカーによって会場が占められた」（二〇年史編［1984：24］）。なお、設立当初の協会は日本ソーシャル・ワーカー協会の専門部会としての位置付けであり、協会員は日本ソーシャル・ワーカー協会会員である必要があった。一九六九（昭和四四）年、日本ソーシャル・ワーカー協会が運営能力の限界から事実上瓦解したことに伴い、当該会員であることの規定は削除された（柏木［1975：10］）。

協会設立の直接的な契機として一九六四（昭和三九）年三月二四日に発生した「ライシャワー駐日大使刺傷事件」がある。この事件は当時の駐日大使であったライシャワーが一九歳の日本人青年に大腿部を刺され重傷を負ったものである。青年は後の精神鑑定で統合失調症と診断され不起訴処分となった。青年の治療歴が判明した時点で江口俊男警察庁長官（当時）は参議院予算委員会の答弁で精神障害者の治安的取締りに言及した。また警備の不備を理由に早川崇国家公安委員長（当時）が辞職に追い込まれた。自民党治安対策特別委員会は「異常者施設増強の方針」を決議、小林武治厚生大臣（当時）は保健所に対する「精神異常者の報告義務」を課すことを取り入れた精神衛生法改正に言及する。国家公安員会や警察等の治安当局による対策と並行して厚生行政は精神障害者対策について同年四月二日に精神衛生審議会に諮問し、同月二一日、①精神病床の拡充、②精神医療専門職の養成・確保、③地域社会における精神衛生活動と必要な機関の整備、④医療保障の充実などを主内容とする意見具申がなされた。その後、当時の精神衛生鑑定医をのぞく一般の医師に対する都道府県知事への通報義務などを盛り込んだ精神衛生法改正案について警察庁から厚生省に対して申し入れが行われ、厚生省もその旨を了承したうえで、一時は精神衛生法の緊急一部改正が厚生省、警察庁、法務省で検討される方向となった。しかし精神神経学会等による全面改正を求める運動等により、結局、緊急一部改正ではなく、精神衛生審議会への諮問となり、翌一九六五（昭和四〇）年一月に答申が行われる。その後、保健所による訪問指導の強化、精神衛生センターの設置、通院医療費公費負担制度などが盛り込まれた改正精神衛生法が同年六月一日に可決成立することになる

（広田［2004：66-105］）。

ライシャワー事件は「ＰＳＷ協会の設立を加速した事件」となる（見浦［1995：23］）。当該事件後、一九六四（昭和三九）年五月、関東在住のＰＳＷたちが烏山病院に集まり精神衛生法改正にＰＳＷが位置付けられることを強く意識して連日討議が行われたという（五〇年史編［2014：9］）。当時、精神病院への長期の隔離収容が常態化している状況のもと、病院に採用され始めたＰＳＷは、「自分達の公的発言力を強めてゆけば、それが結果として対象者のニードにつながる」という「定式」のもとで専門職能団体としての地歩を固めることが急務と認識していた。しかし二〇年史等の記述をみると、協会初期は、「観念論に走り過ぎ、「長期隔離収容」といった当時の精神医療問題に距離を置いたまま協会が発足したと記述されている（二〇年史編［1984：2-3］）。

協会は当初は専門職能団体として「専門性の確立とＰＳＷの方法論の構築」（二〇年史編［1984：2］）を主眼に置いていたものの、一九七〇年代以降は徐々にソーシャルアクション志向を強めていく。この時期、日本の精神医療体制の矛盾と不備に対する告発が相次いだ。例えば、一九六八（昭和四三）年に世界保健機関（ＷＨＯ）より日本に派遣されたクラーク医師（Clark.D.H）らによる「勧告」[2]、一九七〇（昭和四五）年三月五日より朝日新聞夕刊にて連載が開始された大熊一夫による「ルポ・精神病棟」の反響[3]、烏山病院に勤務していた医師が、病院で実践されていた「生活療法」の問題点を指摘し、それを廃止したことによる配置転換、解雇に対する裁判闘争（浅野［2000：53］、立岩［2013：206］）、東京大学医学部精神神経科教授台宏（当時）が一九五一（昭和二六）年に『精神神経学雑誌』に発表した論文「精神分裂病者脳組織の含水炭素代謝について」が、精神障害者八〇名の大脳皮質の一部を切り取り科学的研究の材料とした実験であったことに対して一九七一（昭和四六）年に石川清が告発を行った問題（青木［1980：161-162］）等である。ＰＳＷや協会自身も一九六九（昭和四四）年、第五回大会・総会において、全国精神障害者家族会連合会[4]より健康保険特例延長法案と精神障害者の医療制度上の差別に対する反対決議の要請が出され、厚生大臣宛に「医療保険制度改革要綱案に対する反対決議」及び要望書を提出している（二〇年史編［1984：5］、四〇年史編［2004：32］、五〇年史編［2014：11-12］）。

同時にこの時期は、協会員の不当解雇問題、協会員による普通選挙妨害事象等、当時のＰＳＷの「地位の低さ、身分の不安定さ、劣悪な労働条件」や、「ＰＳＷの保身に根ざした専門職志向の姿勢」が露呈する出来事が複数起きている（二〇年史編［1984：6］）。資格制度もなく身分も不安定な状況で精神病院に雇用されながら、一方でその精神病院において人権を侵害されている事象に立ち向かわなければならないという状況は上記の事件の対象者となる一方、専門職としての志向を強めていくことになった。

一九七一（昭和四六）年には中央社会福祉審議会職員問題専門分科会起草委員会より出された「社会福祉士法」案に対して、協会の「身分制度委員会」は翌年四月、資格制度以前に協会員の待遇改善を含む社会福祉全般の基盤整備を先行すべきとしてＰＳＷ待遇実態調査研究員委員会を新設して本提案に疑義を呈することになった（二〇年史編［1984：7］、四〇年史編［2004：33］、五〇年史編［2014：13］）。

協会はこの後に「遅まきながら」（二〇年史編［1984：7］）保安処分問題に対峙していくことになるが、同時期に「Ｙ問題／Ｙ事件」が勃発することになる。

2 「Y問題／Y事件」その一——Y問題告発まで

先述の通り協会は保安処分導入の機運に対して、一九七四（昭和四九）年五月一七日開催の協会第一〇回総会決議以降、骨子公表後までの間に五回の保安処分反対決議を採択している。これとほぼ同時期、協会はある事象に直面し、八〇年代前半までの一〇年間にわたり「機能不全」の状態に陥り、組織存立の危機を迎えることになった。その事象とは「Y問題／Y事件」（以下、Y問題と略す）[5]である。Y問題についてはやや詳細に取り上げ整理検討を行う。その理由は二つある。第一は、PSWに内在していた保安に主眼を置いたうえでの強制性を「見事」なまでに露呈させることになったY問題は、協会の保安処分への「対抗」過程と同時期に起きており、協会の「曲折」を最もよく表していると考えられるためである。そして第二は、後に詳述するが、協会はY問題から自らの「使命」を導出し、その使命を錦の御旗としてその後の医療観察法への関与の根拠として活用していると考えられるからである。

本節ではY問題の経過の「事実」関係を中心に整理を行う。但し、Y問題に関する「事実」の記述には後述の通り要所で食い違いが見受けられることに注意が必要である。

Y問題の整理に関しては、前節において使用した文献に加えて、協会側のものとして協会がY問題の告発を受けた二年後の一九七五（昭和五〇）年の理事会において会員に配布することが決議された「Y問題調査報告により提起された課題の一般化について（資料）」（二〇年史編［1984：60-70］、四〇年史編［2004：

171-180］以下、一般化資料と略す。本書では四〇年史編［2004：171-180］を使用する）、及びY氏支援者側のものとしてY氏支援を行った「多摩川保養院を告発し地域精神医療を考える会」（以下、考える会と略す。関連文献として阿部［1976］）論考を中心にまとめている桐原論考（桐原［2014］。なお適宜、桐原［2011-］、同［2013］も参考）を使用する。

双方の記述を追うと、少なからず事象発生の前後の出来事について事実関係の齟齬が見受けられる。特にYが自宅より強制的に病院に連れて行かれ入院となる経緯について決定的な齟齬がある。本節では事象前後の些細な齟齬については触れない。但し、上記の入院までの過程の事実関係の齟齬については双方の記述を引用する。

Y問題に関しては協会発行のものを含めて事象発生当時の複数の論考において人物・機関ともに固有名詞を用いて記述されているが、本節ではY問題の当該本人であるY氏をはじめ人物名のみイニシャル表記にする。

Y問題は一九六九（昭和四四）年一〇月四日、予備校生のYの父親が川崎市精神衛生センター（当時）に一人で相談に出向くことから始まる。同センターのPSWによるインテーク記録には「勉強部屋を釘付けにし一週間くらいこもる。九月中旬より母親を叩く、バットを振り回し暴れる。この二、三日『殺してやる』という」とあった（五〇年史編［2014：58］）。そもそもYは関西方面の大学受験を考えていたが、Yの両親は東京か横浜の大学への進学を主張し、一方的にYの受験をやめさせたということがあり、そのことが原因でYは幾度となく両親と口論になっていた（桐原［2014：51］）。さらにはYの腰痛（五〇年史編［2014：58］）やYの父親がYとの相談無くして勉強部屋を新築したことによるYの困惑（桐原［2014：

51］）があった。

そのような経緯のなかYの父親が自身の勤務先の附属病院医師より同センターへの相談の助言を受けたのが相談のきっかけとなった。同センターのIワーカーは父親の相談を受け、即座に「これは重症な精神分裂病である。即時入院させなければ大変なことになる」と断言し、父親の帰り際に向精神薬を渡したという。むろん、この間に本人に対する医師の診察はない。父親は帰宅後に母親に同センターに相談に行ったことを話すが、それに対して母親は呆れ、父親に同センターに対して家庭訪問等は一切せぬよう電話するよう促した（桐原［2014：51］）。そして父親は同日の夜に、同センターに「なかったことにしてくれ」と断りの電話を入れた（五〇年史編［2014：58］）。

しかし同センターのIワーカーは本人に会うこともせずに病院への入院依頼などの準備をはじめ、一〇月六日にYの地域を管轄する川崎市大師保健所の精神衛生相談員Iワーカーに電話連絡し、Yを入院させるための家庭訪問の依頼をしている（五〇年史編［2014：58］）。同日、同センターIワーカーとともにY宅へ訪問した同保健所Iワーカーは、家庭訪問したことに対する母親の抗議に対して、「これが私達の仕事だ」、「息子さんの病気を隠し立てするようなことは息子さん本人の為にならない」等と言い、Yの状況について強引に聞き出そうとしたという（桐原［2014：51］）。保健所Iワーカーの訪問時の記録には両親の印象とともに「本人の性格、最近の行動、思考内容を考えると、分裂病のはじまりのようにも思われる」との記載があった（桐原［2014：52］）。

一〇月一一日、Yの母親が大師保健所を訪問した状況と、Yが強制的に入院させられる状況については、上述の通り協会発行物の記述と、Y氏支援者側の記述とで事実関係に「食い違い」が見られる。Y問題告発以降、一〇年にわたり協会は「機能不全」に陥ることになるのであるが、その最初の契機こそがYの強制入院に至るPSWの一連の関わりであった。しかしながらまさにこの瞬間の状況について協会側とY氏支援側とで事実関係の認識に齟齬があるのである。

はじめにYの母親が大師保健所を訪問する場面。一般化資料では以下のような説明がなされている。なお文中の記号や引用脚注は省略する。

一〇月一一日土曜日午後二時頃、母親が保健所に相談のため来所。ワーカーがすでに帰宅しておったため、日直の保健婦が相談に応じた。

母親の話によると「一〇月八日に保健所ワーカーが訪問したあと本人は、そのことを夫婦で話し合っていたのを聞いて、その後神経質になっていたが、今日は興奮がひどく、こわくなって相談に来た。」ということであった。

保健婦は、本人が興奮するに至った経過と、母親としてそうなった理由をどう考えているかについて聞いた。母親は「現状では甘やかし過ぎたという育児上の誤りで病気ではないと思うので、入院は避けたいが、もし入院させるとすれば、椎間板ヘルニア等の病名ならよい。」ということであった。そこで保健婦は「夫にも連絡をすること、そして近所まで帰り様子をしばらく観察し、五時までに結果を連絡するよう」に指示して返した（四〇年史編［2004：174］）。

対して、桐原論考では以下の通りである。固有名詞はイニシャルに修正して引用する。

同年一〇月一一日（土）、Yと母親は些細なことから喧嘩をした。原因は、母がご飯の支度をしていると、Yが「なにを練っている」と尋ねたところ、母が「練っているんじゃない。かきまぜているんだ」と答えたことが発端である。母親は、浪人生活で精神的安定を必要とするYの立場を思い、自分が近所の家に遊びに行ってしまえば喧嘩相手が無くなってYの癇癪も止むだろうと家を出た。しかし、母親は、先日のI（川崎市大師保健所：筆者注）の「また来ます」との言葉が気になり出していた。そして、万が一、母親の留守中にIが再び訪れたら、それこそYを精神病と決めつけ事態を更に複雑にしてしまうと考えた。母親は、Iに「再びY宅には来ない、Yを精神病扱いすることは止める」との確約をさせる必要があると考えて、そのまま大師保健所に向かった。

母親は、同日午後三時前に大師保健所に着いた。そこでは、保健婦（現保健師）のKが対応した。母親は、これまでの経過を説明し、Y宅へ訪問しないよう求めた。その際、母親は、Yの浪人生活、Yが肩と腰を痛めその関係で気分が多少イライラしているらしい点もある旨を告げた。Kは、そういうことなら早くYを入院させ肩と腰を治療させたほうが良いと言った。さらにKは、保健所でも良い総合病院を紹介できるから夕方に両親で来てほしいと言った。母親は、この際、良い総合病院を紹介してもらいYの肩と腰を治療した方がいいと決心した。

同日夕刻、母親は、父親と共に再び大師保健所を訪れ、総合病院の紹介を求めた（桐原［2014：52］）。

前者と後者とで比較すると、「Yの母親の保健所訪問の理由」と「Yの母親が入院させることを決心する根拠」について、事実関係の記述の齟齬がみられる。また桐原論考では同日夕刻に両親が再び保健所を訪れているとあるが、一般化資料ではそのような記述はない。さらにここには引用していないが、この状況の後の動きに関して、桐原論考では父親が警察に出向き、母親は保健所のKと下述の医師とともに車でY氏宅へ向かうが途中で降りるよう指示されたという記述があるが、一般化資料にはそのような記述はない。

一般化資料及び桐原論考はこの後に大師保健所予防課長の医師、居合わせた多摩川保健所のPSW、「移送上の保護」のために父親の同意をもとに登場する川崎警察署の二名の警察官が登場し、Y説得のため、Y氏宅へ向かい、「手錠」をかけたうえでのY氏入院までの経過の記載がある。この一連の過程には大師保健所のIワーカーは直接関わってはいない。一般化資料及び桐原論考各々における、医師の診察抜きにYを入院させる決断に至った点の記述を引用する。大師保健所のYを入院させる決断の時期に齟齬がある。はじめに一般化資料。

> 保健婦は五時ごろ予防課長に今後の処置について電話で相談したところ、予防課長からこれから再出勤するが、それまでに他の精神病院に収容依頼をするようにという指示を受けた。そこで他の病院に問い合わせたところ、ある精神病院より「本人を連れて来れば入院を引き受ける。」という回答を得た。この段階で保健所は、本人に事前に会うという努力もなく、状況判断で入院収容の方針を決めてしまった（四〇年史編［2004：175］）。

対して、桐原論考では以下の通りである。

一方、大師保健所は、母親が相談に来たときには、すでにYを精神障害者として把握し、両親の考えとは別に精神病院に強制入院する準備を進めていた（桐原［2014：52］）。

Yは多摩川保養院へ連れて来られる。Yは病院到着後、診察室に入らされるのでもなくしばらく廊下で待たされる（桐原［2014：53］）。桐原論考では、その間に「看護職員」が同行した父親に対して必要な書類上の手続きをとらせたとある。一般化資料はこの時点ではYと病院側とが係争中でもあったため、病院到着後の全貌は明らかではないとしながらも、本人に同行した「ワーカー」（多摩川保健所PSWであると思われる）は精神衛生センターの「記録」を病院まで持参しており、病院はそれをコピーしたとある（四〇年史編［2004：176］）。入院に際しての診察の有無について桐原論考では行われたという記述はない。廊下で待たされていたYは二階からやってきた男性に連れられて病棟に向かったとある。そしてそのまま同月一三日の午前まで保護室に隔離されたとの記述がある（桐原［2014：53］）。一般化資料では、裁判の経緯を挙げ、病院は当初裁判では当日は診察せず、翌日及び翌々日に診察をしたとしていたが、後に投薬をしているので診察はあったはずだと病院側が主張していることを記述している。また、上記のセンターの記録について、病院側は医師の記録として重視したとあるが、実際はPSWの記録であった（四〇年史編［2004：176］）。結果的に同日、精神衛生法に基づく同意入院（現行の精神保健福祉法における医療保護入院）となった。本来はYが未成年でもあるため両親の同意が必要であるが、この時は父親のみの同意で入院となっている。

その後、Yの退院までの経緯については一般化資料及び五〇年史では一一月五日の母親からの大師保健所への電話から記述がはじまっているが（四〇年史編［2004：176］、五〇年史編［2014：59］）、相原論考によれば実際はこの前段がある。一〇月二七日にYは洗濯物のワイシャツのカラーに自身の状況と病院の実情を訴える手紙を密かに忍ばせておき、それが面会に来た母親の手に渡ることになる（桐原［2014：54］）。一一月五日、大師保健所に母親からYが退院したいと言っているがどうしたらよいかのとの相談の電話があり、その後保健所に来所する。入院当日は同行していなかった大師保健所のIワーカーはY本人の訴え、母親の気持ち、家族状況等を聞いた結果、むしろ母親の「情緒不安定」の問題に焦点を合わせ、母親に対して精神衛生センターへの受診を勧めた（四〇年史編［2004：176］）。このときのIワーカーの対応について桐原論考では、「とにかく何の病気であれ病院に入院したのだから良いだろう」、「何なら八王子の病院にまわす」といった発言があった旨の記述もある（桐原［2014：54］）。母親はこの後、実際に精神衛生センターを訪ねたり、保健所ワーカーが家庭訪問したりした（四〇年史編［2004：176］）。両親はなんとかYを退院させたいと考え、同月一九日に父親が病院を訪れ、整形外科受診の名目で同日に退院することになった（四〇年史編［2004：176］、桐原［2014：54］）。

3 「Y問題／Y事件」その二——協会第一二回大会・総会中止まで

三年半後の一九七三（昭和四八）年四月六日、神奈川県立勤労会館（横浜市）で開催された協会第九回全国大会・総会の第一日目シンポジウムの開始に先立って、Yとその家族より発言の申し入れがなされ、それが運営委員会で認められ、シンポジウムの後、実際にY氏より発言が行われた。Yは、不当な扱いによる強制的な入院と入院後の不当な医療行為を訴え、それらの人権侵害に対して訴訟を起こしたというものであった（日本精神医学ソーシャル・ワーカー協会［1973：2-3］）。提訴自体は一九七一（昭和四六）年一二月一日、多摩川保養院に対する民事訴訟であるが、それまでの間に母親は川崎市法律相談や横浜地方法務局人権擁護課等に訴えていたが、進展がなかったことにより提訴に踏み切ったようである（桐原［2014：55］）。

第九回大会におけるYの問題提起により当該大会のシンポジウム後の分科会及び二日目の中間集約の報告とそれに対する発言はY問題に関することに集中した（日本精神医学ソーシャル・ワーカー協会［1973：3］）。結局当該大会ではY問題調査を大会運営委員会に委嘱するにとどまった。当該大会のアンケートからは、Y問題提起という事態に対して複雑な感情を抱いているPSWが少なからずいることがわかる。

Y氏の問題をめぐって大会の中でつうじあえないものがあり、どうしてかと思う。そのことをどうにかしていかない限り鋭い問題提起があっても共通のものとしていけないと思う。

Yさんを生み出してきた医療システムを問題にして欲しかった。Iさん追放が問題でなかったと思う。この問題を提起した人達にこのことを問いたい。

Y事件に集中したのは当然と思うがPSW同志の対立―良心的S・W―という規定をされているようなイヤな味わいがした。大会としてこの事実があったことを認め、このようなことを再びおこさない為にどうするかという意志表示をしてほしかった。

あまりにもY問題に重点をおきすぎ時間をとり過ぎたのではないか。事件の現状とS・Wの自己批判のみにとらわれ過ぎ、もう一歩すゝめた大きな意味での精神医療、福祉労働者としての役割というところまで発展しなかった。

各地が準備討論を真面目に取り上げ参加しているのにその積み重ねを無視し、運営委員長も突如として出されるY問題に全面的にその場をあずけている。あまりにも会員無視もはなはだしい。それが本質に迫る問題であることは誰も否定しない。

事実関係もできないものをいきなり主要なテーマにもち出し、極めて意図的に非民主的に運営されたことは遺憾（以上、日本精神医学ソーシャル・ワーカー協会［1973：4］）。

これらの意見が全てのものなのか、それとも意図的にピックアップされたものなのかは不明であるが、当該大会に参加していたPSWにとってY問題の提起は、その取り上げられ方や運営方法に関しては異論が多かったようである。但し、当時の『PSW通信』の記述を読む限り、Y問題がその後の協会の存続を危うくし、かつ、数年後の協会大会・総会を中止に追い込むほどの出来事となることの予想はし得てはいなかったように思える。なお、第九回総会は参加者数が少なかったため、定足数不足で仮総会となり、議案は仮議決となっている。

翌年の一九七四（昭和四九）年五月一八〜一九日に兵庫県民会館（神戸市）において開催された第一〇回大会・総会において、「Y問題調査委員会報告書」が可決される。本大会は昭和四九年草案に対する一回目の保安処分反対決議が承認された大会でもある。

本大会にはY氏、大師保健所のIワーカー及び「Y氏を支援する会」メンバーも参加している。Iワーカーに関しては二日目の総会において「意見乃至反論」という形で四五分間の意見表明が行われた。一部を引用する。

「地域で仕事をすることは、正しいか正しくないかは別として、やはり保安処分につながる意味で手を汚さざるを得なかった」

「私は一人として本人会わずに入院させたことはない。また長期入院の人を在宅にしようとしているが、在宅にし普通の生活に戻すためには具体的な援助が必要である」

「私のかかわりは決して入院先行ではないのである」

「私は出来る限り患者と共に援助をすゝめてきたのだ」

（調査委員会報告書に対して）「論評は明らかに越権であり、調査報告は私にとってはリンチである」

「Y問題全般についていえば保健所で仕事をすれば手を汚さざるを得ないのであって、いわば保健所の問題

なのか、私個人の問題なのかが混同されている」(日本精神医学ソーシャル・ワーカー協会[1974：9-10])

このIワーカーの意見表明に対しては、Y氏を支援する会メンバーより、保健所の問題として一般論にすり替えようとしているといった反論が表明される。さらにYは、自らIワーカーに対して、Yに会うことなく「分裂病のはじまり」と認識した根拠を問い、それに対してIワーカーが裁判の場ではっきりされる旨の返答をしたことによって、会場が騒然となった様子が記述されている(日本精神医学ソーシャル・ワーカー協会[1974：11])。

第一〇回総会ではY氏を支援する会より「Y裁判事件にみられたI氏を始めとするワーカー、関係者の対応が『本人』に会うこともせずY氏を一方的に『患者』とみなし、自らを『治療者』側の立場に立たせていった実践というものを自らの日常的課題として厳しく問わざるをえません」との文言が入った「Y問題を誠実に総括する決議文」提案の緊急動議が出され可決される(日本精神医学ソーシャル・ワーカー協会[1974：16])。

一九七五(昭和五〇)年六月三〜四日、新潟県民会館(新潟市)において第一一回大会・総会が開催される。この大会前に発信された『PSW』№32の冒頭に、協会理事長(当時)の岩本正次による「一年を顧みて——Y問題と資格制度」が掲載される(日本精神医学ソーシャル・ワーカー協会[1975a：1-2])。その内容は、冒頭で、支部発足という「よろこぶこと」に対して、Y問題の検討に「ほとんどの時間をついやした」ことを「おわびしなければならない」こととして、まずは述べている。そしてY問題に関して、何が事実であったのかを知ることの大変さを吐露し、その背景には立場、都合によって事実性が変わるということがあると述べる。そのうえで、事実をどう解釈するかという作業も大変であり、その理由は、「Yさんの人権とわれわれ会員のひとりの人権との対決があったからである」（傍点筆者）ということが述べられている。この後は同時並行的に議論がなされていた専門資格制度の問題と絡め併せてY問題のような問題を再び起こさないための制度の検討の必要性を述べて締めくくっている。

岩本による巻頭言の趣旨は、Y問題は、Y氏とIワーカー各々の「人権」同士の「対決」となってしまっており、本来は大都市における精神衛生の体質の問題に還元されなければならないというものであった。しかし、そもそも圧倒的な弱者の地位にいるはずのY氏と、支援の関係でいえば圧倒的な強者の地位にいるIワーカーとを対等に捉えていることについては明らかに違和感を覚えざるを得ない文章である。岩本の巻頭言は当然ながらY氏を支援する側から猛烈な抗議を受けることになる。

第一一回大会・総会前日の同年六月二日に新潟県精神衛生センターで開催された全国理事会の場で会員に配布することになっていた上述の一般化資料の説明が担当理事より行われていた最中に、Y氏を含む考える会関係者三名が入室し傍聴を求めた。それ自体は認められ、その他約二〇名が当該理事会に同席し傍聴することになった。理事会では翌日からの総会に向けての通常議案の審議に加えて、一般化資料の内容及び上述の岩本による巻頭言に対する「抗議文」について議論が行われた。岩本の巻頭言については協会事務局長（当時）の小松源助より編集責任者としての釈明と「自由で大胆な発言」の保障について述べられた。さらに岩本本人からは、巻頭言は個人の見解であり、「対決」という語は「厳粛に人と人が出会うこと」の意味で用いたとの釈明が行われた（日本精神医学ソーシャル・ワーカー協会［1975b：4-5］）。

翌日の総会では議案の提出に先立って、冒頭で小松より岩本の巻頭言に対して「協会の総括であるような印象を会員に与えてしま」ったことに対するお詫びが述べられた。当該総会自体は『PSW通信』を見る限りほぼY問題一色の様相となった。Y問題に関する議題としては、①大師保健所Iワーカーに対して協会より態度を確認し、処分を検討するという緊急動議、②Y裁判への支援決議の二つであったが、結果的には両方とも否決となった。なお②については後に数字の間違いがあり、否決も可決もされていないという結論になっている。理事会としても継続審議にはしない、という結論を出している（日本精神医学ソーシャル・ワーカー協会［1975b：9-11］、二〇年史編［1984：9］）。なお桐原によれば、本大会において一般化資料の配布に加えて、「Y問題」の継承として精神医療問題委員会の設置、「Y問題を継承・深化してゆく組織」としてのブロック研修会の設置が決まったとされている（桐原［2013：75］）。

しかしブロック研修会は必ずしもY問題を継承・深化する方向には行われず、Y問題と身分法の二者択一の議論が行われがちであった（二〇年史編［1984：9］）。Y問題が起きた関東甲信越地区PSW研修会（関東甲信越ブロック）は一九七六（昭和五一）年一月三一日（二月との記載論考もある〔五〇年史編［2014：16］〕）に、Y問題を直接的には取り上げない形式で研修会の開催を予定していたが、「ハンドマイクで『関東ブロック集会粉砕！』を叫ぶ」（五〇年史編［2014：16］）Y氏や考える会により冒頭より粉砕宣言を出され、研修会は流会となった（桐原［2013：76］）。同年二月二一日、協会は関東甲信越ブロック中止に至る経過と総括文を参加者に送付するが、考える会はそれに対する一〇項目質問とともに総括の白紙撤回要求を行った。四月には理事長の小松が渡米し、岩本が理事長代行となった。その後も折衝を重ねるものの解決の糸口は見いだせず、同年五月一五日に開催された常任理事会と考える会との折衝が破綻し、同月一七日には当時の事務局長が辞任した。翌日一八日の事務局長会議において、同年六月三～四日、静岡県医師会館（静岡市）で開催する予定であった第一二回大会・総会について理事長代行と大会運営委員会に一任され、同月二一日には一旦、開催の方向となったが、翌二二日、理事長代行は第一二回大会・総会の中止を決定した（二〇年史編［1984：12］）。翌二三日、朝日新聞朝刊一八面に、同年五月に開催予定であったものの「患者拘禁」問題で中止となった精神神経学会に続いてという意味で、「ソシアル・ワーカーも大会中止　患者拘禁をめぐり」という記事が掲載される（朝日新聞［1976］）。

協会常任理事会は「第一二回大会、総会を省みての反省と課題」常任理事会案を提案するものの、全国理事会において否決となった。この時点で常任理事会は機能停止状態となる。結局は上記常任理事会案と「大会・総会中止にいたる経過報告」が会員にそのまま送付される。その後、事務局長に続いて小松理事長が辞任する。

翌一九七七（昭和五二）年三月二七日、日本社会事業大学（東京）において第一二回総会のみ開催される。総会前の理事会において谷中輝雄（やどかりの里理事長〔当時〕）が理事長に選任される。協会はその活動を大会・総会の開催と機関紙発行という必要最小限の事業に限定して、「Y問題の教訓化」と「PSWの専門性の中身を明確化する作業」（五〇年史編［2014：17］）に取り組むことになる。

理事長に就任した谷中は協会存続の意味を問う以前に協会の課題の明確自体が不明瞭であり、会員のなかには協会に対してY問題かそれとも身分法かの二者択一を迫る声があることをふまえつつも、「Y問題等における患者の人権をめぐっての問題と資格制度の検討とは二者択一の事柄ではありません」（二〇年史編［1984：43］）とし、それぞれは相補的なものであるとして、Y問題と同時に資格制度問題にも取り組むという姿勢を明確にする。この意をふまえて協会は一九八〇（昭和五五）年一月二〇～二一日に大阪市教育センター（大阪市）で開催された第一五回大会・総会の場において協会機能回復のための「提案委員会」の設置を決め、翌一九八一（昭和五六）年六月二六～二七日に東京労音会館（東京都）で開催された第一七回大会・総会において「提案委員会報告」が報告された。提案委員会報告は、第一二回大会・総会中止以降「棚上げ」にしてきた課題、すなわち「第一二回大会総会中止の事態に対する総括」及び「Y問題に関すること」等の「棚卸し」作業を明文化したものである。年史や教材テキスト等では、提案委員会報告について、「『精神障害者の社会的復権と福祉のための専門的、社会的活動』を中心に据えた組織とする」という協会の方向性を示したものという説明がなされる。ただ提案委員会報告ではY問題におけるミクロな実践の一つひとつを問題にはせず、「現行精神衛生法に則って行ったPSWの行為自体が、対象者の人権や生活を侵す行為にそのまま重なってくるという――すなわちワーカーの加害者性をめぐる論議を深化することができなかったこと」というメタなレベルにおける問題に収斂させている。桐原は、提案委員会報告は「事実経過をまとめたものに若干の解釈を加えた程度であり、主に国家資格化を実現でき得る集権型組織の構築と運営について提案したもの」としている（桐原［2013：77］）。

提案委員会報告は、翌一九八二（昭和五七）年六月二六～二七日に札幌自治会館（札幌市）で開催された第一八回大会・総会において採択された「日本精神医学ソーシャル・ワーカー協会宣言（第一八回札幌大会）―当面の基本方針について―」（日本精神医学ソーシャル・ワーカー協会［1982b：11］、以下、「札幌宣言」と略す）に引き継がれる。「札幌宣言」ではPSWの「終局目標」を「精神障害者の社会的復権の樹立」としたうえで、そのための「任務」を「『対象者の社会的復権と福祉のための専門的・社会的活動』を推進すること」という結論を提示した。「札幌宣言」に合わせて、第一八回大会・総会において執行部体制と常任理事会の再開も確認され、これをもって協会は「正常化」し、Y問題は収束したとされる（五〇年史編［2014：18］）。

以下で整理を行う協会による保安処分への反対の姿勢の過程は、すでに自らには保安処分的性格が内在していることへの自覚の過程と絡み合いながらの活動となる。その際、Y問題から導き出された「精神障害者の社会的復権と福祉のための専門的、社会的活動」というPSWの使命は、その絡み合いの解きほぐしを比較的容易にする補助線となる。

4　協会の保安処分に対する「対抗」の過程

協会は刑法への保安処分導入の機運に対して、Y問題への対応の時期とほぼ重なる一九七〇～八〇年代前半に、以下のようにあわせて五回の反対決議を行っている。この後にも協会は保安処分に関連して一九九一（平成三）年には、前年の一九九〇（平成二）年に発表された精神医療研究会厚生科学研究報告書「精神科領域における他害と処遇困難性に関する研究」（主任研究者：道下忠蔵〔石川県立高松病院長［当時］〕、以下、道下研究と略す）を土台とした厚生省（当時）による「重症措置患者専門治療病棟」案に対して見解を出している。道下研究については第4章1-1で取り上げる。

一回目：一九七四（昭和四九）年五月一七日、第一〇回大会・総会決議
二回目：一九八〇（昭和五五）年九月六日、第一六回大会・総会決議
三回目：一九八一（昭和五六）年六月二七日、第一七回大会・総会決議
四回目：一九八二（昭和五七）年六月二六日、第一八回大会・総会決議
五回目：一九八三（昭和五八）年七月二日、第一九回大会・総会決議

協会が保安処分導入の機運に対してはじめて公の場において反対の意思を表明したのは第一〇回大会・総会の場である。決議の契機は、第2章1及び2で整理した通り、その対象を「精神障害犯罪者」及び「薬物中毒による犯罪者」の「治療を主眼とする処分」に特化された昭和三六年準備草案の公表がなされた後に、その後の長い議論の末、法制審議会答申として法務大臣に答申された昭和四九年草案の公表である。昭和四九年草案に至る保安処分導入の機運に対しては、精神神経学会が精神神経学会反対意見書を公表し、また日弁連が昭和四九年日弁連意見書を公表している。

第一〇回大会・総会において採択された「保安処分反対決議文」（日本精神医学ソーシャル・ワーカー協会［1974：16］、「巻末資料1」に①として全文掲載）では、冒頭で精神衛生法（当時）が精神障害者の治療を保証し得ず、かえって患者の人権を侵害する状況を作り出していることを指摘したうえで、「社会防衛、社会治安の目的で、社会から隔離、収容」する保安処分は人権侵害の危険も大きいため、処分を含む刑法改正に反対する旨を謳っている。第一〇回大会における決議文は、躊躇や保留のない保安処分全面否定の内容となっている。そしてこの傾向はこの後の保安処分反対決議に貫かれることになる。但し協会は運営

が正常化に向かう直前の第一六回大会・総会において二度目の保安処分反対決議を採択したほかは（二〇年史編［1984：48］）、一九七三（昭和四八）年に告発を受けたY問題により、しばらくの間外部の動きにはほとんど言及していない。この間に協会は「現行精神衛生法に則って行った」（提案委員会報告）行為が引き越したY問題をメタレベルにおける問題として抽出したうえで、「精神障害者の社会的復権と福祉のための専門的、社会的活動」をPSWの使命とすることに収斂させた。このPSWの使命はこの時点においては、この後の保安処分反対の「錦の御旗」となる。これを機に協会は、保安処分導入の機運に対して、意見を公表するだけではなく種々の活動にも参加していくことになる。

第2章3で述べた通り、一九八〇（昭和五五）年八月に発生した新宿駅西口バス放火事件後の奥野法務大臣による保安処分を含む一連の刑法全面改正発言は、昭和四九年草案以降、議論が「停滞」していた保安処分導入の機運をにわかに勃興させた。協会はこの動きに対して第一七回大会・総会において三度目の反対決議となる奥野法務大臣宛「抗議文」（日本精神医学ソーシャル・ワーカー協会［1981：23］、「巻末資料1」に②として全文掲載）送付の採択を行う。抗議文では、本章3で述べた通り、同大会・総会で採択されたY問題に関する提案委員会報告において明示された「精神障害者の社会的復権と福祉」を担う立場からは「いかなる保安処分制度もこの理念に逆行する」として、処分制度新設の動きに全面的に反対し抗議する立場を表明している。

また、抗議文では保安処分に抗するために「あらゆる具体的行動をおこす」ことも表明しているが、これに呼応するように協会は前年の一九八〇（昭和五五）年より「保安処分に反対する精神医療従事者協議会」（以下、精従協と略す）に団体として正式加盟している（日本精神医学ソーシャル・ワーカー協会［1981：

35]）。精従協は精神神経学会を事務局として、協会とともに、病院精神医学会、臨床心理学会、東京都地域精神医療業務研究会、日本精神科看護協会、児童精神医学会、精神科作業療法学会の計八団体により組織されていた。協会は一九八一（昭和五六）年七月四日、精神神経学会会議室で開催された第七回会合から常任理事の高橋一と事務局が出席している（日本精神医学ソーシャル・ワーカー協会［1981：35］）。同年一〇月二四日には東京のこまばエミナース（当時）において精従協主催の「保安処分阻止のための研究・討論集会」が開催された。当日の集会参加者は三三五名であった。司会は精神神経学会の広田伊蘇夫と臨床心理学会の赤松晶子が務めた。当日は、森山公夫（精神神経学会）、清水徹（第二東京弁護士会）、飯田文子（東京都地域精神医療業務研究会）、持丸昌久（日本精神科看護技術協会）、佐藤和貴雄（臨床心理学会）、田原明夫（病院精神医学会）の各シンポジストに加えて、協会からは常任理事の西沢利朗（川崎市幸保健所）が「ＰＳＷの現場から」と題して、シンポジストの一人として報告を行っている（日本精神医学ソーシャル・ワーカー協会［1982a：7-13］）。西沢の報告の主旨は当時の精神衛生法下における保健所現業員としての実践の困難さを軸に行われている。討論集会は、本来的に不可能である危険性予測にもとづく拘禁処分は人権侵害以外の何者でもなく断じて許すことはできない旨の「集会宣言」が採択されている。

この時期に協会はもう一つ「具体的行動」を起こしている。それは第2章3で述べた、同年八月三一日に日弁連が公表した日弁連要綱案を契機としている。先述の通り日弁連要綱案は法務省との意見交換会に向けての会内の勉強会資料として作成されたものであり、その内容は後の昭和五七年日弁連意見書では撤回された「通院措置制度」等が盛り込まれた犯罪予防のための手段的意味合いを帯びたものであった。ＰＳＷは日弁連要綱案において通院措置制度と関連して「アフター・ケア体制の確立」要員として名前が挙げられていた。この件に関して協会は、同年一一月四日に日弁連会館において開催された、同日に行われた日弁連と法務省との意見交換会の内容報告会に出席し、常任理事の高橋より「日弁連が一方的に我々の業務規定をなされたことは、はなはだ遺憾である。（中略）精神医療は様々な職種が関わっており、それらの団体とも連絡をとりあい意見を交換していくことを希望する」旨の発言がなされた（日本精神医学ソーシャル・ワーカー協会［1982a：15］、なお一一月四日に開催された上記意見交換会を「第四回目」とする記載ミスがある。実際は第三回目である（第2章3参照））。

この発言を契機として日弁連より協会に対して意見交換の要望があり、同年一二月一日、日弁連会館において協会と日弁連との懇談会が開催されることになる（日本精神医学ソーシャル・ワーカー協会［1982a：16-17］）。協会からは柏木昭理事長（当時）以下七名、日弁連からは原秀男委員長代行（当時）以下五名が出席している。協会は席上、「PSW協会の基本姿勢について」と題した協会の紹介とこれまでの保安処分に対する対応の経過を記した資料を配布のうえ懇談に臨んでいる。第2章3で先述した通り日弁連要綱案は、日弁連主催の第三回パネルディスカッションが「会場乱入者」により流会という結果を招き、精神神経学会が要綱案意見書を公表するなど、その社会防衛的要素の強い内容は少なからず波紋を呼んだ。むろん、協会も上述したように遺憾の意を表明している。しかし協会は日弁連に対して、あくまで協会の認識を求めるということにとどめるというスタンスで懇談会に臨んでいる。日弁連からは、①PSWの業務内容・経済的基盤・資格・教育系統・全国状況等、現状について、②措置通院制度（要綱案）についてどう考えるか、③社会的にPSWの拡充と業務の評価を求める意志はないか、その為に何を望むか、という三点について意見が投げかけられた。協会は②については、「保安処分とかかわらせて精神医療をどうするのかは考えていない」と同時に、「通院と云っても、治療者‐患者関係が大切」である旨の返答をしている。また③については関連団体からの要望もあるも、医療費の負担増への配慮を考える必要がある旨の返答をしている。以上について協会はごく普通の返答を行っている。但し、措置通院制度に関連してPSWの活用を日弁連が検討している件については、「精神医療の現状の良くないことは判っていても、今すぐそれをどうしろと云うのは困難で、又精神医療の改善を保安処分と結びつけて考えることはしていない」と回答しつつも、「PSW協会として全国理事会等での検討の経過がないため、一切の具体的発言は差し控えた」としているように、真っ向から反対するのではなく、抑制的かつ留保した回答を行っている。ここで言われる「精神医療の現状」とは何を指すのかについて必ずしも明確ではないが、日弁連要綱案に沿えばそれは「入院中心主義」のことであると考えられる。通院措置制度は国が検討する保安処分のオルタナティブとして、「精神医療の現状」の改善をも視野に入れた制度案として提案されている。協会は日弁連要綱案に対して、その社会防衛的性質について抗議をしたのではなく、あくまで日弁連がPSWの職務をよく理解しないまま「一方的」に業務規定を行ったことに対して抗議をしたのであって、精神医療の改善自体は、その方法として保安処分以外のものであれば必ずしも反対ではないという立場を暗に表明している。以上の背景として、日弁連という社会的影響力がきわめて大きい団体による文書にPSWの活用に関する記述がなされたという事実がPSWの「職域拡大」への「期待」を協会側ににわかに湧き上がらせた可能性があることは否めない。先述のように各方面から厳しい批判が相次いだ措置通院制度を盛り込んだ社会防衛的要素の強い日弁連要綱案であっても、協会は自らの入り込む余地があるのであれば、その「可能性」を廃棄はしなかった。一九八〇年代の保安処分導入の機運の高まりのなかで、協会は、保安処分には反対の姿勢を堅持しながら、他方で仮にオルタナティブな制度が地域を拠点とした保安処分的性格を内包しているものであったとしても、それが入院中心主義を打破する可能性を秘めており、かつその制度枠組みにＰＳＷが職務要件として組み入れられるのであれば、ＰＳＷにとっては「一石二鳥」であると考えていたふしがある。保安処分に対する徹底的な反対の姿勢と地域における保安処分的制度への接近という一見矛盾する立場をとることを可能にした補助線は、これまで何度か述べてきたＹ問題より抽出した「精神障害者の社会的復権と福祉のための専門的、社会的活動」というＰＳＷの使命なのである。この補助線を抽出した以降は、保安処分への対抗の姿勢と自らの職域拡大の姿勢とが比較的迷いなく同居することになる。

なお、同月末の一二月二六日、第2章3で先述の通り、法務省と日弁連との第四回意見交換会の席上、法務省より「治療処分」に一本化され罪種による対象者要件を規定した骨子が提出されている。

骨子公表後の翌一九八二（昭和五七）年六月二六〜二七日、札幌宣言が採択された第一八回大会・総会において、四度目の反対決議となる「刑法改悪・治療処分新設法案の国会上程を阻止する決議」が採択される（日本精神医学ソーシャル・ワーカー協会［1982b：12］、「巻末資料1」に③として全文掲載）。また同時に第2章3で先述した、昭和五七年日弁連意見書の「根拠」となった野田報告書に対する見解である「『精神病による犯罪』の実証的研究（野田正彰著）に関する見解」（以下、野田報告書見解と略す）も公表している（日本精神医学ソーシャル・ワーカー協会［1982b：13］、「巻末資料1」に④として全文掲載）。野田報告書見解については昭和五七年日弁連意見書公表後より精従協において対応の検討が行われていたことと、「全国『精神病』者集団」[6]から協会に対して法務省と日弁連の意見交換会に対する態度表明を求められていたこと等をふまえて公表されたものである（日本精神医学ソーシャル・ワーカー協会［1982b：34］）。

第一八回大会・総会における反対決議はその表題に何の留保もなく「改悪」と銘打っている通り、より先鋭的かつ運動論的な内容となっている。また保安処分（特に骨子）の技術的難点についても過去の決議と比較してより詳細かつ「的確」な指摘を行っている。骨子において国が処分の名称を「治療処分」に変更したことについては「保安処分という名称の与える戦前の予防拘禁制度に対するイメージを変えることだけを目的としたものであり、その法案そのものは、ひとつも変わっていない」とする。対象者要件を昭和四九年草案までの「禁固以上の刑にあたる行為」から殺人等の重大六罪種に限定修正した点については、「マスコミキャンペーンによって、広められた『精神障害者』らしい人による重大犯罪事件を利用して、法案成立を図ろうとするもの」であり、「全体から見れば、少数の『精神障害者』による事件を、『犯罪性精神障害者』の処遇は社会的問題であると決めつけるもの」であり「決して許すことの出来ないもの」と述べる。保安処分制度による施設の設置については「精神病院の開放化・地域医療の推進を考える私達の立場」からは「強く反対せざるを得ない」とする。そして再犯予測の問題に関しては、先述した協会の保安処分反対の「錦の御旗」である「『精神障害者』の『社会的復権』」の保障をより困難にするとして、「彼らと共に生きようとする立場」から再犯予測は不可能であると断罪している。決議の最後には精従協への参加に示されているように、治療処分国会上程阻止の運動を全国の精神医療従事者と共に行うことも宣言している。

協会はこの後、一九八三（昭和五八）年七月二日、第一九回大会・総会決議においても五度目となる保安処分国会上程の機運に対する反対決議を採択することになるが、第一八回大会・総会の反対決議は、これまでの協会による保安処分反対運動の集大成ともいえるべき内容となっている。これだけをみると、この時から二〇年後に発生する事件を契機に実質的な保安処分である医療観察法制定の機運に積極的に関与することになろうとはにわかには予想し得ない。しかし先述したように、一方で自らの職域拡大を目論んでいた協会に、迷いなき反対決議を可能にしたのはPSWの使命という補助線であり、この「使命」がふんだんに盛り込まれた四度目の反対決議と次に述べる野田報告書見解こそ、二〇年後の医療観察法に対して「総論反対」の立場をとりつつも、実質的には積極的に関与していくことを予想し得るものといえる。

第一八回大会・総会で併せて公表された野田報告書見解では、野田報告書の問題点を五点挙げている。第一は、野田報告書において検討されている「症例」が「野田氏自身が直接関わったものでなく、本人の了承をとらず、その内容を公的な場に報告」していることにより「人権侵害」の可能性がある点である。第二は、症例検討の「方法論が不明確」であり、かつ一三症例というように症例数が少ないという点である。第三は、野田報告書は全体にわたって「『精神障害者』を『管理』する立場」に立っており、「『クライエントと共に生きる関わりの視点』が欠落」しており、「精神障害者の『社会的復権』を保証」し得ないという点である。第四は、一三症例の地域的状況について、その地域における「精神医療の実態を規定している文化的背景の分析」に至っておらず、「画一的な精神医療の価値観」によって考察しており、「社会の中で、地域に根ざした『精神障害者』との関わりの視点を模索するPSWの立場からみると、野田氏は『精神障害者』を、社会生活を営む者としてみていない」という点である。そして第五は、野田報告書が保健所の精神衛生相談員の業務内容について、個人の資質の問題であるかのように批判を行っていることに対して、PSWのマンパワー不足や制度の不備、また「地域社会における『精神障害者』の社会生活に対する無理解」等の社会的な問題に起因する「『精神障害者』と共に生きる視点を貫いてＰＳＷが日常の業務を行なう困難さ」を理解する視点が欠落している点である。以上の五つの点をふまえて野田報告書は協会と意見を異にするものであると結論づけている。

先述の通り保安処分導入の機運に対して、協会は一九八三（昭和五八）年七月に開催された第一九回大会・総会において、協会による保安処分に対する「反対」決議としては事実上最後のものとなる決議「刑法改『正』・保安処分（治療処分）新設、国会上程に反対する」（日本精神医学ソーシャル・ワーカー協会［1983：13］）が採択される。

なおこの時期の前後、保安処分導入の機運とも関連して協会が対応した事象がある。一つは「精神衛生実態調査」であり、もう一つは身分法・専門資格制度新設に向けての動きである。

協会が見解を出すことになった「精神衛生実態調査」とは、一九八一（昭和五六）年に京都府綾部保健所が管轄地域における予後不明の対象者の追跡調査を第三者である民生委員に委託して強行したという事象である。当初、保健所長は精神衛生相談員及び保健婦に追跡調査の指示をしたものの、対象者の人権侵害になりかねないという危惧から精神衛生相談員及び保健婦が実施を拒否したことが端緒となっている。一九八三（昭和五八）年一〇月に全国精神衛生実態調査が予定されていた中でのことであった[7]。本件については協会会員からの問い合わせに答えるかたちで一九八二（昭和五七）年九月九日、協会常任理事会名で「保健所等における精神衛生実態把握について」を公表する（日本精神医学ソーシャル・ワーカー協会［1982b：23］）。本見解において協会は、①保健所における追跡調査は地域で社会生活を送る人たちに対する重大な人権侵害になりかねないし、保健所にそのような権限は付与されていない、②このような調査は症状再発の契機となる恐れがある、③公務員が職務上知り得た情報を漏らすことはあってならず、民生委員に調査を委嘱するなどということは厳しく排除すべきであり、この点は厚生省通達でも注意を促されている、④このような調査は対象者が何らかの危険に瀕し、不利益を被っていることが専門的に判断される場合に限る、という四点を明示した。この後、一九八三（昭和五八）年七月二日、第一九回大会・総会において「『精神衛生実態調査』についての声明」が採択された（日本精神医学ソーシャル・ワーカー協会［1983：12］）。本声明で協会は、この時期に厚生省が実施の準備を進めていた全国精神衛生実態調査に対して、やはり「精神障害者の社会的復権と福祉のための活動をめざすという観点」から反対の意を表明する旨を明示した。なお、全国精神衛生実態調査は各方面からの批判を受けつつも実施されており、朝日新聞に調査までの経緯と調査結果が掲載された（朝日新聞［1985］）。

身分法・専門資格制度新設に向けての協会の動きについては本章1で先述の通り一九七一（昭和四六）年の中央社会福祉審議会による「社会福祉士」法案に反対の意を表明して以降、協会はY問題への対応に終始し、一九八〇年代までは資格制度実現に関する議論は停滞した。その後、患者の人権の問題と身分法の問題は相補的なものであるという認識のもと提案委員会報告が公表され、さらに外的状況との兼ね合いもあり、身分法についても徐々に検討が行われることになる。ここでいう「外的状況」とは主に、①関連外部団体による資格化の要望、②一九八七（昭和六二）年の精神衛生法改正の二点である。

①の関連団体によるPSWの資格化の要望については、特に医療機関による診療報酬上の措置としての要望が主である。主なものとしては以下の通りである（日本精神医学ソーシャル・ワーカー協会［1981：34］）。

・一九七九（昭和五四）年一二月、「全国公私病院連盟」による、「専任の保健婦、ケースワーカー、栄養士」による「医療の指導・相談」に対する病院診療報酬改定要求。

・一九八〇（昭和五五）年三月、「日本精神病院協会」による、「精神科ソシアルワーカーや臨床心理士」による「早期退院、再発防止を目標とした社会復帰訓練や、地域精神衛生の実践」を推進するための技術料の評価と改訂の要望。

・一九八〇（昭和五五）年四月、「全国自治体病院協会精神病院特別部会」による、「精神科ソーシャルワーカー等による相談指導料の点数化および資格基準設定」の要望。

・一九八一（昭和五六）年二月、「日本精神神経学会理事会」及び「病院精神医学会理事会」による、「精神病院における医師、看護師、作業療法士以外の他職種」の「資格化、定員化」の早急な実現の要望。

②の精神衛生法改正は、一九八四（昭和五九）年三月一四日にマスコミ報道で発覚した宇都宮病院における患者の暴行死亡事件（以下、宇都宮病院事件と略す）が直接の契機となっている。宇都宮病院事件とは、一九八三（昭和五八）年四月二四日に栃木県宇都宮市にある精神科病院である報徳会宇都宮病院（石川文乃進院長（当時））において、統合失調症で入院中の当時三二歳の男性患者が食事の内容に不満を漏らし男性看護職員と口論となり、そのまま看護職員に金属パイプで強打され同日夜に死亡したという事件と、同年一二月三〇日にアルコール依存症で入院中の当時三五歳の男性患者が見舞いに来ていた人に「こんなひどい病院から退院させてくれ」と興奮気味に訴えた後、病棟内ホールで古手の患者といさかいとなり、四月の事件の時と同じ看護職員ら三人も加わり当該患者を棒などでめった打ちにし、翌三一日午後に死亡し

た事件の二つの事件の概要について、翌年三月一四日、朝日新聞朝刊二三面にスクープされた一連の事象を指す[8]。当初、病院は患者の直接の死因について、四月に死亡した患者は「てんかん発作による心衰弱」、一二月に死亡した男性は「肝硬変による吐血」と説明していた。その後、直接的に暴行にかかわった看護職員ら四名が傷害致死、暴力法違反で逮捕起訴され、一九八六（昭和六一）年三月二〇日、宇都宮地裁より主犯の看護職員が懲役四年、他の三名にも執行猶予付きで懲役三年から一年六か月の実刑判決を受けることになった。また院長も無資格の職員による診療行為を行わせていた等、保健婦助産婦看護婦法違反など四つの罪で逮捕起訴され、一九八八（昭和六三）年三月一五日、二審の懲役八か月、罰金三〇万円の実刑判決が最高裁で確定した。事件発覚後、患者の預り金の流用、「作業療法」の名の元に行われていた患者の強制労働等、病院の劣悪な療養環境や人権侵害の実態が次々と明らかになった。また東京大学医学部教授による指導により「病院ケースワーカー」を含む無資格者による死亡患者の解剖や脳の取り出し、宇都宮病院入院患者を「標本」とした数々の研究等、大学との癒着も明らかになった。

宇都宮病院事件に対しては、日本精神病院協会（一九八四（昭和五九）年四月）、精神神経学会（同年五月）、日弁連（同年一〇月）の各団体が声明を出している（広田［2004：156-164］）。協会も同年六月、第二〇回大会・総会において「報徳会宇都宮病院問題に関する決議」を採択している（三〇年史編［1994：5］）。

東京第二弁護士会「精神医療と人権」分科会有志は、戸塚悦朗弁護士を中心として一九八四（昭和五九）年一〇月、「精神医療人権基金」準備会を発足させ、翌一九八五（昭和六〇）年三月二三日、基金運営委員会（委員長：日弁連会長〔当時〕柏木博）にその諸活動を託した。基金運営委員会は、同年五月四日から一六日まで、国際法律家委員会（ＩＣＪ）と国際保健専門職委員会（ＩＣＨＰ）によるＮＧＯ合同ミッションを日本に招聘した。ＮＧＯ合同ミッションは拒否された一か所を除き、宇都宮病院をはじめ、国立武蔵療養所など数か所の精神科病院を訪問した。また法務省、厚生省をはじめ精神障害に関与している一二の諸団体と討論を重ねた。その後、同年七月三一日、「結論と勧告」がジュネーブで公表された。「結論と勧告」では、日本の精神医療の現状について、精神障害者の人権及び治療という点において、極めて不十分であると指摘したうえで、①精神衛生法の改正、②精神衛生サービスの改革及び再検討（リハビリテーション・プログラム発展のための財源の確保や早期退院を誘因する保険点数の改訂等）、③精神衛生分野の教育及びトレーニングの改革などを「直ちにとるべき手段」とした（国際法律家委員会編／広田他監訳[1996：15-132]、広田[2004：166-172]）。

以上の背景のもと、精神保健指定医制度の導入、任意入院、医療保護入院の新設、精神障害者社会復帰施設等の新設、精神医療審査会の設置等を盛り込んだ「精神衛生法等の一部を改正する法律案」は一九八七（昭和六二）年九月一八日に参議院本会議で可決・成立し、「精神保健法」として同月二六日公布された[9]。同年には「社会福祉士及び介護福祉士法」も可決・成立しており、医療機関を除く分野でのソーシャルワーカーの国家資格化が実現している。

協会は精神衛生法改正の機運に対して一九八六（昭和六一）年に（ア）「精神衛生法改正に伴うＰＳＷの配置に関する要望」、（イ）「精神衛生法改正に伴う、精神医学ソーシャル・ワーカー（ＰＳＷ）の専門性および任用資格についての要望」、及び（ウ）「精神衛生法改正に関する意見」を公表している（三〇年史編［1994：15-19］）。

（ア）は同年の常任理事会において承認されたものである。同要望では、協会の入会資格として「四年制大学に於いて社会福祉の専門課程を履修した」ＰＳＷに限定しており、「精神障害者の社会的復権と福祉のための活動」を「業務指針」とした専門職能集団であることを最初に述べている。そのうえで、精神障害者の社会復帰の促進と精神科医療の充実のために、「精神科領域の総ての機関に、ＰＳＷを配置」することと、そのための「財源的措置」をはかることを要望している。また具体的な配置数についてはおおむね、精神科単科病院については「五〇床に一名」、リハビリ機関等については「利用者五名につき一名」、保健所等については「人口五万人につき一名」の配置を要望している。（ア）の前半で述べられている協会入会に関わる四年制大学卒業規定は、「社会福祉士及び介護福祉士法」が制定された一九八七（昭和六二）年、第二三回大会・総会（神戸市）において承認された協会の年度事業方針「国の社会福祉職への資格制度化に対する対応について」（三〇年史編［1994：22-24］）に明記された五つの「基本的視点」（以下、基本五点と略す）の一つである。基本五点とは、上述の（1）四年制大学卒要件にくわえて、（2）理論的・実践的専門性の基盤を「社会福祉学」に置くこと、（3）「自己決定の原則」に則って業務が遂行できること、（4）Y問題の総括として第一八回大会・総会（札幌市）において承認された「札幌宣言」における「対象者の社会的復権と福祉のための専門的・社会的活動」の推進という基本方針の遂行が妨げられないこと、（5）業務上の裁量権を有することの五つである。協会は一九八五（昭和六〇）年度に業務検討委員会を設置し、社会福祉士国家資格制度が施行された以降、基本五点を土台にして一九八九（昭和六四）年一月一四日、常任理事会において「精神科ソーシャルワーカー業務指針」を承認した。その後、資格制度化の運動を推進し、一九九七（平成九）年一二月一二日に可決・成立した「精神保健福祉士法」

に結実させることになる。

（イ）では、（ア）を基本として、改正精神衛生法の中に必置を要する専門職としてＰＳＷを位置づけることと、その任用にあたっては基本五点の一つである「学校教育法における四年制大学を卒業した者」を最低基準として設定することの二つを要望している。

（ウ）は今回の精神衛生法改正の内容について、「精神障害者の人権侵害に対する実効の伴わない第三者機関の設置、同意入院制度の名称のみの変更等を核とした部分的な改正」及び「社会復帰は既存活動の政策化と予算計上」にとどまる可能性という「危ぐ」を表明したうえで、改正精神衛生法は「精神医療が、精神障害者の人権を保障し、適正な医療により、早期に社会復帰が果たせる」かたちで改正すべきであるとする。そのうえで、（１）自由入院の原則、（２）差別条項の撤廃と人権保障の確立（具体的には「権利擁護者制度」の新設）、（３）精神医療の質の向上、（４）精神科ソーシャルワーカーを必要とするマンパワーの充足・強化、（５）社会復帰、生活援助対策の促進、（６）精神障害者福祉の推進、の六点を提案している。特に（４）については、改正される本文中にＰＳＷをはじめとするマンパワー充足を明記するよう求めている。

精神保健法が上述の通り制定された後の一九八八（昭和六三）年、協会は「精神保健法の成立に関するアピール」を公表する（三〇年史編［1994：34］）。本アピールには、ＰＳＷこそが精神障害者の社会的復権を担う中心的存在であるという「自負」と、にもかかわらず法規定されなかったことに対する強烈な「不満」が表れている。具体的には冒頭で抜本的改正はなされず、現行法の部分改訂をしたにすぎないとしたうえで、「地域生活援助や患者権利擁護者制度」の「担い手」である「ＰＳＷの必置制」は明確にされず、

『精神障害者の社会的復権』は今後も困難を極めるでしょう」と述べられている。

なお、精神衛生法改正議論の最中、一九八六（昭和六一）年一一月一日付で協会も加盟団体の一つである「保安処分に反対する精神医療従事者協議会」は、前年の一一月二一日に自民党「刑法改正に関する調査会」による「中間報告（案）」において精神衛生法改正とからめて保安処分（治療処分）新設を企図していることに対して、反対の「声明」を公表している（富田［2000：249-251］）。

5 小括

以上、本章では協会による保安処分導入の機運に対する「対抗」の過程について、同時期の精神医療の動きと絡めて整理した。協会の保安処分導入機運に対する「対抗」の過程は、同時期に勃発したＰＳＷに内在していた保安に主眼を置いたうえでの強制性を図らずも顕在化させた事象との厳しい対峙の過程でもあった。しかし協会は当該の事象から「対象者の社会的復権と福祉のための活動」というＰＳＷの使命を抽出した。この使命は、保安処分に対する迷いのない徹底的な反対の姿勢と、保安処分的性格を持つ制度への接近という、相反する立場をとることを可能にした補助線となった。

第４章では事実上の保安処分制度であるといえる医療観察法に対して、協会が名目上は反対・懐疑的な立場をとりながら、実質的かつ積極的に関与を表明するに至った方針変更の過程について整理検討をする。

［注］

1　本章の時期区分のうち、②から③の時期に関する本文における年史以外で協会の歴史についてまとめたものとして、一九五五（昭和三〇）年からPSWに従事した見浦康文による論考がある。後者は本文でも引用している（見浦［1975］、同［1995］）。前者は機関誌における協会発足一〇周年記念号に所収されたものであり、発行年までの過去一〇年間の協会通信に寄せられた「会員諸氏の折々の生々しい発言」を抜粋し、PSWの「専門性」、「あり方」、「教育」、「スーパービジョン」、「業務」、「身分法」、「地区活動とその動向」、「関連学会の動向と印象」、そして「諸制度にかかわる精神医療の課題」について整理したものである。「諸制度にかかわる精神医療の課題」のなかで、PSW解雇問題、本章1で取り上げた大熊による「ルポ・精神病棟」に関する通信での会員発言と並んで、保安処分及び「Y問題」についてページが割かれている。但し、論考の最後において二つを合わせて一ページ程度の記述であり、必ずしもこの二つが当時の協会の中心的事象ではなかったことがうかがえる。また見浦の後者の論考は協会東京支部第九回夏季研修会での講演録であるが、本稿では保安処分との関わりについての記載は無く、また「Y問題」に関しては、「東大学園闘争、精神医療改革、反精神医学闘争」と並んで「一連の嵐」と称されたうえで（見浦［1995：27］）、本章3で述べた一九七六（昭和五一）年一月の関東甲信越地区PSW研修会（関東甲信越ブロック）での研修会粉砕事象について「暴力によって、流会してしまった」という文言とともに「長年培ってきた『仲間としての連帯感』が崩れて、暗い相互不信感が胸の中に広がって行くのを、どうすることもできなかった」と述べられているに留まり、多くは触れられていない（見浦［1995：14］）。

見浦の前者の論考が所収された機関誌では本章4において日弁連との意見交換会時の協会理事長として取り上げている柏木昭による論考も所収されているが（柏木［1975］）、当該論考は協会発足一〇年を祝すような色合いは全く無く、冒頭から、「当事者が生きている状況、この歴史性、社会性」を抜きにして専門性を語ってきたこと、及び「体制側が期待した役割」に沿って専門性を問うてきたことという二つの「過ち」の告白から始まる異例の論考となっている。柏木は精神医療の現場におけるPSW実践の「矛盾」として精神障害者の人権擁護を徹底することによるPSWの立場の不安定化と、反対にPSW自身の保身や身分の安定化による「患者の人権の抑圧」という二つが顕在化しているとしたうえで、後者の矛盾の最たるものとして「Y問題」を取り上げている（柏木［1975：12-13］）。

協会発足二〇年目の時期には二〇年史のほか、一九八四（昭和五九）年の金沢市で開催された大会の機関誌特集号のうち、シンポジウム記録として特に本章で、要所で取り上げた柏木昭、岩本正次、小松源助、谷中輝雄の四名に加えて坪上宏と大野和男が司会を務めた「協会の歴史を通してのPSW論」がある（柏木ほか［1985］）。本記録では「Y問題」が起きた当時の各々の対峙の仕方について詳細に述べられている。

岩本については、第6章注1で取り上げる坪上のもの（坪上［1998］）に加えて、谷中が主導した「やどかりの里」実践の思想的支柱となった早川進のものを含めて、主要論考も所収された各々の自叙伝的著書が同じく上述の「やどかりの里」の出版部門であるやどかり出版より発行されている。早川のものについては早川の逝去後に坪上、谷中により編纂されている（坪上ほか編［1995］、岩本［2003］）。特に坪上［1998］では、谷中、大野の三名による「てい談　PSW協会と坪上宏」が所収されている。筆者は日本福祉大学社会福祉学部において坪上の定年退官前の最後のゼミ生であった。てい談では「Y問題」に対する取り組みの歴史についても語られているが、ゼミで直接に対面していた坪上のきわめて温和な印象からはにわかに想像できない様な場面、例えば（おそらく文脈から一九七五（昭和五〇）年中に公衆衛生院（当時）で開催された）「拡大事務局会議」開催中にY氏支援者側からの「立場性」という文言を含む「糾弾するような問いつめ」に対して、坪上が「声を荒げ感情を顕わにして『立場って何だ』と問い返したこと」等（坪上［1998：101-102］）、当時のY 氏支援者側と協会側との生々しいやり取りも、あくまで協会側からの視点ではあるが述べられている。

2　クラーク勧告については、和訳版が『精神衛生資料』一六号（一九六九年）に掲載されており（D. H. クラーク／菅野他訳［1969］）、原文と併せて国立精神・神経医療研究センター精神保健研究所 精神保健計画研究部「改革ビジョン研究ホームページ」内に再掲されている（国立精神・神経医療研究センター精神保健研究所精神保健計画研究部「改革ビジョン研究ホームページ」事務局［2009-］）。和訳版にある加藤正明の解説によれば、クラークは日本による世界保健機構（ＷＨＯ）に対する要望に基づいて、「日本における地域精神衛生」推進のために、一九六七（昭和四二）年一一月から一九六八（昭和四三）年二月までの間、来日している。氏はエジンバラ大学医学部出身、モーズレー精神医学研究所を経てイギリス・フルボーン病院に赴任し、報告当時院長であり、イギリス精神衛生協会副会長とある。本来は治療共同体（therapeutic community）の理念を提唱したジョーンズ（Maxwell Jones）等の複数の候補者がいたが、いずれも都合が悪く、氏が来日したと記されている。「勧告」では、①政府組織の改革、②精神病医の改善（七つの精神科病院及び施設が「良例」として取り上げられている）、③精神病院の統制（国の責任による精神科病院の監査制度）、④健康保険制度（外来診療報酬の引き上げ）、⑤アフターケアー（外来クリニックの充実、ソーシャルワーカーと保健婦（当時）の育成及び「地域社会の特殊施設」（いわゆる社会復帰施設）の充実）、リハビリテーション（リハビリテーション専門家の育成、「保護工場」の設立及び「保護工場」における生産物の市場への供給のための政府の関与）、⑦専門家の訓練（精神科医、精神療法の専門家、看護、作業療法、ソーシャルワーカー）の七点を挙げている。

3　大熊による当該の記事は朝日新聞夕刊一九七〇（昭和四五）年三月五日から一二日まで七回に渡り掲載されている（朝日新聞 [1970]）。その後、大熊による著書及び同書文庫版（大熊 [1973]、同 [1981]）が出版されている。さらにその後、「変わらなかった部分」として「宇都宮病院」について（本章4で言及）、「変わった部分」として「三枚橋病院」、「千葉病院」、「浅井病院」、「つるい養生邑病院」、「都立墨東病院」、「やどかりの里」、そして『「精神病」者グループごかい』について取材がなされた続編というべき著書及び同書文庫版（大熊 [1985]、同 [1988]）が出版されている。当該ルポについて広田による解説がある（広田 [2004：113-114]）。

4　いわゆる精神障害者の「家族」による会は、「病院」を基盤とする会と「地域」を基盤とする会の二種類に大別することができる。二〇一三（平成二五）年現在、病院家族会一九八、地域家族会一〇二八が存在している。全国精神障害者家族会連合会（全家連）は一九六五（昭和四〇）年に家族会の全国組織として発足したが、「財政状況の悪化」により二〇〇七（平成一九）年四月に解散（自己破産）している（精神保健福祉白書編集委員会 [2014：82]）。現在は事実上の後継組織として公益社団法人「全国精神保健福祉会連合会」（みんなねっと）が組織されている（全国精神保健福祉会連合会（みんなねっと）[2007-]）。全家連解散の背景には一九九六（平成八）年に栃木県喜連川町（現さくら市）に開業した精神障害者の社会復帰支援施設「ハートピアきつれ川」の経営難と二億三〇〇〇万円に及ぶ補助金流用事象等がある（朝日新聞[2002]）。「ハートピアきつれ川」は全家連解散時、社会福祉法人「全国精神障害者社会復帰施設協会」（全精社協）に運営譲渡されたが、二〇〇九（平成二一）年九月、全精社協の元事務局次長が協会の資金を着服したとする業務上横領容疑で逮捕されるといった事件が発生し、同時に「ハートピアきつれ川」の全精社協への譲渡が補助金狙いであったとの疑いが浮上する（朝日新聞[2009]）。「ハートピアきつれ川」は二〇一一（平成二三）年三月に完全閉鎖されている。全家連と「ハートピアきつれ川」との関係の「内幕」に関するルポとして本澤[2002]。

5　桐原尚之はY問題について、それを論じる主体ごとに「Y事件」、「Y裁判」、「『Y問題』」の三通りに表記を分けている。桐原は、「Y事件は、一九六九年一〇月一一日の強制入院事件及び収容中の人権侵害事件を指し、Y裁判は、一九七一年一二月一日からの裁判を中心とした運動のことを指す。『Y問題』は、一九七三年の告発からの一連の問題を指し、PSW側の見方を反映したものである。『Y問題』は、社会福祉学で頻繁に使用される語であることから、そのままカッコ付で表記する」としている（桐原[2014：50-51]）。

6　長野英子によれば、「全国『精神病』者集団」は、一九七四（昭和四九）年五月二一日、東京において、各病院自治会や各地域患者会の呼びかけで「日本初」の「精神病」者の全国集会として開催された「第一回全国精神障害者交流集会」がその場で当該団体として結成されたものとある。そこでは「保安処分新設反対、精神外科を禁止せよ、電気ショック療法に対する患者の拒否権を与えよ、自由入院を拡大せよ、今日の精神衛生法体制に反対する、優生保護法に見られる精神障害者差別に反対する、通信・面会の自由権を承認せよ」などが掲げられた（長野[2001]）。医療観察法に関して膨大な情報が掲載されている長野のホームページとして長野[2005-]。長野の著書（増補版）として長野[1997]。本来、「日本初」であるはずの「精神病」者自身の全国団体である「全国『精神病』者集団」が、いわゆる当事者団体の歴史の通説から「覆い隠されてきた事実」について桐原他[2013]。七〇年代から八〇年代にかけて当該団体に積極的に関与した一人であり第6章でも取り上げた「吉田おさみ」について立岩［2013］、樋澤［2014］。吉田の著書として吉田［1980］、同［1983］。

7　いわゆる「実態調査」に対する批判として広田他［1987］。当該調査は第三回目の調査であるが、特に日本における精神障害者を対象とした「実態調査」の歴史については当該文献内の高屋による論考がある（高屋［1987］）。

8　朝日新聞［1984］による。いわゆる宇都宮病院事件の被害者の一人の詳細な裁判記録として宇都宮病院事件・広瀬裁判資料集編集委員会編［2008］。

9　宇都宮病院事件が改正精神保健法への契機となったという「定説」に対して、富田三樹生［2000］による事件報道に至るまでの経緯を契機として、宇都宮病院「解体」、「制裁」、及び入院患者と退院患者の「介護」は告発者の意図とは別のロジックで行われており、また「結果」としての改正精神保健法も告発者とその協力者の意図とは「根源的」に異なるものであったとして、「史実」の再検討を行ったものとして桐原［2015］。

第4章

協会の医療観察法への関与の過程

——保安処分とＰＳＷとの親和性

第4章では、第3章の「対抗」の時期からほぼ正確に二〇年後、協会が、その構造的類似性から一種の保安処分と同定できる医療観察法に対して、懐疑的な立場をとりつつも最終的には実質的かつ積極的に関与することになった過程について述べる。

協会は、一九九九（平成一一）年の精神保健福祉法改正時の「重大な犯罪を犯した精神障害者」の処遇に関する附帯決議や、二〇〇一（平成一三）年六月八日に発生した大阪教育大学付属池田小学校児童等無差別殺傷事件（以下、池田小事件と略す）とその後の政府与党の動きを受けて、保安処分への対抗の姿勢を大きく変更することになる。

医療観察法はその検討過程において、「触法精神障害者」に対する処遇要件が「再び対象行為を行うおそれ」（再犯のおそれ）から「再び対象行為を行うことなく社会に復帰するための医療の必要性」（社会復帰のための医療の必要性）へと修正された。具体的には、「疾病性」、「治療可能性（反応性）」、そして「社会復帰（阻害）要因」の三要因が一定基準以上存在することが審判で認められた場合に医療観察法の処遇が開始される。この三要件は、（1）当該対象者が対象行為を行った際の心神喪失又は心神耗弱の状態の原因となった精神障害と同様の精神障害を有しており（疾病性）、（2）そのような精神障害を改善（病状の増悪の抑制を含む）するために、本法による医療を行うことが必要であること、すなわち、その精神障害が治療可能性のあるものであり（治療可能性）、（3）本法による医療を受けさせなければ、その精神障害のために社会復帰の妨げとなる同様の行為を行う具体的・現実的な可能性があること（社会復帰（阻害）要因）と説明される（吉川［2007：27］）。

後述の通り協会は、検討が開始された医療観察法与党案の中に「地方裁判所の判定機関」を構成する一員としてPSWが明記されたことを契機として、特に上述の三点目の社会復帰（阻害）要因の「除去」を担う最適な専門職はPSWであるとして、二〇〇一（平成一三）年一二月一三日付で全国の保護観察所にPSWを配置する等、与党案よりも一歩踏み込んだ「要望」を厚生労働、法務両省に提出する。協会のこの姿勢は、医療観察法成立に邁進していた側にとって、本法につきまとっていた保安的色合いの濃度を薄めるための有効かつ都合のよい戦術として援用されたと筆者は考えている。社会復帰（阻害）要因の除去もしくは変換はソーシャルワークの文脈で換言すれば「生活支援」である。「生活支援」は、第3章3で先述した、Y問題より抽出したPSWの使命、すなわち「精神障害者の社会的復権と福祉のための専門的、社会的活動」を具現化した活動である。すなわち「生活支援」はPSWの主要な役割であり、協会のとった戦略も自らの専門性を愚直に推し進めるために必然的な方策であったとも言える。

しかし本法における社会復帰（阻害）要因は、紛れもなく「再び対象行為を行うおそれ」、すなわち再犯のおそれである。本法の枠組みにおいて「社会復帰」している状態とは「再び対象行為を行」なわないように生活を送ることができている状態ということであり、社会復帰の阻害要因である「再び対象行為を行うおそれ」の「具体的・現実的な可能性」の除去に努めることが本法の枠組みにおけるPSWの役割であり、すなわち「生活支援」と言うことができるのである。しかしながら協会は、そのこと自体の是非をあまり問うことはせず、その先にある当該者の未来、すなわち再び対象行為を行うことを防止することは（ア）対象者本人の利益（すなわち、対象行為〔重大犯罪〕を起こさないで生活を継続するという消極的な利益）のためであり、（イ）社会の側の利益（対象者が再び対象行為を起こさないよう入院処遇を含めた対象者に対する再犯防止措置による地域社会の安全の確保という積極的な利益）はいわば反射的利益[1]に過ぎない、という主張をもとに本法に積極的に関与することになる。

当初、処遇要件を「再犯のおそれ」としていた医療観察法案は成立までに若干停滞するものの、協会の「要望」の内容を反映させたともいえる修正が施され、二〇〇三（平成一五）年に成立する。PSWは医療観察法における「精神保健参与員」及び「社会復帰調整官」の事実上の職務要件となった。職務領域の拡大をかちとることに「成功」したのである。

本章では、はじめに医療観察法成立の過程について整理を行う。そのうえで、協会による医療観察法に対する見解等の内容の整理を通して、協会が「迷走」しながらも、徐々に本法に積極的に関与していく様相を明らかにする。

1　医療観察法成立の経緯

本節では医療観察法成立に至るまでの経緯について、二〇〇一（平成一三）年六月八日に発生した池田小事件[2]を、本法成立を「加速」させた契機と捉え、協会の要所における対応経緯を含めて述べる。

1―1　「処遇困難患者」対策

筆者は「はじめに」で述べた通り、1章1で定義した保安処分の三要件が含まれているという点において医療観察法は保安処分の一種であると考えているが、この点に関しては種々の議論[3]がある。また、本法の論点は、原理的な位置づけはともかくとして、機能的側面において医療の衣を纏いつつ被介入者の「利益」以上に「社会の安全」を志向しているか否かに存すると筆者は考えている。前章までに述べてきた通り、八〇年代前半頃までに主に法務行政の側から提起された保安処分に対する対抗側の主旨は、刑法の一元主義を変更する点、すなわち刑法典の中に心神喪失等の状態で触法行為をした精神障害者に対して刑罰に代わる「社会の安全」を前面に押し出した処分制度の創設に対する異論であった。医療の側も保安処分には基本的には反対の立場をとっていたが、その機能的側面については必ずしも反対の立場ではない論調も見受けられた[4]。八〇年代後半から民間精神病院を中心とした精神医学界は、宇都宮病院事件を経て、精神病院における開放処遇の「足かせ」として精神医療における「処遇困難患者」の存在を前面に押し出し、本来は別次元の対象である触法精神障害者と彼らとを同定させたうえで、「処遇困難患者」に対する特別な医療対策を提起することになる。

「処遇困難患者」に対する処遇の検討は、一九八八（昭和六三）年から三年にわたる厚生科学研究「精神科医療領域における他害と処遇困難性に関する研究」（主任研究者：道下忠蔵〔石川県立高松病院長（当時）〕、道下［1990a］、以下、道下研究と略す）を契機とする[5]。道下研究は、①一九八七（昭和六二）年の精神衛生法の改正（精神保健法）の三年後に発生した「精神障害者による他害事件」[6]が議論となったこと、及び、②（原理的）保安処分制度が存在しない日本においては責任無能力により不起訴もしくは無罪となった触法精神障害者は精神保健法（当時）において精神科病院に強制入院処分となるが、「これら精神障害者の中で精神病院においても処遇困難とされたり、退院後も事件を繰り返し、社会から非難される事例もみられる」こと、という二点の関心をふまえて、全国の精神病院における「全国処遇困難実態調査」を通じての実情把握を行ったものである。

調査は一九八八（昭和六三）年二月にアンケートにより行われた。全国の国立、自治体立、法人、個人の各病院あわせて一三一一病院のうち八八四病院より回答があり、九五〇例の処遇困難例が報告されたとある。「処遇困難をきたす問題行動」として、暴力行為が五五二例（五八%）で最も多く、次いで脅迫行為、器物破損が続いている。診断名は、統合失調症が五三〇例（五六%）で最も多く、次いで知的障害、人格障害が続く結果となっている。また保護室を常時使用している症例が二五〇例あり、そのうち一五八例（六八%）は一年以上の長期間に及んでおり、それらの患者は「種々の問題行動」のために保護室での「生活」を余儀なくされているとしている。道下研究は全国調査に加えて、大阪府と石川県の両地域での実地調査も行っており、問題行動、生活史・生活環境、診断名及び日常生活状況などの重要項目の頻度の差がほとんどなかったとしている。

道下研究では「全国処遇困難実態調査」の結果をふまえて、「軽度」の「処遇困難患者」対策としては指定精神病院の再編成を行い、「重度」の症例に対しては国公立病院を中心に「集中治療病棟」(仮設)を併設するというように二層構造の体系とすることを提案している。また集中治療病棟でも対応困難な「重度」の症例や、長期化した症例については二層構造の結果を踏まえて別途検討するとしている。

上記の提案を具現化するための整備案として道下研究では、二次医療圏[7]に一カ所、「指定精神病院」を再編成し、措置入院患者や一般精神病院で処遇困難な「軽度」の患者の治療をそこで行うとしている。それにより一般精神病院の「開放率」も高まるとしている。指定精神病院で対応困難な「中度以上」の「処遇困難」例については、上述の「集中治療病棟」を設置し、そこで治療を行うとしている。「集中治療病棟」の対象者は「長期の保護室生活をしいられている者」となり道下研究では四〇〇例程度と算出している。病棟は概ね四五〇万人の地域を担当し、規模は一五〜三〇床で、イギリスにおける「セキュア・ユニット(Secure unit)」等を参考に施設基準を設けることを提案している[8]。

道下研究は一九九一(平成三)年七月一五日の「公衆衛生審議会(精神保健部会)中間意見」(以下、中間意見と略す)(病院・地域精神医学会[1990])に反映された。中間意見は、公衆衛生審議会精神保健部会に設けられた「地域精神保健に関する専門委員会」及び「処遇困難患者に関する専門委員会」の二つの委員会報告をふまえて、厚生大臣に答申されたものである。前者に関しては、精神障害者社会復帰施設(当時)に運営費の設置者負担の解消等の対策、グループホームの確保と事業に対する助成、地域における精神保健に関する知識の普及や精神障害者に対する支援活動を行う「精神保健推進員」の養成、一時的に家庭での処遇が困難になった精神障害者の社会復帰施設での対応、精神科デイケア及び精神科在宅医療の推進が提案されている。後者については、はじめにいわゆる処遇困難患者の処遇上の問題点として、保護室での長期間処遇者が多いなど、必ずしも十分な治療が受けられない状況にある点及び、一般の患者と同じ病棟内で処遇されることにより、一般の患者の開放的環境での処遇を妨げている点の二つの問題点を挙げる。そのうえで、「試行的」に上述のような「症例」に相当する「措置入院患者」（処遇困難患者）を対象とした「専門病棟」（「重症措置患者専門治療病棟」）を、国公立病院に整備することを提案している。「専門病棟」の方針として、できるだけ閉鎖性の少ない環境において、個々の症状に応じた個別的な治療計画に基づき治療を行うこと、看護職員、臨床心理技術者、ＰＳＷ、作業療法士等のマンパワーを十分配置すること、十分なスペースを確保すること、入院者の判定については評価委員会を設けて個別具体的に行うことの四点を示している。

以上のように道下研究は「重症措置患者専門治療病棟」構想を打ち出した公衆衛生審議会答申の土台となった。また日本精神科病院協会雑誌において処遇困難例特集[9]が組まれるなど、病棟の「開放化」実現の一方法という名目のもと、一般精神科病院における「処遇困難患者」の「排斥」の方向性が強調されることになった。

道下研究とそれを土台とした中間意見は一見すると、精神科病棟内における「処遇」が「困難」な患者に対する包括的な対策・意見を示したものに見える。しかし道下研究の「関心」でも明らかなように、「処遇困難患者」対策の核心は触法精神障害者の処遇である。触法精神障害者対策はすなわち保安処分に接続することになる。公衆衛生審議会精神保健部会委員の一人であった平野龍一は、「処遇困難患者」(「処遇困難者」)対策はいわば厚生行政における保安処分制度であり、その第一義的な目的は道下研究で提案されている「集中治療病棟」の創設であり、そのための「戦術」として意図的に「処遇困難患者」と触法精神障害者を同定させたという趣旨のことを述べている[10]。専門病棟構想の推進側は本来的には、保安を目的とした触法精神障害者に対する特別病棟の設置が眼目であるにも関わらず、保安処分に対する根強い批判を避けるために「処遇困難患者」を持ち出したうえで、その存在による一般精神科病棟の「侵食性」を強調することにより、実質的に触法精神障害者対策としての保安処分的要素を持つ専門病棟構想を推し進めようとしたのである。

しかし「処遇困難患者」と「触法精神障害者」は本来、異なる存在である。道下研究ではアンケート調査による処遇困難例の総数九五〇例のうち犯罪歴のある事例は一八九例(約二〇%)であることが示されている。また一八九例の「犯罪歴の内訳」と「犯罪歴者の問題行動と診断名」についてはそれぞれ独立して示されているものの、その二つの相関関係は示されていない。少なくとも道下研究では、ここで問題にしたいと考えている「暴力行為」、「脅迫行為」、「器物破損」、「他害行為」といった問題行動(処遇困難状況)を惹起している患者が、必ずしも重大犯罪行為をしたと言うことはできないのである。長谷川病院医師(当時)の金杉和夫はいわゆる「処遇困難」問題について、「『処遇困難』として語られてきた問題」には三つの群、すなわち、①社会生活の中で犯罪に相当する他害事件を起こした精神障害者の問題、②症状が重く、精神病院で十分な治療を受けられず、保護室長期使用のような悲惨な処遇を受けている患者群の問題、③治療者から人格障害ありと見られがちな、言い換えると問題行動を起こすが精神症状との関連が乏しいと考えられるような患者群の問題、が「混在」しているると述べる。そのうえで、「『道下研究班』〜丹羽事件〜公衆衛生審議会『処遇困難患者対策に関する中間意見』の流れでは、保安対策としての『処遇困難』問題と精神科入院治療の改善策や保護室長期使用者の処遇改善を混同した議論が行われて、混乱したままで政府の『処遇困難患者対策』として『重症措置患者専門治療病棟』の設置が決定されてしまった」と指摘する（金杉［1992：131］）。

道下研究に対しては、この他、それが調査研究としての批判に耐えうるものではない、「処遇困難」概念が曖昧、入院＝処遇する側の劣悪な状況の根拠である医療政策等の不備に全く触れられていない、等々の批判も受けた（富田［2000：234］）。

厚生行政が推し進めようとした「処遇困難患者」対策としての集中治療病棟の創設は一九九二（平成四）年に予算化までされたものの、「全国『精神病』者集団」による「声明」を契機として反対運動が広がる。精神神経学会は一九九一（平成三）年五月に「保安処分に反対する委員会」、及び一九九二（平成四）年三月に「精神医療と法に関する委員会」が反対の見解をまとめる。その後、「全国『精神病』者集団」を中心とする運動団体に全国精神医療従事者連絡協議会事務局が加わったかたちで一九九三（平成五）年一二月一二日に「『処遇困難者専門病棟』新設阻止共闘会議」が結成され、反対運動が強化される。結果として、一九九五（平成七）年一月、厚生省は専門病棟の新設から撤退することを表明することになる（富田［2000：218］）[11]。

協会は上述した厚生省による「重症措置患者専門治療病棟」がにわかに現実味を帯びてきた一九九一（平成三）年、常任理事会において「厚生省による『重症措置患者専門治療病棟』の設置構想に関する見解」を承認のうえ公表している（三〇年史編［1994：64］）。本見解において協会は「重症措置患者専門治療病棟」の問題性を三点挙げている。第一は、精神科医療の基盤整備が不十分なまま施策が行われることにより、病院機能における分類収容が促進され、精神医療の閉鎖性が固定化し、患者・医療従事者関係の分断を強めるという点である。第二は、行政処分的な強制医療と、強制収容をより強化するという点である。そして第三は、地域性を無視していることにより、家族や社会と対象者との距離を遠ざけ、社会復帰・社会参加を阻害することになるという点である。さらに本施策の底流には、①保安処分（治療処分）の厚生省枠への取り込み、②病院・病棟の機能分化と医療従事者の傾斜配分の推進及び診療報酬の再編、の二つの方向が読み取れるとしたうえで、「精神科救急医療（緊急医療含む）、及び一般精神科医療・社会復帰・地域生活援助全般に関して、その基盤整備を急ぐことから始めること」を提起している。

「処遇困難患者」対策として「重症措置患者専門治療病棟」の創設を検討することは、換言すれば道下研究や公衆衛生審議会の中間報告で想定されているようなマンパワーの充実と社会復帰体制の整備を行いさえすれば処遇困難状況の改善が可能であることを示していると共に、既存の精神医療体制がその水準に達していないということを示している。「触法心神喪失者等」が「処遇困難患者」と同じか否かに関わらず、本来であれば精神医療全体の底上げの方向に話が進まなければならないのであるが、処遇困難患者対策は通常の精神医療とは別の枠組み構築の方向で検討がなされたのである。

1−2　医療観察法の成立過程

医療観察法の前提として、一九九〇年代の精神医療及びＰＳＷに関わる法制度に関するトピックを挙げておく。一九九三（平成五）年の心身障害者対策基本法改正法である障害者基本法成立により、身体障害、知的障害に加えて精神障害が福祉の対象となる。同年六月、精神保健法の一部が改正される。一九九五（平成七）年、精神保健法が「精神保健及び精神障害者福祉に関する法律」（以下、精神保健福祉法と略す）に改正される。精神保健法改正にあたっては、改正の前年、八月一〇日に公衆衛生審議会が意見書「当面の精神保健対策について」を厚生大臣に具申している。本意見書では当面の施策として、社会復帰施設やグループホームの推進、地域における医療、精神障害者の在宅生活支援の前提としての救急医療対策の整備に加え、地域住民に対する相談に応じるための地域精神保健福祉対策の推進等、地域を拠点とした支援に主眼が置かれた内容となっている。そのうえで具体的施策として、社会復帰対策としては、社会復帰施設やグループホームの整備・普及、「手帳」制度の導入等を挙げている。医療対策としては、精神病院の病棟構造の近代化による開放的環境で治療が受けられるような基盤整備、医療機関における社会復帰指導の推進に加えて、「臨床心理技術者」や「精神科ソーシャルワーカー」の資格制度の創設を挙げている。また、認知症、アルコール依存症、児童思春期精神障害等の疾患特性に応じた医療体制の整備、精神医療の公費負担制度について公的医療保険を基盤としたものへの転換等も挙げている。改正された精神保健福祉法では、精神障害者社会復帰施設の四類型化、通院患者リハビリテーション事業等に加えて、精神障害者保健福祉手帳の創設、通院医療費公費負担制度における社会保険優先の仕組み等が盛り込まれたが、この時点でＰＳＷの資格化は実現されなかった（広田［2004：227-300］）。

一九九七（平成九）年、第一四一回臨時国会において「精神保健福祉士法」が成立し、既に「社会福祉士及び介護福祉士法」において国家資格化されていたソーシャルワーカーに加えて、精神保健福祉分野に特化したものとしてＰＳＷの国家資格化が名称独占資格として実現することになった。一九八七（昭和六二）年の第一〇九回国会・衆参社会労働委員会附帯決議「精神科ソーシャルワーカー等の専門家の育成とその制度化」以後、四回の附帯決議、一〇年の時を経て成立へと至った。上述の通り、本来は一九九五（平成七）年の精神保健法改正の際にＰＳＷ資格化が盛り込まれる可能性があったが、実際は「精神保健法の一部改正について（答申）」の「附帯意見」として「資格制度を作るべきことについての意見の一致はみたものの、医師や看護婦の業務との関係、医師の指示、社会福祉士との関係、資格の名称などについて、関係団体との間で意見の一意をみていないことから、結論にいたることができなかった」（広田[2004：306]）[12]。

一九九九（平成一一）年、公衆衛生審議会精神保健部会による「今後の精神保健福祉施策について」が厚生大臣へ具申され、同年、精神保健福祉法が一部改正される。この際、上記意見具申の後半「（４）具体的施策の方向」の「（F）その他」として、「重大な犯罪を繰り返す精神障害者について」の意見が盛り込まれる。この意見は精神保健福祉法には盛り込まれなかったものの、衆参両院において、重大な犯罪を犯した精神障害者の処遇の在り方についての早急な検討に関する附帯決議がなされる。これにより触法精神障害者対策は厚生行政すなわち精神医療が引き受けるという方向性が明確に示されることとなる。

精神保健福祉法改正の同年、附帯決議を受けるかたちで、衆議院議員保岡興治及び第一秘書、大熊由紀子、当時八代英太衆議院議員の政策担当秘書であり元全国精神障害者家族会連合会理事でもあった滝沢武久による触法心神喪失者等対策に関する私的研究会が開始された（滝沢[2003：182-183]、長野[2004：29]）[13]。この研究会はその後、二〇〇一（平成一三）年一月二九日から一〇月一六日まで七回の議事録が残る法務省・厚生労働省の合同検討会へと引き継がれる。協会も企画部企画委員会の「重大な犯罪行為をした精神障害者の処遇等に関するプロジェクト」（以下、プロジェクトと略す）において二〇〇〇（平成一二）年一二月から二〇〇二（平成一四）年一月まで計九回の会合を持ち、触法心神喪失者等問題について意見の整理を行っている（木太［2002a：20］）。その最中の二〇〇一（平成一三）年六月八日、池田小事件が発生する。池田小事件とは、同日午前一〇時過ぎころ、大阪府内に住むTが出刃包丁一本及び文化包丁一本をビニール袋に隠し持って、大阪教育大学教育学部附属池田小学校に侵入し、同校舎内において児童八人を刺殺、児童一三人と教諭二人に重軽傷を負わせたものである。Tが一七歳から数か所の精神科医療機関で断続的に受療していたことや、精神保健福祉法における措置診察を受けていたことが明らかになった。但し、最終的に統合失調症という診断はついていない（岡江［2013：25-30］）。

池田小事件の翌日、小泉純一郎首相（当時）は刑法改正オプションを含む触法心神喪失者等に対する特別な対策の検討を行うことを表明し、自民党の山崎拓幹事長（当時）に指示する[14]。自民党は同月、党政務調査会内に衆議院議員熊代昭彦（当時）を座長とした「心神喪失者等の触法及び精神医療に関するプロジェクトチーム」（以下、自民党ＰＴと略す）を発足させる。同年一〇月三〇日、党本部で開催された第九回会合において「心神喪失者等の触法及び精神医療に関する施策の改革について」と題した報告書（以下、自民党ＰＴ報告書と略す）を公表する。なおこの会合には、法務省から刑事局長、刑事局刑事法制課長、刑事局局付が、厚生労働省から社会・援護局障害保健福祉部長、同企画課長、同精神保健福祉課長が、そして最高裁から刑事局長、刑事局第二課長が出席している。

自民党ＰＴ報告書では「基本的認識」として、第一に、「精神障害者は、我々の社会の大切な構成員」

であり、精神障害者の犯罪率が「高い」という漠然とした理解は正確な資料によって改められる必要がある。そして、精神障害者対策として医療及び福祉の充実、ノーマライゼーションのための施策の「抜本的改革」が急務である点を挙げる。第二に、触法心神喪失者及び心神耗弱者の問題は「重大な犯罪行為をした者の処遇に関する問題」であり、第一の精神障害者の問題と混同した議論を避ける必要がある点を挙げる。すなわち自民党ＰＴ報告書の特徴は、触法心神喪失者等といわゆる精神障害者とを明確に分けている点にある。また、触法心神喪失者等に対する施策の現状の問題点として、重大犯罪をした精神障害者の約八割が不起訴となっている点、鑑定の信頼性の問題、触法心神喪失者等が一般の措置入院となっている点、心神喪失で無罪の場合に措置入院に代わる制度が無い点、そして退院後の通院を担保する制度が無い点を挙げたうえで、触法心神喪失者等に対しては、主に「治療措置制度（仮称）」、一般の精神障害者に対しては「ダイヤモンド・プラン（仮称）」と称する精神障害者医療保健対策五か年計画策定を提案する。「治療措置制度（仮称）」は、地方裁判所に設けられた「治療措置判定機関」による措置の決定、国公立病院に専門治療施設を設置すること等が提案されている。また「判定機関」は精神科医に加えて「精神保健福祉士等の専門家」数名で構成する旨が明示されている。さらに通院措置となった当該者の処遇の中心的な施設として保護観察所を位置付けている。一般の精神障害者に対する「ダイヤモンド・プラン（仮称）」では、入院・通院医療及び福祉対策の充実、社会復帰施設の充実、またＰＳＷの養成とその診療報酬上の位置付けの改善といった広範な障害者対策の構想が盛り込まれていた[15]。後者のダイヤモンド・プランは現実のものとはならなかったが、前者の治療措置制度についてはその大枠がその後の法案にほぼそのまま引き継がれている。なお、自民党ＰＴ報告書は同日の会合では了承をえることができず、同年一一月九日の第一〇回会合の場において了承されている。

その後、同年一一月一二日、当時の与党三党（自民党、公明党、保守党）の政策責任者会議において心神喪失者等の触法及び精神医療に関するプロジェクトチーム報告書（以下、与党ＰＴ報告書と略す）が公表される。与党ＰＴ報告書は自民党ＰＴ報告書にあった「治療措置制度」という文言が単に処遇という言葉に置き換えられているものの、その基本的骨格は自民党ＰＴ報告書を土台としている。また自民党ＰＴ報告書及び与党ＰＴ報告書では、ＰＳＷが「判定機関」の構成員の一員として想定されているが、保護観察所にＰＳＷを配置することまでは明記されていなかった。さらに両報告書では処遇要件は示されていない。

二〇〇二（平成一四）年三月一五日、六章一二一条からなる医療観察法案が閣議決定される。同月一八日に第一五四回国会に政府案として提出され、同年五月より法務委員会に付託され審議が開始される。また、同国会には「対案」として民主党より精神保健福祉法の一部を改正する法律案も同時に提出され、医療観察法と同様に上記委員会に付託されている[16]。

医療観察法案ではじめて当該心神喪失者等の裁判所による入退院及び通院の決定の要件が明記される。法案四二条において裁判所が入院決定を行う要件として「入院をさせて医療を行わなければ心神喪失又は心神耗弱の状態の原因となった精神障害のために再び対象行為を行うおそれがあると認める場合」（傍点筆者）と規定された。すなわち「再犯のおそれ」が処遇要件案として提案されたのである。上述の通り自民党ＰＴ報告書及び与党ＰＴ報告書双方の段階では処遇要件は明記されてはいなかったが、法案の段階ではポリスパワー思想に基づくリーガル・モデルの色合いがより強く表れたものとなったのである。中山研一はこの文言が政府案に盛り込まれた理由は必ずしも明らかではないとしたうえで「措置入院とは違って裁判所が判断主体になるという『司法モデル』に対応するためには、自傷他害の恐れを超えた要件が必要だと考えられたのではないか」と分析している（中山［2005a：165］）。この「再犯のおそれ」要件は法案成立に際して若干の停滞を招くことになる。政府案は第一五四回国会衆議院における厚生労働委員会との連合審査を交えて計六回の審議が行われたが、特に再犯のおそれとその予測可能性に関する質疑が集中し、結局審議未了のまま継続審議となった。

同年一一月一五日、自民党より衆議院法務委員会理事会に医療観察法案修正案が提出される。この修正案は同月二七日、第一五五回国会衆議院法務委員会に自民党及び公明党の共同提案として提出される。形式的には先の政府案とともに議題に挙がることになるが、この後は事実上、修正案の審議となる。その直前の同月初旬、政府原案の懸念に対応するものとして法務省と厚生労働省がまとめた「論点整理」メモが作成されている（全国精神医療労働組合協議会［2001-］）。中山はこのメモを「政府案に対するいくつかの懸念に答えるべき修正協議を前提としたもの」としている（中山［2005a：166-167］）。「論点整理」メモでは、「再犯のおそれ」と精神保健福祉法における措置入院要件の「自傷他害のおそれ」との差異、保護観察所が触法心神喪失者等の社会復帰に関与することの是非、心神喪失者「等」にいわゆる人格障害者が含まれるのか否か等々の懸念・指摘事項に関する解釈がまとめられている。PSWにとって重要な点は、このメモで保護観察所に配置される予定の「精神保健観察官」の資格要件として「保健・福祉の視点を明確にする」という観点から「精神保健福祉士その他の精神障害者の保健及び福祉に関する専門的知識を有する者として政令で定めるもの」と明記されたことである。「精神保健観察官」は修正案のなかで「社会復帰調整官」と名称が修正されたうえで[17]、ほぼ論点メモの流れを汲んだ内容で明記されることになる。また修正案ではリーガル・モデルの枠組みは堅持されたまま、処遇要件が「再び対象行為を行うおそれ」（再犯のおそれ）から「再び対象行為を行うことなく社会に復帰するための医療の必要性」（社会復帰のための医療の必要性、傍点筆者）へと修正される。この処遇要件の修正については、処遇要件の解釈、要件の一つである治療可能性の法的判断の可否、医療による再犯防止の可否等々の批判や疑問が噴出し、国会の議論もこの点に集中して行われた。しかし触法心神喪失者等の「社会復帰のための医療」を確保するための法律であることを前面に打ち出した医療観察法案は、同年一二月六日、衆議院法務委員会において修正案及び修正部分を除く政府原案が与党三党及び自由党（当時）の賛成多数で可決し、同月一〇日には衆議院本会議において賛成多数で可決され、参議院に送付された。一旦継続審議となるものの、二〇〇三（平成一五）年五月六日の第一五六回国会参議院法務委員会において再度趣旨説明が行われ、同年六月三日に参議院法務委員会、同月六日に参議院本会議において賛成多数で可決し、再び衆議院に送られる。同年七月八日に衆議院法務委員会、同月一〇日に衆議院本会議において賛成多数で可決し医療観察法は成立、同月一六日に法律第一一〇号として公布された[18]。二年間の経過措置後、二〇〇五（平成一七）年七月一五日より施行されている[19]。

2　医療観察法成立にＰＳＷはどのような関わりを持ったのか？

協会は池田小事件以後、上記法案検討段階の前後にかけて共同提案のものも含め以下の声明等を発表している（二〇一五年九月現在、以下、冒頭の番号のみの表記とする）。

①「校内児童殺傷事件に関する見解」（二〇〇一〔平成一三〕年六月一八日）
②「重大な犯罪をした精神障害者の処遇等に関する見解」（二〇〇一〔平成一三〕年九月一七日）
③「重大な犯罪行為をした精神障害者の処遇等に関する見解・補足説明」（二〇〇一〔平成一三〕年九月一七日）
④「精神障害者の医療及び福祉の充実強化と触法心神喪失者等の処遇の改革に関する要望書」（二〇〇一〔平成一三〕年一二月一三日）
⑤『精神障害者の医療及び福祉の充実強化と触法心神喪失者等の処遇の改革に関する要望書』を提出するに至った経緯等の報告」（二〇〇二〔平成一四〕年一月（日にち不明））
⑥「『心神喪失等の状態で重大な他害行為を行った者の医療及び観察等に関する法律（案）』について」（二〇〇二〔平成一四〕年四月一二日）※1
⑦「『心神喪失等の状態で重大な他害行為を行った者の医療及び観察等に関する法律案』に関する提言」（二〇〇二〔平成一四〕年四月二一日）
⑧「『心神喪失等の状態で重大な他害行為を行った者の医療及び観察等に関する法律（案）』についての声明」（二〇〇二〔平成一四〕年五月一四日）※2
⑨「『心神喪失等の状態で重大な他害行為を行った者の医療及び観察等に関する法律案』に関する見解」（二〇〇二〔平成一四〕年七月一三日）
⑩「『心神喪失等の状態で重大な他害行為を行った者の医療及び観察等に関する法律』成立にあたっての見

解」（二〇〇三〔平成一五〕年八月一三日）

⑪『心神喪失等の状態で重大な他害行為を行った者の医療及び観察等に関する法律』に関する現段階での見解」（二〇〇四〔平成一六〕年一一月二六日）

⑫『心神喪失等の状態で重大な他害行為を行った者の医療及び観察等に関する法律』の運用に関する要望について」（二〇〇六〔平成一八〕年一月二四日）

⑬『心神喪失等の状態で重大な他害行為を行った者の医療及び観察等に関する法律』における社会復帰調整官の増員について（お願い）」（二〇〇八〔平成二〇〕年九月五日）

⑭「心神喪失等の状態で重大な他害行為を行った者の医療及び観察等に関する法律に基づく指定医療機関等に関する省令の一部を改正する省令（案）及び心神喪失等の状態で重大な他害行為を行った者の医療及び観察等に関する法律に基づく指定医療機関等に関する省令附則第二条第三項の規定に基づき厚生労働大臣が定める基準の一部を改正する告示（案）に関する意見募集（案件番号四九五〇八〇三九八）について」（二〇〇九〔平成二一〕年二月一九日）

⑮「心神喪失等の状態で重大な他害行為を行った者の医療及び観察等に関する法律に関する見解」（二〇一一〔平成二三〕年一月一六日）

（※1は精神保健従事者団体懇談会代表幹事の一人として、※2は団体会員の一人として参加。①～⑮は「巻末資料2」として全文掲載）

前節で述べたように協会は精神保健福祉法改正時の附帯決議を受けて、池田小事件発生前より触法・心神喪失者等に対する処遇システムの検討を行っていたが、その最中に当該事件が発生することになる。池田小事件から間もなく協会は会長名で「当面の見解」として①を発表する。①では、地域生活支援活動や精神科救急医療体制の充実、マスコミに対する慎重な報道の要望とともに、精神障害者の犯罪行為に対する精神科医療及び司法制度のあり方に対する「慎重な検討」を要望している。

その後、政府与党において触法心神喪失者等に対する処遇システムが検討され始めたことに伴い、協会は②及び③を同時に発表する。

②で述べられている精神保健福祉法における触法心神喪失者等の処遇の課題をふまえての医療と地域生活支援体制のよりいっそうの整備の必要性については①とほぼ同様のスタンスである。但し②は①と比較して、触法心神喪失者等に対する司法制度の不備に関する指摘が強調されている。一言でいえば本来司法が対応すべきと思われる触法心神喪失者等についてもこれまで医療の側が担ってしまっており、そのことが結果として精神障害者に対する偏見を助長しているという見解である。たとえば「現行の処遇における課題」において以下のように問題を指摘している。

精神科医療が、従前からの社会防衛的側面を払拭しないまま、数次にわたる精神保健福祉法改正を経た今日においても、医療が本来担う役割や機能を超えて、「保護」の名のもとに司法や社会が対応すべき問題までもかかえ込んでいる状況は何ら変わっていない（②より）。

また「司法における課題」として以下の指摘を行っている。

検察の起訴便宜主義や本来司法が果たすべき役割を医療が肩代わりしてきたことが、結果として精神障害者の偏見・差別を助長しラベリングを強化する結果になっている。また、安易に責任無能力とされることが精神障害者の尊厳を著しく冒し、逆差別となっている（②より）。

②は必ずしも触法心神喪失者対策は司法が全面的に背負うべきであるということではなく、むしろ司法と医療とが密接に連携すべき事柄であるということを示唆している。ＰＳＷの立場からそのことをより一層強調しているのが③である。③では、措置入院制度の地域間における運用上の差異の問題、医療と司法との連携の未確立等について示したうえで、「精神障害者は責任無能力者か」と題して、さらに踏み込んで精神障害者の司法手続き上の問題、いわゆる「起訴便宜主義」と「責任能力」に関わる問題について以下のような見解を表明している[20]。

措置入院者として私達が出会う精神障害者の中には、果たして責任をもてない人なのであろうかと疑問を抱かせる人が少なからず存在するのである。

（中略）

起訴され裁判を受けた精神障害者については、その責任能力の有無・程度は、犯行当時の病状、犯行前の生活状態、犯行の動機・態様等を総合して判断されており、現に心神喪失として無罪とされる例が毎年数件に限られていることからも、検察における責任能力の判断手続きが適性に行われる方策が必要と考える。

またその際は、必要に応じて医療も保障される手立てが検討されるべきであろう（③より）。

③では「社会復帰の困難性」として、「重大な犯罪行為をした精神障害者の社会復帰は相当の困難が予想され」、また「十分な生活支援体制が整備されないのであれば、結果的に将来の犯罪の発生を予防することは難しい」というように、社会復帰体制の整備による再犯予防にまで言及をしている。

そして先述した自民党PT報告書及び与党PT報告書において「判定機関」を構成する一員としてPSWの明記がなされたことを理由に、保護観察所にPSWを配置することを要望した④が同年一二月七～九日に開催された第九回常任理事会及び第四回全国理事会において「出席理事全員の意見を求めたうえで」採択され（日本精神保健福祉士協会［2002a：5］）、厚生労働省、法務省等の関係各機関に提出されることになる。④は「精神障害者の医療及び福祉の充実強化について」と「触法心神喪失者等の処遇の改革について」の二つの事項からなり、（1）精神科医療整備計画の策定、（2）精神障害者地域福祉計画の策定、（3）新法策定にあたり、PSWは生活支援の観点から援助を行うことの規定、（4）新法施行は三年以内、及び処遇ガイドラインの策定、（5）保護観察所へのPSWの配置、（6）不服申立てシステムの確立、そして（7）専門治療施設への十分な数のPSWの配置、といった七つの要望項目を掲げている。特に保護観察所へのPSWの配置の要望に関しては、「通院措置制度が、単なる再犯防止ではなく社会復帰と社会参加を実現するためのものであれば、保護観察所と保健・医療・福祉関係機関との適切な連携が欠かせ」ないとし、「対象者の支援ネットワークの形成をコーディネートする専門職として」PSWを配置する必要があると述べられている。先述したように医療観察法へのPSWの関与が明記された自民党PT

報告書及び与党PT報告書においても、PSWの位置づけは「判定機関」を構成する一員としての明記であり、保護観察所にPSWを配置することまでは盛り込まれていなかった。「保護観察所」とは更生保護法によって規定された機関であり、その主たる所掌事務は「保護観察の実施」及び「犯罪の予防を図るため、世論を啓発し、社会環境の改善に努め、及び地域住民の活動を促進すること」である（同法二九条）。中山は医療観察法が精神保健福祉法による行政処分性との乖離を示す要素の一つとして、本法が強制的な通院制度を設けたうえで、その通院を担保するために保護観察所の役割を法的に位置づけたことにあるとしている（中山［2005a：148］）。先述の通り法成立経緯における国会議事録でも同様のやり取りがあったように（本章注19参照）、医療観察法が単なる行政処分法とは異なり、限りなく保安処分に近い法であることの根拠こそが、いみじくも保護観察所の制度的位置づけなのである。協会は④において、保安処分的性格をもつ観察法への職務要件の明記の可能性を先取りして、観察法の保安処分的性格を決定付けることになった保護観察所へのPSWの配置要望という形をとって、これまでの保安処分への対抗の姿勢を転換することの表明を行ったのである。

医療観察法の制度枠内における保護観察所へのPSWの配置要望は協会員に違和感を与えることになる。協会常任理事会（文責：木太直人）は会員向けに⑤を配布するに至る。⑤では「要望書提出の意図」として、与党PT報告書が公表されたこの時期において「同報告書における規定そのものの問題点を指摘することよりも、新しい処遇に精神保健福祉士が位置づけられることがほぼ確実となっている現実を見据えて、より良い法律が作られるための建設的な要望・提案を行うことを重視」した結果であるとしている。保護観察所へのPSWの配置要望に関しては、現状では精神障害者への関与は希薄であるため、「地域における精神保健福祉ネットワークと保護観察所が連携を図るのであれば、そこに携わるコーディネーターが必要」であり、ＰＳＷはその適役である旨が述べられている。

以上のように④を端緒として、協会は「社会福祉学」、「生活支援」、そして「社会復帰」を補助線として実質的に観察法への関与を深めていくことになる。但し、協会の表向きの姿勢は必ずしも観察法に賛成ではなく、④以降の協会の見解はむしろ迷走の様相を見せることになる。

二〇〇二（平成一四）年三月一八日に医療観察法案が第一五四回国会に提出されたことを契機として、協会を含めて一九団体が加盟している精神保健従事者団体懇談会は代表幹事三団体（協会に加えて、精神神経学会、日本病院・地域精神医学会）として⑥を、同会として⑧を公表する。⑥及び⑧では冒頭で医療観察法の可決成立に反対の表明がなされている。そのうえで、精神医療・保健の全面的な充実をさせることこそが最優先事項であるとしている。特に⑥では、第一五四回国会提出時の法案のように「再び対象行為を行うおそれ」（再犯のおそれ）を処遇要件とすることは、「医療の名を借りた予防拘禁」に他ならないうえに、そもそも再犯予測は困難であるため、事実上の「医療の名を借りた不定期刑」の導入と見なさざるを得ないとする。さらに⑥及び⑧では、観察法における「通院医療」に関しては、「司法管理下の強制された『地域医療』が本来の地域医療・地域ケアの本質を著しく侵害する」と同じ文言で指摘している。

⑥及び⑧は協会独自の見解を表明したものではないということもできるが、しかし団体の一員として名を連ねている以上、当然ながら趣旨に賛同しているものと理解するのが普通であろう。しかしながらその合間の日付で、協会は⑦を公表する。第５章で論考を取り上げる協会副会長（当時）の佐藤三四郎によれば、⑦は同年四月二〇～二一日に開催された第一回常任理事会においてまとめられたものとされる（佐藤

[2002a：2]）[21]。「しかしながら」と記した理由は以下の文言にある。

今国会に上程された「心神喪失等の状態で重大な他害行為を行った者の医療及び観察等に関する法律案」（以下「法案」という）は、重大な他害行為を行い心神喪失等の理由で不起訴処分になった者及び裁判により実刑判決を受けなかった者に限定して司法処分の対象とした。社会防衛の視点からの処分の決定を医療から切り離し、司法の責任としたことには一定の意義が認められる（⑦より）。

以上のように⑦において協会は、国会上程された医療観察法案に対して、全面的に賛同しているとはいい難いが真っ向から反対もしておらず、明確に「一定の意義」を認めていることを公表するのである。⑦では、（1）「審判における『再び対象行為を行うおそれ』の判定について」、（2）「指定入院医療機関について」、（3）「指定通院医療機関について」、（4）「地域社会における処遇について」等の項目について提言がなされている。（1）では法案に盛り込まれていた精神保健参与員が意見を述べる際の対象者の資料を得るため、入院による鑑定に際して医師だけでなくPSWの関与の必要性を提起している。（2）及び（3）ではPSW配置の充実を求めている。また（4）では保護観察所への「精神保健監察官」（法案時）の配置要望、市町村へのPSW配置の促進を求めている[22]。

同時期に公表された公的団体による見解としてはあまりにもその基本的態度に差異があると言わざるを得ないものであるが、同年七月に協会第三八回大会・総会で可決された（日本精神保健福祉士協会［2002d：2］）⑨によってその迷走ぶりはより鮮明となる。

⑨では冒頭において、主に⑧に名を連ねることになった経緯について以下のように述べている。

日本精神保健福祉士協会は二〇〇一年九月一七日（「②」：筆者注）と同年一二月一七日（ママ：正確には一二月一三日）（「④」：筆者注）に重大な犯罪行為をした精神障害者の処遇に関する「見解」と「要望」を表明した。その後、標記法案が明らかとなったことから改めて協会として検討を行った。その結果、二〇〇二年五月に開催された全国理事会において協会としての態度を審議し、精神保健従事者団体懇談会が表明する反対『声明』（「⑧」：筆者注）に同調することを採決によって決定し、協会としての見解を表明することとした（⑨より）。

そのうえで「社会防衛を目的とし『再犯の恐れ』を基準とした無期限の予防拘禁を可能とする政府案には反対である」と明確に表明している。⑨ではその他、「協会は精神障害者の社会的復権の観点」から「一貫して精神医療が社会防衛的役割を果たすことは時代に逆行すると主張し続けてきた」とし、医療は「社会防衛を目的とすべきものではない」と述べている。さらには、反対の立場を表明した⑨でも司法の領域に言及している。司法の場における精神障害者に対しても「良質な医療・保健・福祉を受ける権利が保障」されるとともに、「裁判を受ける権利」、場合によっては「刑を受ける義務」を負うべきともしている。ちなみに⑨には⑦についての言及はない。

④及び⑤において観察法制定を見越してＰＳＷを制度内職種の職務要件とすることの要望を公表しておきながら、法案に真っ向から反対する⑥及び⑧に名を連ねる。しかしながらほぼ同時期、国会上程された

観察法案の枠組みを一定程度評価したうえで、その制度の枠内におけるＰＳＷ活用の提言を行っている⑦を公表する。しかしその後、⑨においてやはり観察法案に真っ向から反対を行っている。この間わずか七か月である。特に⑦と⑨については国会上程された同一内容の法案に対する提言、見解である。

先述の通り、二〇〇三（平成一五）年七月一〇日、第一五六回国会衆議院本会議にて医療観察法は可決・成立する。それに合わせて協会は同年八月二～三日に開催された第五回常任理事会及び第二回全国理事会において⑩を承認する（日本精神保健福祉士協会［2003a：5］）。⑩ではじめに⑨を踏襲する旨を表明している。また⑩では第一五五回国会に提案された修正案をふまえて、「同国会衆議院の審議等の場で意見陳述を行い、精神保健福祉士としての立場を明確にしてきた」と述べる。ここでいう「意見陳述」とは、二〇〇二（平成一四）年一二月三日に開催された第一五五回国会衆議院法務委員会・厚生労働委員会連合審査会議に参考人の一人として出席した協会常任理事（当時）大塚淳子による意見陳述で間違いはないと思われる[23]。大塚は、はじめに、（１）地域の精神保健福祉情報の不行き届き、（２）措置入院解除後の地域生活支援のまずしさ、（３）精神保健福祉法二五条、二六条通報による措置判定のシステムの不備（手錠をされたまま病院に連れて来られ、それを他の患者にみられてしまう等）、（４）精神科病院のＰＳＷのかかわりの難しさによる不全感、といった課題を述べる。そのうえで特に医療観察法における「社会復帰」という言葉の意味の不明確さとそれに取り組むことの困難について以下のように述べる[24]。

恐らく、精神保健福祉法に言う精神障害者の社会復帰とは異質なものだろうというふうに思います。精神障害者福祉法（ママ）に言う社会復帰が今できていないこの現状の中で、より大変な、深刻な状況を抱えた方たちが社会復帰できるというふうにうたわれるのだとしたら、それは社会復帰の質が全く違うものだというふうに考えます。社会復帰という言葉の内容を、ぜひもう一度精神保健福祉法にうたったたときのことを確認していただいて、もう一度考え直していただきたいというふうに思います。

また、同委員会の質疑応答の中で福島豊委員より、修正案に盛り込まれた社会復帰調整官をＰＳＷが担うことについての質問に対し、大塚は以下のように回答している。

なぜ新たな法案では、現行の精神保健福祉領域の機関の中にマンパワーを充足することをしないで、いきなり保護観察所といったようなところに名前だけ変えた社会復帰調整官を置こうとしているのか。社会復帰調整というのは言葉を唱えればできるものではありません。

上述した課題認識とともに、これだけを見ると至極全うな「意見陳述」であり、⑩でいうようにＰＳＷの「立場を明確化」している言でもあるといえるだろう。但し、繰り返しになるが、先述の通り保護観察所にＰＳＷを配置することを要望したのは、同委員会の一年前に公表された④における要望の通り、他の誰でもなく大塚も常任理事を務める協会自身である。確かに④においては、保護観察所にＰＳＷを配置することのみを要望したわけではなく、精神科医療及び精神障害者地域福祉におけるマンパワーの充実を併せて要望してはいる。しかし④の「本丸」は、それ以前の自民党ＰＴ報告書及び与党ＰＴ報告書においても一切触れられていなかった保護観察所へのＰＳＷの配置要望であると言っても過言ではない。⑩では協会の「立場」を国会衆議院の審議等の場で「明確」にしてきたと述べられているが、その国会審議における協会の発言自体に矛盾がみられる状況になっている。

結局ＰＳＷは、本制度における審判の際に処遇の要否及びその内容について裁判所が必要と認めた場合のみ意見を述べる「精神保健参与員」、及び保護観察所における「社会復帰調整官」という二つの役割の職務要件となる。実質的にはこの二つの役割に加えて、「指定医療機関の精神保健福祉士」及び「地域における関係機関の精神保健福祉士」も本法対象者と関わることになる（佐賀［2006：126］）。すなわち分野を問わず現業に就くほぼ全てのＰＳＷが多かれ少なかれ本法に関わることとなったのである。

協会は法施行を間近に控えた二〇〇四（平成一六）年九月一一～一二日に開催された第一回理事会において「見解（案）」を常任理事会の責任でまとめることの提案が承認され（日本精神保健福祉士協会［2004a：6］）、その後、同年一〇月一六～一七日に開催された第四回常任理事会において⑪の提案と公開が承認される（日本精神保健福祉士協会［2004b：11］）。⑪は、⑩における見解を踏襲している旨の言があるが、本見解中に明確に本法に反対の立場を表明する言葉はない。⑪では観察法への関心の持続と、「私たちが大切にしてきた『かかわりの視点』は、新しい法制度の下でも何ら変わるものではない」という点を確認したうえで、（１）審判における精神保健参与員の関与、（２）指定入院医療機関における入院処遇、（３）指定通院医療機関における通院処遇、（４）対象者の地域内処遇の四点について課題を述べている。（１）ではこの時点ですでに始まっていた司法精神医療等人材養成研修のカリキュラム内容の充実と「交通費等の経費」の配慮を求めている。（２）ではＰＳＷの適正な数の配置と権利擁護業務の保障を求めている。（３）では指定通院医療機関における活動の充実のためにアウトリーチ型の外来中心医療への転換と外来部門への専従PSWの配置を求めている。そして（4）では、精神保健福祉センター職員への研修と多職種ケアチームの配置、保健所や市町村へのPSWの配置とサービス提供機関の増員、社会復帰調整官と地域内のPSWとの連携及び保護観察所への社会復帰調整官の複数配置、精神障害者の差別と偏見の解消のための国民への情報提供、等を求めている。四点の課題は全て、観察法施行後に予想される制度運用上の技術的難点に関するものである。

協会の見解はなぜ「迷走」の様相を見せているのか。法案の処遇要件を巡って国会の場において苛烈な論争が繰り広げられていたものの、協会にしてみれば自らが職務要件として法案に規定されることがほぼ確実な状況の下、本法に総論反対の立場は原則として保持しながらも、現実的には「称号」の域を出ない名称独占資格から一部「脱皮」する絶好の機会であったこともあり、自らの職業的価値と倫理を侵すことはしないまでも原理・原則のみを主張して法に真っ向から反対してみすみすこの機会を逃すという選択は取り得なかったということは当然に考えられる[25]。PSWとしての価値と倫理の徹底と、自らの資格の地位の「格上げ」による職域拡大の志向は、職能団体の役割としては必ずしも矛盾するものではなくむしろ当然の営為でもある。この意味において協会の医療観察法との対峙の過程は、3章以降で整理検討してきた通り、「Y問題」の当事者として自らの職制に必然的に内在する保安に主眼を置いたうえでの強制性を否応なしに自覚させられながらも、同時に保安処分に対しては強固に反対の姿勢をとり続けてきた七〇年代から八〇年代にかけての協会の対峙の過程と類似している。但し、保安処分は法制化されなかったが医療観察法は法制化されたという大前提を差し引いたとしても、協会の職務要件獲得に対する意欲の強度に関しては違いがある。3章で述べた通り、協会は保安処分に対する「対抗」の過程の最中であるにも関わらず日弁連要綱案にＰＳＷが職務要件として明記された際は曖昧な態度に終始した。しかし保安処分自体に対しては上述した職能団体の当然の営為を達成させようという姿勢は良くも悪くも見受けられない。それに比して医療観察法に対しては、協会は原則反対の立場を枕詞として使用しつつも、職域拡大の志向をより積極的に打ち出している。見解の出された時期の法案の検討段階によって、その志向の強度に違いがあり、結果として結果として協会の見解には「迷走」の様相が表れているとも言える。

しかしここまでの協会の見解を俯瞰すると、ある一点において終始一貫した立場を表明していることも分かる。そしてその立場を大義名分とすることにより、巧みとは言えずとも法制度に対して柔軟な姿勢で関与を表明してもいる。その立場とはすなわち上述した「Ｙ問題」との対峙から抽出した「精神障害者の社会的復権と福祉のための専門的、社会的活動」というＰＳＷの使命である。

ここでもう一度協会の見解を概観すると、①から⑨までは「再犯のおそれ」を理由とした社会防衛志向の法制度には基本的には反対の立場を表明している。そして処遇要件が「社会に復帰するための医療の必要性」に修正された本法が可決成立した後の⑩以降は、静観、もしくは賛成とまではいかずとも職務要件として規定されたＰＳＷの働きによって本法の目的を「目的」通りに達成させようという「意気込み」が表明されている。④と⑦については本節においても「迷走」の契機として取り上げたが、上述のＰＳＷの使命に沿った法制度になることを条件に関与を表明し、一部賛成している。

例えば繰り返しになるが、与党ＰＴ報告書において審判員の構成要員としてＰＳＷの活用が明記された時期に公表された④において協会は、一歩進んで保護観察所へのＰＳＷの配置を要望したことは先述の通りであるが、新法における自らの活用については「精神保健福祉士は対象者の生活支援の観点から援助を行うこと」を職務遂行の条件として明記している。また、当初案が国会上程された際に公表されたものであり本法に対して「一定の意義」を認めた⑦についても、その前段において現行の精神保健福祉法における措置入院制度の実質的な社会防衛的性質を批判しており、医療への過重な責任負担と司法の関与の不徹底の是正の契機となる可能性に対して「一定の意義」を認めたものとなっている。法案に対して、協会はあくまで「責任無能力等とされた対象者の主体性の回復と社会的復権」の実現を要望している。

それに対して先述の通り⑦において本法案に対して一定の意義を認めておきながら、同法案に対して明確な反対の意思を表明している⑨は、精神医療が社会防衛の役割を担うことに対する異議申し立てであり、むしろ司法の積極的関与を主張している。⑩は本法成立直後の見解であるが、PSWの役割は「精神障害者の人権擁護と社会復帰・社会参加」の促進であり、本法制度下においても「彼らの社会的復権」のための方策を怠ってはならないと述べている。

そして本法の施行が目前に迫っていた時期に公表された⑪は上述の通り明確に反対の表明をしている文言はなく、冒頭で指定入院医療機関の整備の遅れ等について取り上げ、法施行の困難さについてやや客観的な立場で述べたうえで、入院及び通院処遇のガイドラインにおける多職種チームの中に対象者の社会復帰調整を主に担う職種としてPSWが位置付けられたことに対して「一定の評価」を示している。そのうえで制度運用上の技術的難点に課題を収斂させて問題提起を行っていることは上述の通りである。⑪で登場する「かかわりの視点」が何を意味するのかについては定かではないが、第3章3で先述し、観察法への関与の要望を公表した④でも補助線として使用された、Y問題より抽出したPSWの使命である「精神障害者の社会的復権と福祉のための専門的、社会的活動」であるとすれば、これを補助線とした保安処分的性格をもつ医療観察法への関与の正当化論理の完成形であるともいえる。この時点で検討すべき内容はＰＳＷの使命における「精神障害者の社会的復権と福祉」、すなわち本法における社会復帰の中身ということになる。

協会はその後、⑫〜⑮の要望、見解表明を行っている。⑫では鑑定入院処遇ガイドラインの制定、及び法務省と厚生労働省の連携強化と各都道府県の地域ネットワークの強化について要望を行っている。⑬では社会復帰調整官を各地に最低二人以上配置可能な増員計画と予算措置の要望を行っている。

⑭は、二〇〇八（平成二〇）年八月一日に告示された「心神喪失等の状態で重大な他害行為を行った者の医療及び観察等に関する法律に基づく指定医療機関等に関する省令の一部を改正する省令」後の更なる改正に対する意見である。上記省令は、指定入院医療機関の指定病床以外の病床を「特定病床」、及び国または都道府県立その他の地方公共団体立病院や精神保健福祉法措置指定病院、指定通院医療機関を「特定医療機関」とすることにより、附則二条一項における入院（急性期）を最大三か月、附則二条二項における（社会復帰期）における入院を最大六か月可能としたものである。この省令改正は「指定入院医療機関の整備の難航と法の破綻」（富田［2009：1124］）を示すものであった。この省令改正に先立って厚生労働省は同年七月一八日付でパブリックコメントを募集した（同月二五日までの七日間）。コメントは八通で全てが否定的な意見であったが、病床不足の応急的な措置である旨の回答がなされている（吉川他［2009：619］）。しかし本省令改正でも病床不足の問題は解決できなかったため、厚生労働省は二〇〇九（平成二一）年二月一三日付で更なる省令改正のためのパブリックコメントの募集を行った。⑭はそれに対するコメントである。更なる省令改正のポイントは附則二条一項の入院について特定病床に限り最大六

か月に延長すること、及び特定医療施設の設置基準の緩和である（富田［2009：1124］、吉川他［2009：618-619］、来住［2010：54］）。⑭では、前回の省令改正においても「入院処遇ガイドラインで示されているところの、入院処遇の目標・理念の実現を阻害することが強く懸念され」ている中、今回の改正案は「継続的な評価に基づく医療の提供が、質的にも量的にも担保されるとはとても思え」ず、「当該措置を受けた対象者の社会復帰が進まなくなり、対象者に不利益をもたらす可能性が高い」と懸念を表明している。なお更なる省令改正案のパブリックコメントはのべ四通であり、全て批判的なコメントであった（吉川他［2009：619］）。省令は同年三月一〇日に改正されている。

⑮は観察法附則第四条、すなわち法施行五年経過後、「必要があると認めるときは、その検討の結果に基づいて法制の整備その他の所要の措置を講ずるものとする」という条項をふまえて、協会としての見解をまとめたものである。医療観察法に対する協会の要望、見解としては、現時点ではこれが最後のものである（二〇一五年九月現在）。⑮でははじめに「協会のスタンス」として観察法に対するこれまでの見解や要望、調査研究の概要などがまとめられている。そのうえで「強制力をもつ処遇も含んでいる医療観察法にかかわることは、ソーシャルワークを本分とする我々にとって、今も多くのジレンマを伴うものであるが、我々のかかわりはあくまでも現行の法制度の運用において出会う対象者の生活支援の観点に立つもの」であり、これまでの要望等もその立場で行ってきたと述べている。また特に⑨を取り上げ、⑨以降は制度に関与しながら諸課題の改善・解決の取り組みの要望を行ってきた旨が述べられている。⑮でも上述の補助線としての「生活支援の観点」が示されている。さらには法制度の改善等については「個々の対象者支援に関する実践や支援において行っていくという姿勢は貫徹するものである」という文言もある。そ

のうえで、法制定時の目的の検証や、「車の両輪」として謳われていた「精神医療等の水準の向上」及び「精神保健福祉全般の水準の向上」は為されたのか等、五点の要望や検証課題を挙げている。⑮の末尾には協会のこれまでの見解や要望の一覧が掲載されているが、なぜか医療観察法に「一定の意義」を認めた⑦は掲載されておらず、ここでも「黙殺」された形となっている。なお、法自体は二〇一二（平成二四）年に附則第四条の規定に基づいた法務省及び厚生労働省による検討の結果、「現時点において、早急に医療観察法を改正すべきものとまでは認められない」として改正は見送られている[26]。

3　小括

以上、本章では、第3章の保安処分に対する「対抗」の時期からほぼ正確に二〇年後、協会が、一種の保安処分と同定できる医療観察法に対して総論としては反対あるいは懐疑的な立場をとりつつも、実質的にはその成立過程から積極的に関与する姿勢へと方針を変更した過程について整理検討を行った。

協会は、最終的に医療観察法に結実することになる自民党ＰＴ報告書及び与党ＰＴ報告書において「判定機関」を構成する一員としてＰＳＷが明記されたことを契機として、実質的に医療観察法に積極的に関与する姿勢を示していくことになった。その過程は必ずしも平たんなものではなく、「迷走」しながら徐々に本法に関与していく様相を見せていた。結果として協会は医療観察法における「精神保健参与員」及び「社会復帰調整官」の二つの役割の職務要件を「獲得」することになった。

第5章及び第6章では、①本章に述べてきた協会の医療観察法への関与がどのようなロジックで可能となったのか、②本法への関与を可能とした「切り札」となった社会復帰調整官の役割の一つである「精神保健観察」にみる「社会復帰」の意味、の二軸に分けて整理検討を行う。

［注］

1　『現代社会福祉辞典』によれば「反射的利益」とは、「権利を認めることを内容としない法によって、第三者が反射的に享受する利益」のことであり、「この利益を受ける地位は、事実上の利益にすぎず、権利ではない」（秋元他編［2003：379］）とされる。刑事法学者の大谷實は、精神保健福祉法における強制医療の正当化根拠を「社会に与える脅威の除去」に求める「ポリスパワー（police power＝警察力）」思想ではなく、「後見的」な考え方に基づく「パレンスパトリエ（parens patriae＝国親）」思想に置いたうえで、「人間の最も基本的な人権である身体・行動の自由を奪われて入院させられる」という「不利益に見合った適正な医療保護を受ける利益」を「反射的利益」と位置づけている。大谷はここで当該利益を「権利」として認められるべきとしている（大谷［2014：117-118］）。これに対して中山研一は、大谷の当該文献初版本を参照しながら、「精神障害者の犯罪防止と社会の安全は、保護のための強制入院の反射的な利益として位置づけられる」と解説している（中山［2005a：116-117］）。

2　刑法学の立場から医療観察法に関して多くの論考を発表しており、本文でも多数引用している町野朔は、池田小事件の犯人が最初の傷害事件を起こした際に不起訴処分となった理由について、犯行時に犯人が心神喪失あるいは心神耗弱の状態であったからではなく、そのときの被害者の傷害の程度が軽微であったためであり、同時に精神障害の疑いがあったために通報により措置入院となったと説明している。「要するに精神障害を理由として刑罰を免れたわけではないのであり、仮に心神喪失者等医療観察法が前の傷害事件の当時に存在していたとしても、それを彼に適用することは不可能だったのである」（町野［2004：72］）。

3 「はじめに」注5でも触れているが、協会機関誌以外の医療観察法に関する精神医療及び司法分野における学術誌等の主な特集として、『精神医療』における特集（『精神医療』編集委員会［2002］、同［2003］、同［2005］、同［2010］）、『精神科』における特集（精神科編集委員会［2003］、同［2007］）、『精神保健研究』における特集（国立精神・神経センター精神保健研究所［2007］）、『病院・地域精神医学』における特集（主なものとして病院・地域精神医学会［2002］における日本障害者協議会、日本精神神経学会、精神保健従事者団体懇談会代表幹事、精神保健従事者団体懇談会、全法務省労働組合、日本精神病院協会会長仙波恒雄による声明・見解掲載のほか、同［2005］の特集、同［2008］、同［2009］、同［2010］、同［2011］のシンポジウム記録）、『精神神經學雑誌』（日本精神神経学会）における特集（主なものとして日本精神神経学会［2006a］、同［2006b］、同［2008a］、同［2008b］、同［2009］のシンポジウム記録、及び同［2011a］の特集）、『日本精神科病院協会雑誌』（日本精神科病院協会）における特集（主なものとして日本精神科病院協会［2002］、同［2003］、同［2005］、同［2006］、同［2012］の特集、及び同［2009］のシンポジウム記録）、医療観察法施行年である二〇〇五（平成一七）年五月に設立されたとある日本司法精神医学会（日本司法精神医学会［2013-］）による『司法精神医学』におけるシンポジウム記録（主なものとして日本司法精神医学会［2006］、同［2007］、同［2008］、同［2009］、同［2010］、同［2011］、同［2012］、同［2013］、同［2015］）、『臨床精神医学』における特集（『臨床精神医学』編集委員会［2006］、同［2007］、同［2009］、同［2010］）、『老年精神医学雑誌』における特集（日本老年精神医学会［2007］）、『精神科看護』における特集（『精神科看護』編集委員会［2008］）、『精神看護』における特集（『精神看護』編集室［2004］、同［2008］）、『法と精神医療』における「法と精神医療学会」シンポジウム記録（法と精神医療学会［2004］、同［2005］、同［2008a］、同［2008b］、同［2010］、同［2012］）、『法と民主主義』における特集（日本民主法律家協会［2002］）、『判例タイムズ』における特集（判例タイムズ社［2005］）、『ジュリスト』における増刊号（町野編［2004］）、『刑法雑誌』における特集（日本刑法学会［2005］）、『自由と正義』における特集（日本弁護士連合会［2007］）、『法律のひろば』における特集（『法律のひろば』編集部［2006］）、『刑事弁護』

における特集（日本弁護士連合会刑事弁護センター（協力）[2007]、同 [2010]）、『更生保護と犯罪予防』における特集（日本更生保護協会 [2005]）、『犯罪と非行』における特集（日立みらい財団 [2003]、同 [2007]、同 [2012]）、『犯罪心理学研究』における「日本犯罪心理学会」シンポジウム記録（日本犯罪心理学会 [2007]、同 [2009]）、『こころの科学』における特集（武井編 [2007]）、『福祉労働』における特集（福祉労働編集委員会 [2001]、同 [2002]）、『インパクション』における特集（インパクション編集委員 [2004]）等。

4　本章注3に挙げた各特集にも多数含まれるが、代表的論者の論考として例えば刑事法学者で平野 [1988] 等の著書もある元東京大学総長の平野龍一論考（平野 [2004]）、精神医学者で中谷 [2013]、中谷編 [2009] 等がある筑波大学教授の中谷陽二論考（中谷 [2004]）等。

5　富田三樹生は道下が道下研究を受託するに至った背景として、第一に、一九七七（昭和五二）年に国立精神衛生研究所における「精神障害者の社会復帰研究班」に加わり実態調査に取り組む過程で、「処遇困難例としての長期保護室隔離の治療ケア体制に取り組む必要があると思ったこと」、第二に、一九八一（昭和五六）年に保安処分新設の機運が勃興した際、全国自治体病院協議会（全自病）精神病院特別部会の院長医長研修会で「貧弱な精神医療の現状のままで保安処分を導入することには反対」との意見が大勢を占めるなか、「保安処分導入に反対するからには、公立精神病院は犯罪精神障害者の精神衛生鑑定や、措置入院等にも積極的に対応すべきである、それが精神科医としての社会的責務である」点を強調したこと、そして第三に、一九八七（昭和六二）年に改正された精神衛生法の改正検討過程において厚労省精神衛生課長から意見を求められ、前述の全自病内に「精神衛生法検討委員会」を設けたうえで翌一九八六（昭和六三）年一〇月に意見書を提出する過程において、「触法および処遇困難例対策が討論され」、「この研究が保安処分とは関係ないことを確認の上、受けることにした」ことの三点を指摘している（富田 [2000：222-223]）。

6　「処遇困難患者」対策を「急速に進展」（金杉 [1992：133]）させた「精神障害者による他害事件」とは、一九九〇（平成二）年一〇月二一日に発生した丹羽兵助代議士刺傷事件（丹羽氏は翌月二日に死去）のことを指す。同二二日付け朝日新聞朝刊の記事を一部引用する。「二一日午前九時五五分ごろ、名古屋市守山区守山東山の陸上自衛隊守山駐屯地で開かれた第一〇師団の記念行事に特別招待者として出席しようとしていた元労相の丹羽兵助代議士（七九）＝自民党、愛知二区選出＝が、同駐屯地内で、刃物を持った男に首を刺され」、意識不明の重体となる。「男は自衛隊員に取り押さえられ、守山署が殺人未遂の現行犯で逮捕した。男は駐屯地近くの精神病院に入院中の無職の男性（四七）で、一四年前には海部俊樹代議士（現首相）の車、その半年後には当時の春日一幸民社党委員長（故人）の車を襲って逮捕されて」いた。「男は昨年六月から精神分裂病で駐屯地近くの病院に入院中。一九七七年九月から途中二度短期的に退院したほかは同病院に入院している。昨年七月、本人が退院を求めたため愛知県知事の命令で『措置入院』とし、入院を継続していた。形式的には閉鎖病棟にいることになっているが、病院側の説明では開放病棟に入っており、午前六時半から午後六時までは自由に外出できたという」。「調べに対し『電波を流すのでやめさせるためにやった。国会議員ならだれでもよかった。殺すつもりだった。丹羽代議士は毎年来るので知っていた。刃物は数日前に市内の金物屋で購入した。去年もだれかを刺せばよかった』などと供述」。「男は七六年末の総選挙の際に一宮市内で、愛知三区選出の海部代議士の街宣車を襲い捕まったが、起訴猶予になった。さらに七七年六月の参院選中、名古屋市中川区内の道路で、同一区選出で、故・春日民社党委員長を乗せた同党の街宣車の窓ガラスを鉄パイプで割り逮捕されたが、不起訴になっている。処分はいずれも、精神障害と認定されたため」。「愛知県警警備部では、男を要注意人物として警戒していたが、精神病院に入院したため、警戒を緩めていた」（朝日新聞 [1990]）。

7　一九八五（昭和六〇）年の第一次医療法改正により都道府県は、医療計画の中で、病院の病床及び診療所の病床の整備を図るべき地域的単位として区分する医療圏を定めることとされた。いわゆる二次医療圏（法第三〇条の三第二項第一号）の区域は、一体の区域として、入院医療を提供することが相当である単位とされる。医療計画は医療法の規定に伴い少なくとも五年毎の見直しが行われており、二〇一〇（平成二二）年現在、三四九となっている（厚生労働省 [2015-]、宮城島 [2006]）。

8　道下研究ではイギリスのセキュア・ユニットの一つであるベスレム・ロイヤル病院、デニス・ヒル・セキュアユニット（The Bethlem Hill Secure Unit）についてのみ、「最も参考になると思われる」として紹介されている

（道下［1990a：192-196］）。

9 本特集では、道下［1990b］、日精協副会長の式場［1990］、筑波大学社会医学系精神衛生学研究室の小田［1990］、本書でも幾度か取り上げている加藤［1990］、第1章で触れたオランダの保安処分に関する論考（永野［1983］）のある東京第二弁護士会所属の永野［1990］、精神神経学会「保安処分に反対する委員会」委員長でもあった（富田［2000：217］）京都大学精神科の中山［1990］、城野医療刑務所医官の糸井［1990］、油山病院院長の鈴木（高）［1990］、瀬野川病院院長の津久江［1990］、国立下総療養所精神科医長の小沼［1990］、熊本県立富合病院の花輪［1990］、大阪府立中宮病院の藤本［1990］、十全会聖明病院の鈴木（康）［1990］、東京都立松沢病院の堀田他［1990］の論考が所収されている。

10 本件に関して平野は次のように述べる。「保安処分という言葉の響きがよくないので、道下案では処遇困難者対策という語が用いられた。このことをとらえて、『処遇困難者とは、病院の中で、規則に従わず他人に迷惑をかける者をいい、触法精神障害者は必ずしもそうではない。道下案も公衆衛生審議会も対象者をとりちがえている。』という批判があった。だが、これは制度の由来を無視した言葉の表面的な批判である。他方、この案に対しては暴力的な批判もあった。そのため、この案はつぶれてしまったのである」（平野［2004：6］）。

11 精神科病院の側が「処遇困難患者」に対する「集中治療病棟」の設置を求めた背景には、病院が入院患者の他害行為もしくは触法行為の責任主体とされてしまうといった現実的な課題が存在していたということもある。一九八六（昭和六一）年四月二三日に発生した北陽病院事件はその契機とも言える。北陽病院事件とは、岩手県立北陽病院に措置入院になっていた患者が看護師と外出中に無断離院し、数日後にその患者が通行人を刺殺する事件を起こし、責任能力が認められ殺人事件として立件され、懲役一三年の判決を受けた事件のことを指す。その後、遺族が病院に対して損害賠償請求を行い、地裁判決では岩手県側に一億五〇〇万円の支払いが命じられ（朝日新聞［1992］）、その後、最高裁判所はそれを認め国家賠償法によって病院側が遺族に一億二〇〇〇万円を支払うよう命じた事件（町野［2004：72］）である。いわば患者の治療のみならず監督保護の責任までをも一病院に担わせることを明確にした判決である。精神神経学会による当該事件の報告書として磯村他［2000］。

当該事件の判例資料として木ノ元［1998］。

12 一九九五（平成七）年の精神保健福祉法改正前後における協会の資格制度に向けての日本社会福祉士会をはじめとする関連職能団体との交渉経緯について、日本精神医学ソーシャル・ワーカー協会［1994］。

13 研究会メンバーの一人である滝沢文献（滝沢［2003］）では匿名による記述となっている。滝沢によれば当該勉強会は「昔の保安処分論議の経過を振り返りつつ人選を進め」、「二五年前には反対派だった日本精神神経学会から役員のA氏（一度出席、以降欠席）、そしてこれも反対派だった日本弁護士連合会からB氏、C氏、この問題を研究・推進課題として取り組んでいたD氏、日本精神科病院協会からE氏、F氏、個人的にG氏、ほかに講師として有識者数人に参加してもら」い、本文で記した参加者の一人である保岡代議士は「法務省刑事局長や厚生労働省社会援護局障害保健福祉部部長らを招き、学習会がスタートした」とある。その後、保岡代議士の法務大臣就任に伴うメンバーの入れ替え等もあったが「延べ五回の学習会を開いた」。法務大臣となった保岡代議士による厚生労働大臣への「異例とも思える『厚生労働省は精神医療、福祉の改善の検討を始めるよう』申し入れを行った」結果、本文で述べた二〇〇一（平成一三）年一月から開始される合同検討会が開始された（滝沢［2003：183-184］）。滝沢の最近の著書として滝沢［2014］。

14 小泉首相（当時）の法務省、厚生労働省に対する指示の中身が具体的にどのような内容のものであったのかは定かではないが、二〇〇二（平成一四）年一二月一一日の第一五五回国会参議院本会議において江田五月議員の質疑に対して森山眞弓法務大臣（当時）は以下のように答えている。「精神障害に起因する事件の被害者を可能な限り減らし、また、心神喪失等の状態で重大な他害行為を行った者が精神障害に起因するこのような不幸な事態を繰り返さないようにするための対策が必要であり、御指摘の総理の御発言もそのような趣旨であったものと理解しております（中略）刑法の見直しという小泉総理の指示が誤りではないかとのお尋ねがございました。御指摘の総理の御発言は、具体的に刑法の見直しを指示されたものではなく、一般論として、心神喪失等の状態で重大な他害行為を行った者が精神障害に起因するこのような不幸な事態を繰り返さないようにするための対策が必要であるとの御趣旨であったものと理解しております」。

15　協会は二〇〇一（平成一三）年一〇月五日に開催された第八回会合において本チームよりヒアリングを受けている（巻末資料⑤にその旨の記載あり）。

16　観察法案上程後、法案成立に対して「日本精神科病院協会」（日精協）の「対応」について中山の連載がある（中山［2007-2008］）。また同時期に、日精協政治連盟から厚生労働副大臣木村義雄（当時）をはじめとする自民党議員に対する献金問題に関して上述の中山連載及び七瀬［2006］。

17　この修正の理由に関して本法施行時、法務省保護局総務課精神保健観察企画官であった蛯原正敏は名称変更について、下段の国会委員会議事を参照しながら、「社会復帰のための制度であることを明確化するとの趣旨により、改められた」と述べている（蛯原［2004：47］）。当該議事は第一五五回国会衆議院法務委員会（二〇〇二（平成一四）年一二月三日）における佐藤剛男委員の質問に対する修正案提案者の一人である塩崎恭久委員の以下の答弁である（国立国会図書館国会会議録検索システムより引用）。

佐藤剛男委員（前略）それと、精神保健観察官の名称を社会復帰調整官に変更なさいました。これの理由とその資格を法律に明記したということの理由をはっきりしていただきたいと思います。（後略）

塩崎恭久委員（前略）それぞれの関係機関の連携を確保するためにコーディネーター役をするわけでございます。そういうときに、ここで携わる者が、これまでの名前でいきますと精神保健観察官、観察官という言葉が、いかにも監視をしている、こういう旧来型のイメージが強かったものですから、ここはやはり社会復帰調整官と。たかが言葉かもわかりませんが、しかしされど言葉でありまして、これについては、事務の内容にかんがみまして、精神保健福祉士の有資格者を初めとする、この制度による処遇の実施に当たって必要な精神保健あるいは精神障害者福祉などに専門的な知識を持っている方々がやはり必要不可欠であろうということで、精神保健福祉士、あるいは場合によっては看護師の皆さんでこういう資格というか条件を満たしている方々などは当然入ってくると思うわけでありますけれども、こういった方々についていていただいて、そして法文上も明確にそれをあらわすためにこの名前にさせていただいた、こういうことでございます。

18　同時期の二〇〇三（平成一五）年、日本学術会議「精神障害者との共生社会特別委員会」（委員長：川端博（明治大学法学部教授（当時））は、一六回の委員会を経て、医療観察法成立への期待を込めた報告書『精神障害者との共生社会の構築をめざして』（日本学術会議精神障害者との共生社会特別委員会報告［2003］）を発表している。

19　医療観察法案の主要論点に関する国会審議は事実上第一五四回国会及び同一五五回国会において行われている。中山により詳細に検討されているが（中山［2005b］）、論点は概ね①「再犯予測の可能／不可能性」及び②「修正案の処遇要件の『要件』としての妥当性」に集中している。前者の①「再犯予測の可能／不可能性」については、精神保健福祉法における措置入院要件である「自傷他害のおそれ」との異同を論点として質疑が交わされている。以下に主要な質疑を引用する。

はじめに二〇〇二（平成一四）年六月二八日、第一五四回国会衆議院法務委員会において共産党の木島日出夫委員による医療観察法における政府原案における処遇要件である「再び対象行為を行うおそれ」（再犯のおそれ）と精神保健福祉法における措置入院要件である「自傷他害のおそれ」について同じかそれとも否かという質問に対して、坂口力厚生労働大臣（当時）は、この時点では、予測のタイムスパンが異なるとの答弁を行っている（以下、傍線は筆者）。

木島日出夫委員　（中略）精神保健法二九条の自傷他害のおそれの判断がこれまでの制度です。しかし、今回の法案の第四二条、再犯のおそれが今回の審判の認定の対象であります。どう違うんでしょうか。

（中略）

坂口力国務大臣（厚生労働、筆者注）（中略）この再び対象行為を行うおそれというのは、仮に継続的な医療を行わなければ心神喪失または心神耗弱の状態の原因となった精神障害のために再び重大な他害行為を行うことが予測されることを指すものでございます。　これに対しまして、措置入院におきます自傷他害のおそれといいますのは、仮にその者を入院させて医療及び保護を行わなければ現時点の精神障害に起因する症状により自傷または他害行為を引き起こす可能性があることを指すものでございます。予測する行為の範囲は、本法案で言いますところの一定の重大な他害行為に限られず、また、実務上その予測を比較的近い将来のものとして行われるものととっているところでございます。

（中略）

木島日出夫委員 （中略）現在の措置入院の二人の医師の判断も、確かに目の前にある障害者を診るんですが、この障害者が現在、近い将来、そしてまた先の将来、本当に他人を害するおそれがないのかということが判断の対象になっているんじゃないんでしょうかね。現行法は余り先のことは判断対象になっていないんですか。

（中略）

坂口力国務大臣 それは近い将来の、少し先のことも含まれているかもしれませんけれども、措置入院の場合には、現時点におけるおそれの方がやはり重きが置かれているというふうに私は理解をいたしております。

しかし本文の通り、医療観察法における長期的な再犯予測は不可能であるとの批判に対して、与党としてはすでに運用されている措置入院の自傷他害の予測と同様のものであるという答弁を引き出すため、二〇〇二（平成一四）年七月五日、第一五四回国会衆議院法務委員会・厚生労働委員会連合審査会において与党議員との間で以下の質疑が交わされている。この段階で前段の坂口厚生労働大臣の答弁は事実上撤回される。漆原委員は与党公明党の衆議院議員であり、後の修正案の共同提案者でもある。

漆原良夫委員 （中略）現行法の措置入院制度においても自傷他害のおそれの判断がなされているところでございますが、こちらの判断については予測不可能だという批判は全く聞こえてきません。この自傷他害のおそれの判断と、再び対象行為を行うおそれの判断とは、私は基本的に同じものだというふうに考えておるわけでございますが、法務大臣の見解を尋ねたいと思います。

森山眞弓国務（法務、筆者注）大臣　精神保健福祉法におきます自傷他害のおそれも、この法案におきます再び対象行為を行うおそれも、いずれも、その者の意思に反してでも精神医療を行うために必要とされる要件であるという点では同じでございます。また、（中略）その判断過程や判断方法も同じでございます。このように、自傷他害のおそれの判断と、再び対象行為を行うおそれの判断は、その基本的な部分に違いはございません。

（中略）

漆原良夫委員　この自傷他害のおそれの判断は短期的な予測である、これに対して、再び対象行為を行うおそれの判断は長期的な予測であって、両者の予測期間が異なるというふうな意見がありますが、そのような違いがあるのかないのか、法務省に尋ねたいと思います。

古田佑紀政府参考人（法務省刑事局長（当時））（中略）これは、特に一定の期間を定めてその間の予測をするというふうなものではございません。そのことは、この法律案におきます再び対象行為を行うおそれにつきましても同じことでございまして、特にある特定の期間を定めてその期間の予測をするというものではございません。

（中略）

漆原良夫委員　この自傷他害のおそれと、再び対象行為を行うおそれの関係について、厚生労働省においても今の法務省の答弁と同じように考えていいのかどうか。

（中略）

坂口力国務大臣　自傷他害のおそれと、再び対象行為を行うおそれというのは、その判断過程でありますとか判断方法の基本的な部分は異ならないというふうに思っております。いずれも一定の期間を想定して予測を行うものではなくて、法務省とその点では同様の考え方でございます。（中略）

しかしながら上段の答弁は修正案提案以降、更なる矛盾を露呈させることになる。上段の上記第一五四回国会質疑をふまえて、同年一二月四日、第一五五回国会法務委員会・厚生労働委員会連合審査会において、修正案の処遇要件の修正理由がはからずも措置入院要件を根底から覆してしまうのではないかという疑義が出される。具体的には、批判を受けていた政府原案における処遇要件である「再び対象行為を行うおそれ」（再犯のおそれ）に内包していた保安的要素を払拭するために、修正案では処遇要件が「再び対象行為を行うことなく社会に復帰するための医療の必要性」（社会復帰のための医療の必要性）に修正されたが、そのことにより、上記第一五四回国会質疑において政府原案における当初の処遇要件と大差無いと修正答弁されていた精神保健福祉法における措置入院の自傷他害のおそれも連動して否定されるべきものとなるのではないかという根本的な「矛盾」である。精神保健福祉法における措置入院要件と同様のものであるという政府原案の処遇要件の正当性担保のためのロジックが、修正案により精神保健福祉法における措置入院要件自体を否定するものとなってしまったのである。以下、発言者の木島委員の質問に対して、法務大臣、厚生労働大臣、修正案提案者の漆原委員、そして法務、厚生労働の各政府委員による答弁が一通りなされてからの質疑を引用する。

木島日出夫委員　（中略）法務省も厚労省も、法務大臣も厚労大臣も、精神保健福祉法の自傷他害のおそれも政府原案の再犯のおそれも、決してそのおそれの有無を判定するに際してのタイムスパンの長さで違いがあるのではないんだという統一見解になりました。

（中略）

塩崎恭久委員　政府案においては、本制度による処遇を行うか否かの要請は、何度も言われておりますけれども、心神喪失等の状態の原因となった精神障害のために再び対象行為を行うおそれの有無とされていたわけでありますけれども、これについては、再犯のおそれの予測の可否として議論がされていて、この点については、特定の具体的な犯罪行為やそれが行われる時期の予測は不可能と考えられ、また、漠然とした危険性のようなものを感じられるにすぎないような場合に、再び対象行為を行うおそれに当たるとすることはできないと考えられる、その限度で、そのようなおそれの予測はできないという批判も理解できるわけでございます。政府案の要件では、この点に関し、不可能な予測を強いたり、漠然とした危険性のようなものも含まれかねないという

ような問題があったことから、今回の修正案によりまして、このような表現による要件を改めたものであります。（中略）

木島日出夫委員　そうすると、厚労省も法務省も、自傷他害のおそれの判定と再犯のおそれの判定とは決してタイムスパンの長さで違いがあるんじゃないんだということなんです。そして、今、再答弁いただきましたが、修正案の提案者である塩崎提案者は、そういう比較的長いタイムスパンでなんかは再犯のおそれを判定しにくいんだということも理由の一つとなって、再犯のおそれという言葉を削り去ったと。そうすると、確認しますが、あなた方の立場ですと、精神保健福祉法の自傷他害のおそれの判定も、ちょっとそれは根本的には問題だということに行き着かざるを得ないんですが、そう聞いてよろしいんですか。

塩崎恭久委員　精神保健福祉法の措置入院においても自傷他害のおそれが要件とされておりまして、その判断が行われておりますが、それと同様な判断方法によって一定の他害行為の予測を行うことは不可能ではないというふうに考えております。

木島日出夫委員　政府原案の再犯のおそれはだめだが、措置入院の方の自傷他害のおそれはいいんだという論が、全然私は理解できないんです。（中略）

後者の②「修正案の処遇要件の『要件』としての妥当性」についての質疑の焦点は、処遇要件が修正案では「要件」足り得ず、強制医療の先にある「目的」を述べているに過ぎないという点である。例えば二〇〇二（平成一四）年一一月二九日の第一五五回法務委員会厚生労働委員会連合審査会において、やはり共産党の木島委員と修正案提案者の塩崎委員との間で、以下のような質疑が交わされている。

木島日出夫委員　（中略）入院処分の要件でありますが、政府案は、「入院をさせて医療を行わなければ心神喪失又は心神耗弱の状態の原因となった精神障害のために再び対象行為を行うおそれがあると認める場合」、これが要件であります。このような場合には、「医療を受けさせるために入院をさせる旨の決定」ができる、これが行政処分であります。それが、与党三党の提案者（修正案：筆者注）によりますと、こう変わりました。要件の部分はこういう言葉になっております。「対象行為を行った際の精神障害を改善し、これに伴って同様の行為を行うことなく、社会に復帰することを促進するため、入院をさせてこの法律による医療を受けさせる必要があると認める場合」、一応これが要件の部分だと思うんです。こういう場合には、「医療を受けさせるために入院をさせる旨の決定」ができる、これが行政処分です。（中略）修正案の文言を吟味いたしますと、「対象行為を行った際の精神障害を改善し、これに伴って同様の行為を行うことなく、社会に復帰することを促進するため、」とあります。これが、入院をさせて、この法律による医療を受けさせる必要があると認める場合の目的のような文言になっております。（中略）要するに、精神障害の改善、再犯の防止、そして社会復帰の促進、この三つを目的として、そういう目的をもって入院をさせてこの法律による医療を受けさせる必要があるかどうか判断するんだ、そういう三つの目的をこの条文では法定しているんだと伺っていいでしょうか。

塩崎恭久委員　（中略）今、三つが目的ではないかということでございますが、確かに、精神障害を改善するということは、当然この改善がなければ社会復帰ができないわけでございますし、それから、同様の行為を行ってはやはり社会復帰ができないということでありまして、もともと、この法案の当初からの最大の目的は、不幸にして重大なる他害行為をしてしまった精神障害者に社会復帰をしていただこうというプロセスをつくっているわけでありまして、そういう意味で、同様の行為を行うことなく社会復帰をしてもらうということがむしろ、二つ、今三つとおっしゃいましたが、この二つを目的にしているというふうに私どもは感じております。

木島日出夫委員　（中略）「対象行為を行った際の精神障害を改善し、これに伴って同様の行為を行うことなく、社会に復帰することを促進するため、」この文言は、治療を受けさせるための目的であって、治療処分決定をするための要件ではないんではないか、そういう質問なんです。

塩崎恭久委員　やはり社会復帰をするためには、その行為を行ったときの精神障害が取れなければいけないわけであって、今申し上げたことは、医療が本当に必要なのかどうかということを判断するための要件ということでございます。

木島日出夫委員　（中略）もう一回確認します。行政処分をする要件というのは、行政処分をするときに厳然として存在しなければ行政処分できませんね。答弁願います。

塩崎恭久委員　この審判で判断をするときに、その行為を行ったときの精神障害がないとか、そういうことではちょっと判断ができないという意味で、おっしゃっていることはそのとおりだと思います。

木島日出夫委員　答弁、認められました。当然なんですよ。行政処分するときには、行政処分の要件が厳存しなければ行政処分ができっこないんです。（中略）そうしますと、この前段、対象行為を行った際の精神障害を改善すること、それに伴って同様の行為を行うことなく、社会に復帰することを促進すること、これらはいずれも、治療処分という行政処分をするときに厳然として存在することではなくて、治療処分の結果、将来こういうことを目的として、あるいは治療処分をした効果として、障害も改善したし、再犯のおそれもなくなったし、社会復帰も促進することができたという、将来の効果ではないんですか。

（中略）

塩崎恭久委員　このプロセスは、医療を施さない限りは精神障害が治らないという場合に限っているわけでありますから、その条件があるのかどうかということは当然判断をしなければいけないことであって、その障害を解消するための医療に強制的に当たってもらうわけでありますから、行政処分を判断するときに、医療的な判断をした上で治療のプロセスに入ってもらうということを判断するということは、おっしゃっているとおりだと思います。

木島日出夫委員　私も、この目的はようわかるんですよ。そのとおりだと思うんですよ。精神障害を改善すること、そのために重厚な医療をしっかりやること、そしてそれによって同様の行為を行うことがないようにすること、これは再犯、同じような犯罪を犯さないようにすることでしょう、そして社会復帰を促進すること、まさにそのとおりなんです。それは、全面的に賛成ですよ。しかし、この法律の書きぶりは、それらの目的は、入院処分という重大な行政処分をする要件ではなくて、目的に皆さん方は書き込んでいるんじゃないか。そうすると、この条文を行政法の立場からよう読み込みますと、要件は何かといったら、後段だけなんですよ。「入

院をさせてこの法律による医療を受けさせる必要がある」とき、それのみが要件じゃないんですか。（中略）

20　③はまた、「『何をやっても、自分たち精神障害者は罪を問われない』とは、精神保健福祉関係者であれば誰でも一度は精神障害者当事者から聞かされたことがある発言であるが…（以下略）」、あるいは「『私が罪を犯したときには、裁判を受けてその罪を償いたい』という精神障害者も少なくない」等、やや根拠不明確な主観的と思われる記述もある。

21　なお同理事会から約一か月後に開催された第二回常任理事会・第一回全国理事会（二〇〇二（平成一四）年五月一〇日〜一二日）において、本法に真っ向から反対をしている⑥へ賛同することが承認されている。その理由として、「現行の措置入院制度や、これまで犯罪に相当する行為についてまで医療が抱え込んできた問題性、初めて司法が関与することとなったことの意義等が述べられる一方で、『再犯』の予測の困難性、地域における精神保健福祉資源の不足などから法案の内容の不十分さの指摘が多くあり、同声明に賛成することとした」とある（日本精神保健福祉士協会［2002c：7］）。

22　⑦についてはその内容について、「重大な誤り」があったとし、「第一回全国理事会の決定にしたがい、五月二八日付で訂正版を作成し、二〇〇二年度定期総会の議案書に同封して、全会員に送付」した旨の記述がある（日本精神保健福祉士協会［2002c：5］）。訂正内容は、「指定入院医療機関における対象者の処遇について、対象者、保護者または付添人に対し、精神保健福祉法三八条の四の規定と同様の処遇改善請求権を付与すべき」という文言及び、「指定入院医療機関の実際の配置は地域的に限定され、退院後の生活拠点とは地理的に大きく隔たることが予想される」ため、「指定入院医療機関からの外泊制度または仮退院制度を設ける必要がある」という文言を「全文削除」するというものである。前者については本法九五条及び九六条に「処遇改善の請求」に関する条項がすでにある。また、後者については本法一〇〇条一項及び二項に外泊の規定がすでにある。また「仮退院」については、そもそも本法はすべての処遇決定が医師の判断ではなく「審判」により決定されるものであり、⑦への記載は不適切であったと思われる。

23　当該審査会では「各案及び修正案審査」のため、大塚の他に、松下正明（都立松沢病院院長）、南裕子（日本看護協会会長）、富田三樹生（精神科医師）、長野英子（全国「精神病」者集団会員）が参考人として出席している（肩書は当時、議事録の通り）。当該審査会において、松下、南は修正案に賛成の立場、富田、長野は反対の立場を明言している。

24 第一五五回国会衆議院法務委員会厚生労働委員会連合審査会議録第二号（二〇〇二〔平成一四〕年一二月三日、国立国会図書館国会会議録検索システム）より引用。

25 筆者は特に④から⑩の見解が出された過程を「迷走」の過程と位置付けたが、別言すれば「正論」と、「妥協」、「静観」あるいは「現実主義的」との拮抗の過程と言うこともできると考える。例えば第3章でも取り上げた一九八〇年代に協会常任理事として保安処分に対して厳しい対立姿勢を示していた高橋一は、医療観察法成立直後、協会会長就任後の機関誌巻頭言において、本法に対しては「会員がそれぞれの立場で国会その他の場で意見を述べてき」ており、「協会としては、法律案そのものには賛成できないが、精神保健福祉全体の底上げにつながるものならばと見守る立場をとってきた」と述べたうえで、第5章注3で述べた二〇〇三（平成一五）年度の精神障害者社会復帰施設整備費及び運営交付金が申請の二三%しか認められなかったことに危惧を表明している（高橋［2003：103］）。また、本文で幾度となく取り上げた木太は、見解⑩とほぼ同時期に発行された協会機関誌におけるトピックス欄において成立したばかりの医療観察法の概要説明を行っているが、論考の最後で「地域社会全体で対象者を支援していくための条件整備」の必要性とあわせて「仮に、ごく近い将来に精神障害者の地域医療・保健・福祉施策の抜本的な改革が果たされず、精神保健福祉士をはじめとする精神保健福祉従事者が新しい制度に関心をもたないことになれば、結果的にこの法律が歪曲された形で運用され、この国の精神障害者に新たな不幸をもたらすことは明らか」であると述べており、PSWが本法に関心を持ち続ける必要性と地域社会における精神保健福祉施策の整備の必要性を述べている（木太［2003：265］）。また、直接的な影響は定かではないが、医療観察法検討過程とほぼ同時期、協会はPSWの国家資格化以降、念願であった社団法人化を進めており、二〇〇四（平成一六）年六月一日付で厚生労働省所管の社団法人設立が許可されている。その際の定款三条（協会の目的）では、本文でPSWの使命として援用してきたいわゆる「札幌宣言」

における「精神障害者の社会的復権と福祉のための専門的・社会的活動を進めること」が規定されている。社団法人化の過程の詳細について協会事務局長であった坪松［2004］。

協会機関誌は法施行を目前に控えた二〇〇四（平成一六）年、「当事者が望む暮らしと支援」を特集しており、三名の「精神障害当事者」が寄稿している（長野［2004］、香野［2004］、山本［2004］）。第３章注５で述べた「全国『精神病』者集団」会員の長野英子は寄稿論考の最後において「ＰＳＷおよび日本ＰＳＷ協会に一言」として、医療観察法に関してＰＳＷ及び協会の「責務」として「成立したからその法体制に参加していこうとするのではなくて、その成立施行以前に救援の取組みをし、法施行阻止に向け闘うとともに、仮に法施行後であろうとその法体制化でいかに精神障害者を防衛していく仕組みを法の外に作り、われわれとともに救援・監視活動をしていくかが問われている」（長野［2004：10］、傍点筆者）と述べている。長野は自身のホームページ（長野［2005-］）等で医療観察法に対して厳しい批判の姿勢を示しているが、当該論考の上述引用箇所では、そのような長野でさえも法体制化における現実的な提言を行っており、長野の忸怩たる思いとともに、本法の阻止や廃案の困難性を暗に示すものとなっている。

26　医療観察法附則第四条の規定に基づいた法務省及び厚生労働省による検討結果はこれまで二〇一〇（平成二二）年一一月及び二〇一二（平成二四）年七月の二回報告されている（厚生労働省［2010］、同［2012］）。

第5章

PSWの医療観察法への関与のロジック
――協会機関誌『精神保健福祉』における二つの特集の検討

本章では前章における協会の見解の迷走の過程をふまえつつ、PSWはどのようなロジックで医療観察法への関与を肯定しているのかということについて、主に協会機関誌『精神保健福祉』における医療観察法に関する二度の特集号における論考の検討を通して整理する。

1　協会機関誌二〇〇二年特集――PSWの使命を媒介とした観察法への関与の模索

保護観察所に「精神保健監察官」としてPSWが配置されることも盛り込まれた修正前の医療観察法案（政府案）が閣議決定され、第一五四回国会に上程され審議が開始された二〇〇二（平成一四）年、協会機関誌『精神保健福祉』（以下、機関誌と略す）において医療観察法に関する特集「重大な犯罪行為をした精神障害者とPSWの視点」（協会［2002e］、以下、二〇〇二年特集と略す）が組まれた。二〇〇二年特集は第4章で先述したように、医療観察法においてPSWが精神保健参与員ならびに保護観察所における精神保健観察官（後に「社会復帰調整官」に名称が修正）の職務要件として検討され始めたことに伴い、「司法にまたがる領域においても精神保健福祉士が参加することへの社会的要請が高まっていることは事実であり、その要請に私たちがどのように応えていくかが問われている」（協会［2002e：4］）との問題意識のもとに組まれている。二〇〇二年特集の論考は、第4章1-2で先述したプロジェクトに関わっていた協会理事が中心となり編集したものであり、総説として二編、各論として三編の論考が掲載されている。また協会による座談会も掲載されている。二〇〇二年特集における論考の見解は、岩崎によるアンケート調査報告を除いて、佐藤及び木太はどちらかといえば関与肯定的であり、他方、池原及び大塚は関与否定的であり、必ずしも一致しておらず、PSWが司法にまたがる領域に職域を拡大させることについては様々な意見があることを示すものとなっている。しかし関与否定的な論考においても「社会の安全」と「対象者の社会復帰」という一見相反する概念のなかに意図せずして表れる相補性、すなわち反射的利益としての「社会の安全」も否定しないことによる結果としての両義性の消極的肯定とでもいうべき姿勢が見え隠れする箇所が散見される。

総説の二編の論考は、当時の協会副会長である佐藤三四郎による「社会防衛としての精神医療――精神保健福祉法制の変遷を中心に」（佐藤［2002b］）、及び、本法に対して当初から積極的な発言を行っている当時の全国精神障害者家族会連合会常務理事であり弁護士の池原毅和による「精神障害者の責任能力をめぐって――精神医療と犯罪をめぐる法制度」（池原［2002a］）である。

佐藤論考では、一九〇〇（明治三三）年の精神病者監護法の保護義務者制度からはじまる精神障害者家族にかかる「過重な責務」であった自傷他害防止監督義務[1]が、一九九九（平成一一）年の精神保健福祉法改正時に上述の触法心神喪失者対策に関する附帯決議に関連するかたちで削除されたことをふまえて、これまで保護者（家族）や精神医療に課されてきた「重い責任」の歴史的変遷について述べられている。さらに佐藤論考では、精神医療と社会防衛との関係のなかにおいて、ＰＳＷはいかにあるべきかについて論じている。また佐藤論考では、医療観察法とＰＳＷとの親和性について、精神保健福祉法に内在する「社会防衛」と「本人の保護」という「相反する命題」（佐藤［2002：10］）というかたちで述べられている。さらに佐藤はこの命題を解く鍵を「運用する者の姿勢」に求めている。

　しかし、制度が客観的なものである限り、限界はあるものの、運用する者の姿勢によってその意義を転ずることができる。

　たとえば、入院医療から通院医療への転換をめざした一九六五年改正においては、ライシャワー事件を契機に、精神障害者を危険視し、精神障害者を野放しにするなとの世論を背景にした反動により、地域管理体制としての保健所の精神衛生業務が定められた。しかし、一部の自治体に限られたものの、保健所に専任配置された精神衛生相談員による実践は、それを精神障害者の地域生活支援のための活動へと転じていったのである。

　（中略）

精神病院への入院対象として中核であり続けてきたのは、精神障害のために「自傷他害のおそれ」のある者であった。その目的は、本人の医療と保護とされるが、その裏側には、絶えず「社会の安全」の確保があり、それが精神病院に対する社会の期待であった。

しかし精神科医療の目的は精神障害からの回復であり、責任無能力からの回復、主体性の回復であり、人としての復権であり、社会生活への復帰である。精神病院は、治療のために一時的に、安全な環境の中で本人を保護する。しかし、それは社会の安全を守るための隔離ではない。精神科医療機関に身を置く精神保健福祉士は、本人の回復への支援と社会防衛の要請とのせめぎ合いの中で、絶えず緊張を強いられている。気を抜くと、社会防衛へと流される危険性を常にはらんでいる（佐藤［2002b：10］）。

佐藤の言う「運用する者の姿勢」とは上記引用中にある触法心神喪失者等の「責任無能力からの回復」、「主体性の回復」、「人としての復権」、そして「社会生活への復帰」の志向ということになろう。ここでも第3章及び第4章で述べてきたY問題より抽出した「精神障害者の社会的復権と福祉のための専門的、社会的活動」というPSWの使命が補助線として活用されている。その活用方法は、触法心神喪失者のみならず精神障害者を精神科病院において「保護」するという事象自体を問うのではなく、それを認識する側の「視点」によってその事象の目的を変換するという手順である。

池原論考は弁護士の立場からいわゆる責任能力とは何か、そして責任能力が無いとされる人に対しては何が必要なのかという点について論じている。はじめに池原は「責任」とは犯罪行為を行った人に対する「非難」であり、その前提には「他行為可能性」が必要となるという責任能力の基本的事項について説明を行っている。そのうえで責任能力の意義について、「国家や社会からの過大な要求によって市民の個が押し潰されることがないように、近代的な個人主義を守る役割を果たして」おり、「一人ひとりの個性と個人的事情をもつ人間たちの集まりとして」の社会と国家を守る「防波堤」であると述べる（池原［2002a：11-12］）。また現在の司法の現状として、裁判で責任無能力が認められた精神障害者の人数が減少している点[2]を取り上げ、裁判における責任無能力認定の数値の低さの要因として、応報感情への傾倒や社会防衛の願望、また精神医療の側の触法精神障害者の処遇に対する困難感や迷惑感などが影響している可能性を挙げ、「裁判所がかかわれば客観的で正確な判断ができるというのもやや楽観的」と指摘しているように（池原［2002a：13］）。第４章２で取り上げた協会の見解である⑦における、「社会防衛の視点からの処分の決定を医療から切り離し、司法の責任としたことには一定の意義が認められる」という点に対して、やんわりとくぎを刺すかたちとなっている。この時上程されていた修正前の医療観察法案に対しては、「患者の利益を目指した制度でないことははっきりしている」と述べたうえで、保護観察所が通院医療の中心的機関になることにより、一般の地域医療・福祉が「地域防犯・治安維持」の役割を果たすことになり、それはすなわち「地域医療・福祉にまで及ぶ社会防衛目的の拡張」であると指摘する。結語としてＰＳＷの「任務」に関して、観察法という「権力的な色彩の濃厚な国家機関の中に組み込まれていくことが想定される」なか、ＰＳＷの「職務の本質」を「揺るがしかねない重大な課題を提示している」と述べている（池原［2002a：14］）。

　以上のように二〇〇二年特集の総説二論考は対極的とまではいかないまでも意見の相違がある。しかし両者ともに必ずしも観察法に「前のめり」ではなく、ＰＳＷに対してこの問題に関心を持つ必要があることを提起している点で共通している。

各論の三編の論考は、協会理事であり、第4章2で取り上げた⑤の「文責」者でもある木太直人による「重大な犯罪行為をした精神障害者の処遇をめぐるこの間の経過と日本精神保健福祉士協会の取組み」（木太［2002a］）、プロジェクトによるアンケート調査の報告である岩崎香による「重大な犯罪行為をした精神障害者の処遇に関するアンケート調査報告」（岩崎［2002］）、そして同じく第4章2で取り上げた協会見解⑩に関連して、第一五五回国会衆議院法務委員会・厚生労働委員会連合審査会議に参考人の一人として出席し意見陳述を行った協会常任理事である大塚淳子による「実践を通してＰＳＷのかかわりの視点を考える」（大塚［2002a］）である。木太と大塚は他媒体においても本法と協会及びＰＳＷの関係について積極的に論考を発表している。それらについても適宜取り上げる。

木太は協会幹部としていわゆる触法心神喪失者等に対する処遇問題に関して積極的な発言を行っている論者であり、二〇〇二年特集のみならず他誌においても複数の論考を発表している。木太は論考において、一九九九（平成一一）年の精神保健福祉法改正における附帯決議を起点とした協会の取り組みについて述べており、そのなかでプロジェクトにおいて提起された課題を列挙している。そこで挙げられている課題は、精神保健福祉法における強制入院の一形態である措置入院制度にまつわる課題、及び触法心神喪失者等の「罪の償い」のあり方とそれに関連した医療と司法の責任分担の明確化という課題の二点に収斂される。特に後者については第4章2で述べた通り協会の要望書に保護観察所へのＰＳＷの配置が盛り込まれるというかたちで反映されることになるのであるが、その論拠は上述の佐藤論考と同じく、当該者の強制処遇という事象の妥当性を問うのではなく、ＰＳＷの視点の強調による処遇目的の変換である。

要望を行ったのは保護観察所では従来精神障害者とのかかわりが積極的にあったわけではなく、精神保健福祉関係機関と十分な連携をとるうえでPSWの存在が欠かせないと考えたためである。たとえ司法機関に配置されたとしても、PSWのかかわりは当然対象者の生活支援の観点に基づくものであることに変わりはない（木太［2002a：21］、傍点筆者）。

木太のこの主張は別論稿でも述べられている。以下の論考は修正法案が国会に提出された時期のものであり、社会復帰調整官のみならず精神保健参与員に関する役割についても言及されている。

要望項目の一つとして、新たな法律策定にあたっては、PSWは対象者の生活支援の観点から援助を行うことを規定することを求めた。PSWが処遇決定にかかわる意義は社会防衛のためではなく、社会福祉学を学問的基盤とした従来の専門性を堅持し、生活支援の観点から対象者の社会復帰・社会参加の可能性を具体的に提示していくことにある。繰り返しになるが、法案の最終目的が対象者の社会復帰にあるとされていることからも、たとえ司法にまたがる領域に足を踏み入れるとしても、PSWが積極的に関与することは必要であると考える（木太［2002b：49］、傍点筆者）。

第4章2で取り上げた協会の要望書④においても、木太の主張と同様に「入院・退院・通院等の医療上の措置の決定に際しては、単に病状についての医学的判定だけでなく、本人の生活状況や社会的環境について適切に判断することが、医療の目標である社会復帰のために不可欠」と述べられており、この部分を担う最適な職種についてもＰＳＷであることが望ましい旨が述べられている。この段階での木太や協会の主張は、第４章で述べたようにこの後に登場する修正案における処遇要件を先取りしたかたちとなっている。また木太は、強制処遇を前提とした実践のあり方やその視点を述べるだけでなく、強制処遇の是非は問わずして可否の判定のレベルに関与する際の視点についても言及している。現行の医療観察法の処遇要件である「再び対象行為を行うことなく社会に復帰するための医療の必要性」を司法が判断する以上、医療のみならず社会復帰（阻害）要因までをも判断するということであれば、処遇判定の段階においてもＰＳＷの積極的関与は不可欠であるという主張である。木太論考においても引用傍点の通り、先述の佐藤論考と同様、ＰＳＷの使命が司法と福祉をつなぐ補助線として活用されている。

岩崎論考は上述の通りプロジェクトにおけるアンケート調査報告である。二〇〇一（平成一三）年六月現在の協会員二四一六名を対象として調査票を郵送し、内四八三名（回収率二〇・〇％）より回答を得たものとされている。調査の目的については、「行政の動きを念頭に置きながらも、実践現場でＰＳＷが犯罪行為をした精神障害者に対してどうかかわっているのか、かかわりに困難を感じているとしたらどういうところなのかということを中心に行い、その中から現状の問題点と課題を整理すること」とされている（岩崎［2002：23］）。回答に記載された問題点としては、現行の措置入院制度の問題や退院時の地域の受入れ状況の困難さに加えて、回答の約六割が「ＰＳＷのかかわり」上の問題を挙げている。具体的には、関係性の構築の困難さ、病気の認識の無さによる治療への結びつきにくさ、犯罪行為をした精神障害者に対応する専門的知識の不足等である。また、「当事者のＰＳＷへの陽性転移やＰＳＷ自身の陰性感情によって距離があき、十分にかかわりきれなかったという事例」も紹介されている。そのうえで考察として、

「措置入院と判断されると司法の関与がないことから医療が責任を負わねばならず、退院に対して慎重にならざるをえないといったシステム上の問題」、「病状が安定していても、犯罪行為をめぐる感情的な問題や、精神障害者に対する差別や偏見から、家族や地域での受け入れが困難な現状」がある点とともに、PSW自身の感情として、「入院している人の中には責任能力があると思われるのに罪が問われなかったり、措置入院にもならずに医療保護入院として扱われたりしていることなどから、『罪に問われない』ことに関する疑問」等があることを挙げている（岩崎［2002：27］）。

本調査結果で特徴的な点は、PSW自身が犯罪行為（触法行為）と病気を結び付けている点、対象者の犯罪行為にPSWが直に反応してしまっているケースが多い点である。後半で引用した「『罪に問われない』ことに関する疑問」が、そもそも心神喪失であることが疑わしいということに起因する措置入院制度の問題を指しているのか、それとも制度そのものに対する疑義ではなくPSW自身の感情の問題として行為自体に対する負の感情を持ってしまっていることを指しているのかは定かではない。しかし少なくともこのアンケート調査報告からは、佐藤論考や木太論考、あるいは第4章で述べてきた司法と福祉をつなぐPSWの使命とは裏腹に、PSWの触法精神障害者に対する忌避感情が如実に示された結果となっている。

大塚は、司法の枠組みに医療観察法というかたちでPSWが関与することに対して、協会幹部でありながら一貫して懐疑的な意見を発信している。懐疑の中身を端的にいえば、触法行為をした精神障害者とそうでない者との間におけるPSWの関わりの質的差異の有無である。二〇〇二年特集における大塚論考では、一病院PSWとしての実践経験を通してPSWが持つべき視点について論じている。

大塚は二〇〇二年特集の論考の「はじめに」において次のように述べている。これは大塚の一貫した主張である。

今、騒がれている法案や専門性(よく内容がわからないが)を備えた専門治療施設なるものがなければ、重大な犯罪行為をした精神障害者の治療や社会復帰が絶対的に不可能だとは思えないのだ(大塚[2002a:29])。

大塚はこのような思いに至る背景として、特に触法行為をして入院に至った精神障害者とのかかわりの事例(三事例)を取り上げ、「情報収集、受療手続き」、「チームによる方針共有化の重要性」、「家族支援」、「退院時、地域資源の利用について」、「医療の限界」という五つの観点から整理し、その時々でのかかわりの場面でPSWが抱いた困難、迷い、恐れ、怒り等を述べている。そのうえで大塚は医療に司法モデルを導入する以前にやるべきこととして、精神障害者が病状悪化に起因する地域での孤立を防ぐための精神医療の体制整備と精神科救急医療システムの整備を挙げる。

大塚は二〇〇二年特集論考において特に二点について述べている。第一は、触法行為をした精神障害者に対するPSW実践の困難性についてである。その困難性の中身は、触法行為との関連は不明確ではあるが精神症状に関するものと、対象者が行った触法行為に対する戸惑いや忌避的感情に関するものの二つに大別できる。第二は、再犯予防云々以前にそもそも犯罪行為に行き着かざるを得ない地域精神医療体制の不備に対する憤りである。大塚は別稿においても、「再発予防でなく再犯予防を適切な医療提供によって可能とするなら、初犯防止を先ずすべきであろう」と述べる(大塚[2002b:27])。さらに別稿では、観察法成立同時期の退院促進事業施行の遅れや社会復帰施設整備補助金不足[3]の状況を取り上げ「政策順位が逆」とも述べる（大塚［2003：252］）。

大塚の主張を要約すれば、触法行為をした精神障害者に対する個別具体的な関わりの場面では触法行為という特殊な社会的事象に対峙する困難さとともに、疾病／障害そのものによる関わりの困難さという二重の困難さがあることを認識しつつも、それに対してはきわめてオーソドックスなＰＳＷ実践とそれが可能な下地さえ整っていれば、再犯予防云々以前に結果として触法行為自体も防ぐことができるのではないかということである。

大塚の主旨に共通するもう一つの特徴は自身の実践経験をふまえたうえでの精神科医療機関に対する量的／質的な「負担」と「放置」に対する憤りである。大塚は、観察法のみならずこれまでの精神障害者対策自体が実質上、社会防衛的要素を持つものであるにも関わらず、なぜか医療機関（精神科病院）の中までは及ばないという奇妙な「ねじれ」を指摘する。

> 警察との連携やその働きかけについても、患者同士の刺傷事件等へのかかわりで思うところが多い。精神障害者と一般市民間の事件ならこんなぞんざいな対応はしないはずと思われるほど、いかにも高圧的な対応をしてくる警官が多い。そもそも精神障害者の被害届をきちんと取り扱ってくれず、しかも被害者に対しあたかも犯罪者であるかのような口の利き方をしてくることがある（中略）。／病院という安全であるはずの場で犯罪行為が起きてしまった時の対処のされ方にも多々疑問がある（中略）院内では診れないと通報し、鑑定ルートやその前に刑事的介入を求めても取り扱われないこともままある。一度医療機関が担

うと、何が起きても医療が対応責任を押しつけられている感が強い。社会防衛という言葉を使うなら、病院も社会の一部であるといいたい（大塚［2002a：35］）。

別稿でも以下のように述べている。

精神病院内でも事件が起きうるが、大概警察はまともに引き受けてくれず、また措置ルートにも乗らない（中略）まるで、精神病院は守らなくてもよい「社会外社会」のような扱いを受けている（大塚［2002b：27］）。

大塚の主張には、医療観察法に対しての疑義と、司法と医療との断絶状態に対する憤りの二つが同居している。前者に対する評価は別にしても、後者の見解については第4章2で整理検討してきた協会見解と基本的には一致しているといって良い。但し、前者と後者とは基本的には異なるレベルの問題である。大塚の見解は、この時に国会に上程されていた医療観察法案の機能的側面に対する疑義ではなく、池田小事件のような事象の再発防止の観点からも「焦点がずれた」（大塚［2002b：26］）ものであるという趣旨である。大塚の本旨は後者であり、それの解決としては「地域医療の整備」とともに先に引用したような従前の措置入院制度やそもそもの司法制度の運用の問題を解決すべきであり、司法に関わる部分に関しては、「刑法・司法・医療・当事者・市民をもっと巻き込んだ慎重かつ真剣な議論が必要」（大塚［2002b：27］）というスタンスである。大塚は、医療観察法自体には疑義を呈しつつも、触法精神障害者と呼ばれる人たちへのソーシャルワークについては司法との密な連携の必要を謳っているのである。換言すれば、一度「責任無能力」と判断され医療に「丸投げ」された精神障害者に対する司法の積極的な介入の期待である。

二〇〇二年特集にはプロジェクト委員による「重大な犯罪行為をした精神障害者の処遇をめぐって―現状の確認から」と題した座談会が掲載されている（岩崎他［2002］）。出席者は二〇〇二年特集への論考執筆者のほか、プロジェクト委員であった三橋良子、司会として川口真知子が加わっている。座談会では精神科病院におけるＰＳＷ実践から、触法行為をした経緯のある入院者に対するかかわりの難しさや戸惑い、恐れなどが率直に語られており、その解決の手立てとしてチームとしてのかかわりの必要性を、それ自体の維持の難しさをふまえたうえで挙げている。座談会の中盤、医療観察法を含む司法とＰＳＷとのかかわりに関する議論における協会あるいはＰＳＷの特徴的な考え方がよく現れているやり取りがある。それは触法行為により措置入院となった精神障害者の「責任能力」に関する三橋による発言である。

> 私自身の問題意識でいえば、ノーマライゼーションを進めていく時に、一般社会に流布された、精神障害者は責任無能力者だというイメージが大きな障壁になっていると思います。精神障害があっても、一市民として十分に自己決定していけるし、責任能力があるのだといってもなかなか訂正されない偏見・差別は、精神医療の装置そのものが作り出してきているものですよね。
>
> （中略）司法と医療の判断にずれがあるのではないか、あるいは治療歴があれば責任能力がないかのような安易な起訴前鑑定が行われているのではないかといったことが議論されているわけですね。当事者たちの裁判を受けたいという声も、責任能力を巡る判定についての異議申立てだろうと思うのです。病状に支

配されていて責任能力がなかったのであれば治療を受けるべきであって、罪刑法定主義に反して懲罰を受けてはならないわけですしね（三橋による発言、傍点筆者、岩崎他［2002：41］）。

関連して、岩崎による「当事者の自己決定の問題、意思能力の問題」に関する発言を以下に引用する。

法律の立場は非常に厳しいですね。（中略）私たち社会福祉職は、こういうこともああいうこともできる、それをもっと引き出そうと非常にポジティブにとらえて支援しているけれど、法律家はある時点でスパッと切る訓練を受けているという感じですよね（岩崎他［2002：42］）。

ここでの議論は、責任能力を自己決定能力もしくはきわめてリアルな意味における当事者の生活上の「できる／できない」能力と等置させたうえで、司法と福祉／医療それぞれの判断基準の差異に言及したものである。同様の論旨は前述の大塚論考にも見られる。また、第4章2で整理検討を行った協会による見解（特に④）でも同様の指摘が盛り込まれている。ここで留意しなければならない点は、第1章注3で整理したように、例えば規範的責任論に基づいた責任能力判断はあくまで犯罪の実行時に要求される他行為可能性の有無ということになる。他行為可能性は行為者の弁識能力と行動統御能力の二つの能力の有無や程度により心神喪失もしくは耗弱として司法の場において判断されるものであり、訴訟能力や受刑能力とは区別されるものである（三井他編［2003：483-484］、加藤他編［2011：617］）。当然のことながら「責任能力」と「福祉」にカテゴライズされる「実体的」な「日常生活能力」とは次元の異なるものである。協会やPSWはこの点にあまり注意を払うことなく、「福祉」にカテゴライズされる日常生活能力と「司法」における他行為可能性としての責任能力とを同一の俎上に載せて議論を展開している。

二〇〇二年特集を総括すれば、医療観察法という枠組み自体に対する評価は分かれているものの、触法行為を理由として自傷他害のおそれの判断を受け措置入院となっている精神障害者に対する司法の介入の必要性については概ね共通した見解となっていると言える。この見解は、結局は第4章で整理検討した通り医療観察法成立とそれへの職務要件の規定というかたちで結実することになる。但し協会はこれに「満足」するわけではなく、むしろ司法そのものへの変容を模索することになる。

2　協会機関誌二〇〇八年特集――観察法への関与を契機としたPSWの権能拡大の模索

第4章2の末尾で述べた通り、医療観察法は附則四条において政府による施行五年後の見直し規定が設けられた。同じく第4章で述べた通り法改正は見送られることになるのであるが、この見直し時期に合わせて協会は二〇〇八（平成二〇）年に機関誌において、司法分野におけるPSWに関する二度目の特集である「司法と精神保健福祉：心神喪失者等医療観察法を通じて考える」（協会［2008］、以下、二〇〇八年特集と略す）を組んでいる。本特集においても総説として前回の特集号に寄稿している佐藤、木太による論考二編が総説として所収されている。また各論として、精神保健参与員を経験したPSWによる座談会、各分野（医療観察法病棟、指定通院医療機関、社会復帰調整官、精神保健福祉行政）における本法によるPS

W業務についての検証論考六編が各論として所収されている。本特集で特筆すべき点は、精神保健参与員の役割拡大とPSWの職域拡大を求める論調に収斂できる。換言すれば、司法分野におけるPSWの構造的・機能的役割の拡大である。この点において本特集は比較的クリアな議論が展開されており、二〇〇二年特集のように、もはや医療観察法の目的と機能に関する議論や、この法制度にPSWが関わる際の視点や姿勢に関する議論は全体としてはあまり見受けられない[4]。

木太は論考「司法と精神保健福祉の現状と課題」（木太［2008］）において、医療観察法の現状と課題、そして観察法を契機としたPSWの司法分野への職域拡大の状況について述べている。課題としては、鑑定入院ガイドラインの不備による処遇のばらつきの問題、不処遇及び却下が当初総定数よりも多い点、第4章2でも取り上げた二〇〇八（平成二〇）年八月一日に告示された「心神喪失等の状態で重大な他害行為を行った者の医療及び観察等に関する法律に基づく指定医療機関等に関する省令の一部を改正する省令」後の特定病棟及び特定医療機関の規定に伴う本法における社会的入院の発生の危惧、そして地域資源の貧困状態と連携の不備を挙げている。他方、本法を契機としたPSWの職域拡大の例として、「刑事施設及び受刑者の処遇等に関する法律」の誕生による、刑事施設（刑務所、少年刑務所、拘置所）へのPSWの配置等の現状について言及している。そのうえで木太は、現行制度における裁判官と精神保健審判員（精神科医）の合議制には原則として精神保健参与員の関与は必須ではないため、地方によってその関与の度合いに濃淡があるとして、自身の精神保健参与員経験をふまえて、裁判官、審判員、参与員が一堂に会する意見交換会の開催といった連携の場を設ける必要性を述べる。

以上のように二〇〇八年特集の木太論考は医療観察法へのPSWの関与を契機とした、PSWの司法領域への職域拡大を「好例」として紹介したうえで、観察法下におけるＰＳＷの権能の強化に踏み込んだ提案を行っている。医療観察法の枠組みにおけるＰＳＷの権能強化は以下の佐藤論考を始めとして二〇〇八年特集における一貫した主張である。

佐藤は論考「医療観察法と精神保健福祉士」（佐藤［2008］）において特に精神保健参与員の役割に関してより踏み込んだ提案を行っている。佐藤は厚生労働省科学研究における精神保健福祉士業務の実態調査をふまえて、社会復帰調整官の大幅な増員や指定医療機関におけるＰＳＷ配置の強化という提案に加えて、精神保健福祉参与員について「二人で構成される合議体は制度的に不自然であり、精神保健参与員の名称を変更して合議体の構成員に加え、三人体制にすべきである」（佐藤［2008：99］）との提案を行っている。「不自然」の中身については、二〇〇八年特集に所収されている現役の精神保健参与員及び社会復帰調整官らによる座談会「精神保健参与員の担う役割と今後の課題について」（伊東他［2008］）のなかでの伊東秀幸（第6章3で詳述）の発言がその解を示している。

> 審判を裁判官と審判員の二人で行うことは、諸外国では例がないそうです。多数決を取ることを考えると奇数の人数でなければおかしい。精神保健福祉士がマイナーな存在だったから二人になったのではないでしょうか？　法改正のときには三人になればと思いますが、そのときに先ほど斉藤さんが言われたように、われわれの専門性を主張でき、必要ないと言われないようにがんばらなくてはと思いました（伊東他［2008：108-109］）。

すなわち、審判の技術的難点の解消のために、ＰＳＷが強制処遇の可否を判断する立場に入り込むことを提案しているのである。

二〇〇二年特集と二〇〇八年特集は、それぞれの法制度の動向の背景が異なるため、単純に比較することはできない。第4章及び本章で先述の通り二〇〇二年特集時は医療観察法が法案として国会に上程され審議が開始された時期であり、第4章2で整理検討した通り、協会は本法案に対して「迷走」の様相を見せていた時期である。二〇〇二年特集の内容はこの段階では流動的であった観察法案を前提として、どちらかといえば「理念」のレベルにおける議論が中心であった。他方、二〇〇八年特集時は医療観察法施行後三年目の時期であり、第4章2及び本章で述べた指定医療機関の整備の遅れに伴う特例措置や鑑定入院時のガイドラインの不備等、法の「機能」のレベルにおける不備が露呈し始めた時期でもあった。同時に協会にとっては観察法附則四条における施行五年後の見直し措置が目前に迫っている時期でもあり、精神保健参与員の合議体メンバーへの「昇格」等、ＰＳＷの権能をより強化する「好機」でもあった。二〇〇八年特集の内容は総じて観察法の機能面の改善と充実、及びＰＳＷの関与の強化に焦点が絞られている[5]。

保安処分に対しては反対しながらも医療観察法に対しては「迷走」の段階を経たうえで積極的に関与する意思を示した協会の姿勢は、一見相反するものに見えるが、Ｙ問題より抽出した「精神障害者の社会的復権と福祉のための専門的、社会的活動」というＰＳＷの使命を補助線として活用することによって協会はその矛盾を打破していったことはすでに第3章及び第4章で整理検討した通りである。二〇〇二年特集はＰＳＷの価値と医療観察法の理念とを上述の補助線で繋ぐ作業の意味合いを持つものであり、二〇〇八年特集はすでに繋がれている補助線のかかり具合の点検の意味合いを持つものといえる。

しかし、この協会の方針変更は唐突なものではない。二〇年前の協会の動向にその「予兆」を見ることができる。すなわち第3章4で述べた日弁連要綱案に対する協会の姿勢である。日弁連要綱案では強制力を持つ「通院措置制度」が提案され、それに関連して「アフター・ケア体制の確立」要員としてPSWの活用が明記されていた。それに対して、協会は日弁連による「一方的な業務規定」に対しては抗議したものの、通院措置制度におけるPSW活用自体については曖昧かつ抑制的な対応を行った。日弁連要綱案は各方面から、保安処分案と同程度の厳しい批判を受ける内容であった。しかし協会は保安処分自体には反対の立場をとりつつも、その制度枠組みにPSWが職務要件として組み入れられるのであれば、日弁連要綱案における通院措置制度のような危うい制度であっても、上述の補助線により、比較的迷いなく当該制度への職域拡大の姿勢を示したのである。

3 小括

以上、本章では、協会機関誌における医療観察法に関する二つの特集の検討を通して、PSWはどのようなロジックで医療観察法への関与を肯定しているのかということについて整理を行った。

協会が医療観察法に対して、「迷走」の段階を経たうえで最終的に積極的に関与することを可能にした補助線は、Y問題より抽出した「精神障害者の社会的復権と福祉のための専門的、社会的活動」というPSWの使命であることは第3章及び第4章で述べた通りであるが、二〇〇二年特集はPSWの価値と医療観察法の理念とを上述の補助線で繋ぐ作業の意味合いを持つものであり、二〇〇八年特集はすでに繋がれている補助線のかかり具合の点検の意味合いを持つものといえることを明らかにした。また協会の方針変更は唐突なものではなく、一九八〇年代の日弁連要綱案に対する協会の姿勢に、同様の補助線を用いたかたちでの「予兆」を見出すことができる点も明らかにした。

それでは補助線としてのＰＳＷの使命は、医療観察法の枠組みのなかでどのように具現化されていったのか。次章では本書の当座の帰着点として、医療観察法の枠組みにおいてＰＳＷの使命を具現化した職務である社会復帰調整官による「精神保健観察」にみる社会復帰の意味について関連論考の検討を通して明らかにする。

［注］

1　一九九九（平成一一）年の精神保健福祉法一部改正の際に保護者の自傷他害防止監督義務が削除されたが、これは存置された治療を受けさせる義務（精神保健福祉法二二条一項）によって事実上担保されるとの見解が第一四五回通常国会・参議院国民福祉委員会の質疑のなかで示されており（広田［2004：329-331］）、必ずしも保護者の負担軽減をねらったものではないともいえる。精神保健福祉法における保護者制度は第2章3で述べた通り、二〇一三（平成二五）年の精神保健福祉法の一部改正により廃止されているが、それに伴い医療観察法第一章（総則）第五節（第二三条の二及び三）に「保護者」が新設された。観察法における保護者の主な権限として、①審判における意見陳述権及び資料提出権、②付添人選任権、③審判期日への出席権、④入院患者についての退院許可または処遇終了申立権、⑤通院患者についての処遇終了申立権、⑥処遇裁判所の終局決定に対する抗告権、⑦再抗告権、⑧鑑定入院命令に対する取消請求権及び異議申立権、⑨入院患者の処遇改善請求権等がある（日本弁護士連合会刑事法制委員会編［2014：51-52］）。

2 ちなみに二〇一六（平成二八）年発行の『平成二八年版犯罪白書』の統計によれば、二〇一五（平成二七）年「一般刑法犯及」び「道交法違反を除く特別法犯」の検察庁新規受理人員総数は三三万四五五七人であり、内、不起訴人員総数は一六万三二四八人となっている。不起訴理由の内、「心神喪失」は五五一人（〇・三％）である。確定裁判については、二〇一五（平成二七）年の総数三三万三七五五人の内、無罪は八八人となっている。同年の通常第一審（総数五万九七二八人）において「心神喪失」を理由に無罪となった者の総数は四名である（法務省法務総合研究所［2016］）。

3 医療観察法が可決・成立した一方、同年の二〇〇三（平成一五）年、厚生労働省は当該年度に申請のあった精神障害者社会復帰施設整備計画を全体の二三％しか認めないという結論を表明した。その後、全国精神障害者社会復帰施設協議会をはじめとする関連団体による運動により翌年度以降に優先的に採択される方向になった。

4 但し、本特集号において鶴は指定通院医療機関のPSWの立場から医療観察法運用に関する疑義を「危うさ」と称したうえで、「私たち精神保健福祉士は国家資格化以前より保安処分的要素および精神障害者だけを狙い撃ちするかのような法律に反対してきた経緯があり、今もそのスタンスに変わりはないと考え」ており、「医療観察法に反対の立場であるのと同時に、司法精神保健福祉といったカテゴライズを推し進めているように思え」、「このスタンスは、一歩間違うと大きな矛盾と受け取られ批判を受けることになる諸刃の剣であることを肝に命じておかなければならない」と述べている（鶴［2008］）。

5 医療観察法の「機能面の改善と充実、及びPSWの関与の強化」にも関連するものとして、協会は二〇一〇（平成二二）年三月、『心神喪失者等医療観察制度における地域処遇体制基盤構築に関する調査研究事業報告書』を発行している（日本精神保健福祉士協会［2010］）。当該報告書は、二〇〇九（平成二一）年度に厚生労働省社会・援護局障害保健福祉部「平成二一年度障害者保健福祉推進事業（障害者自立支援調査研究プロジェクト）」の一環として実施されたものとある（日本精神保健福祉士協会［2010：「報告書作成にあたって」より］）。当該報告書では、「円滑な地域処遇の推進のために（提言）」として、①居住サポート事業による居住資源の整備強化、

②強制を伴う通院処遇における通院交通費の負担への対応、③生活保護制度の運用に関する対策（入院処遇から通院処遇に移行する際の期間の延長に対する自治体の柔軟な対応）、④継続的かつ医療的緊急対応可能な医療提供体制の整備に関するモデル圏域の設定、⑤司法領域・精神保健福祉領域のマンパワーの整備、⑥移行型バトンタッチではなく、ダブル・マネージャー・システム（ＤＭＳ）のような重なり合いや協働へ（対象者を中心とした多機関・多職種による包括的な地域支援体制の構築）、⑦医療観察法の処遇のフローに相談支援事業所（市町村）の位置づけを明記する、という七つを挙げている（日本精神保健福祉士協会［2010：66-69］）。

第6章

「精神保健観察」にみる社会復帰の意味

本章では医療観察法におけるＰＳＷの職務のなかでも特にＰＳＷの使命を具現化しているものと考えられる社会復帰調整官の「精神保健観察」に関する論考の整理検討を通して、ＰＳＷの医療観察法への関与の正当化論理及びその鍵概念となる本法における「社会復帰」の意味について明らかにする。

1　「精神」の障害における「社会復帰」[1]

「社会復帰」とはそれ自体「善」とされる価値を所与として与えられた行為形態、すなわち「社会」に「復帰」するという行為を表す概念であるとともに、その結果としての状態を表す概念――そしてこれも「善」とされる価値を与えられている――でもある。しかしここでいう「社会」とは、規範的・道徳的秩序により種々の属性の各マジョリティの最大公約数的な価値志向に基づき時間的・空間的に構築されている集合体にすぎない。マジョリティの属性に分類される者にとってはその社会自体が初期値であるためそこに価値が入り込んでいることに意識的ではない。そのためマジョリティからみると「社会復帰」はその内実を問うことなくそれ自体がすでに「善」となる。換言すれば「社会復帰」が「善」である根拠はその程度のものでしかない。

しかし「社会」がこのように位置づけられている以上、必然的にマイノリティの属性に分類される者はそこから積極的もしくは消極的に排除されることになり、マイノリティであるがゆえの生きづらさを甘受することになる。このマイノリティの生きづらさは根拠なき「善」とされる価値を所与として与えられた「社会」に起因するはずであり、その「社会」自体の内実を問う方向へと矛先が向かなければならないはずであるが、現実的にはこの社会はマイノリティの生きづらさに対してマジョリティの「社会」への「復帰」を第一義的に志向させる。

「社会」に「復帰」するには否応なしにマジョリティの価値志向とそれに沿う行為形態を何らかの方策で身に纏う必要がある。「マイノリティの属性」には無数の種類とレベルが考えられるが、単純化して言えば「量」の軸と「質」の軸とにおおまかに分けることができる。いわゆる「社会福祉」の枠組みに当てはめて言えば、「量」の軸におけるマイノリティの属性は例えば「身体」障害者が該当する。本書の主題の対象となる精神障害者は「質」の軸におけるマイノリティの属性に該当するといえる。

例えば、専門家により「精神病」者と規定された者に対する「なおす」ための種々の方法・技術とそれを司る専門家の根底に潜む健常者性を顕在化させたうえで、社会によって「病」化された「狂気」を「周囲社会（健常者社会）の抑圧に抗して自己を解放しようとする反逆の一つの形態」（吉田［1976：115］）として位置づけ、逆に貫徹することを志向した吉田おさみ（一九三一年－一九八四年）[2]は、「障害」を「それぞれが役割分担しながら当該社会において生産をあげるために合目的的な共通の行動範囲」である『『健常』者性」との「不適合性」と位置付けたうえで、「身体」の障害と「精神」の障害とを対比させ、その不適合性の意味合いについて前者を「縮小」、後者を「逸脱」と説明する。吉田は、前者は不足の補いという意味で「福祉」が重要な意義を持つ。他方、後者は「行動範囲の制限＝（強制）治療」が第一義的な意味合いを持つと述べる（吉田［1980：18］）。

むろん、ＩＣＩＤＨあるいはＩＣＦ[3]を持ち出すまでもなく、量の不足、あるいは質的逸脱、といった表現のみで「障害」を捉えることはできない。例えば、障害を「インペアメント」（欠損）と「ディスアビリティ」（能力障害）とに分けたうえで「社会の負担」としてディスアビリティの削減に主眼を置くいわゆる「社会モデル」は、その前提として（「予防」が可能な）インペアメントの「予防」をも招来する可能性を示唆している（長瀬［1999］、石川［2002］）。健常者性のもとにある社会において障害者は、ディスアビリティの克服＝「同化」を志向しても、インペアメントを残存させる限りにおいて「排除」されることになる（石川［2002：35-41］）。その意味でいえば「身体」の障害も「精神」の障害もさほど違いはないことになる。両者の違いはインペアメントの種類の違いとそれに伴う排除の程度の違いである。「身体」の障害におけるインペアメントは社会にとって、どちらかといえば「嫌悪」や「フォビア」の対象となる（好井［2002：105-117］）。「身体」の障害に対しては消極的な排除――無視をしたり、近寄らない等――が行われるであろう。

他方、「精神」の障害におけるインペアメントは、第1章及び第2章において、保安処分の主対象は常に精神障害者であった旨を述べてきたように、社会の安寧秩序を破壊する「危険」なものという位置づけがなされる。そのため「精神」の障害に対しては、第一義的には「危険」の除去——精神障害者を隔離することによる社会の安全の確保——という積極的な排除が志向されることになる。

上述の吉田に即していえば、「社会復帰」とは強いていえば、〈できないことができるようになる〉のではなく、〈自らの生き方/価値観を社会に適合するよう修正する〉という行為形態であり、かつその先の適合状態ということになる。「身体」の障害は社会復帰を志向しないと、単に社会から「放置」されることになる。他方、「精神」の障害は「放置」すれば社会が「危険」にさらされることになるのだから、それを除去するための治療/介入を当事者が受け入れるというかたちで社会復帰を志向しないと社会を脅かすことのない場所——精神科病院——へ「隔離」されるということになる。すなわち、精神障害者——特に触法行為をした精神障害者——にとってそれは「隔離」されないこと、すなわちこの「社会」で「普通」に生きる/生き続けるための「条件」という意味合いを持つことになる。

2　社会復帰調整官の法制度上の位置づけ

第5章1で先述した、佐藤の言う「責任無能力からの回復」、「主体性の回復」、「人としての復権」、「社会生活への復帰」、また木太の言う「生活支援の観点」を具現化した役割が、社会復帰調整官が担う役割の一つである「精神保健観察」である。

はじめに社会復帰調整官の概要について整理しておく。社会復帰調整官誕生の経緯は第4章1-2で述べた通りである。社会復帰調整官は保護観察所に置かれ（法二〇条一項）、「精神障害者の保健及び福祉その他のこの法律に基づく対象者の処遇に関する専門的知識に基づき」、保護観察所がつかさどることになった主に以下の四つの事務に従事する役割を持つ（法二〇条二項）。すなわち「生活環境の調査」、「生活環境の調整」、「精神保健観察の実施」、「関係機関相互の連携の確保」の四点である（法一九条）。精神保健観察については後に詳述するが、先にそれ以外の三つの役割について述べておく。

「生活環境の調査」とは、「裁判所は、保護観察所の長に対し、対象者の生活環境の調査を行い、その結果を報告することを求めることができる」とする法三八条に基づき、「当該対象者の住居や家族の有無、居住地や家族の状況、対象者の社会復帰に関する家族の協力の意思の有無・程度等、当該対象者の生活を取り巻く環境」を調査し報告する役割を指す（白木［2004：20］、蛯原［2004：48-49］、弥永［2007：69］）[4]。

「生活環境の調整」とは、法一〇一条一項の規定に基づき、対象者が指定入院医療機関に入院している間に、退院後の居住予定地の生活環境を調整するものを指す。具体的な事務内容は、退院後に通院が想定される指定通院医療機関や、都道府県・市町村とも連携しながら、退院後に必要となる医療、保健及び福祉の措置が受けられるよう、あっせん等の調整を行うといった内容である（蛯原［2004：48］、弥永［2007：69-70］）。

保護観察所は、以上二つの役割及び後述する精神保健観察を実施するにあたり、「あらかじめ指定通院医療機関の管理者並びに都道府県知事及び市町村長との間において必要な情報交換を行うなどして協力体制を整備するとともに、処遇の実施状況を常に把握し、当該実施計画に関する関係機関相互間の緊密な連携の確保に努めなければならない」、すなわち「関係機関相互の連携の確保」も保護観察所の所掌事務として規定されている（法一〇八条一項）。

社会復帰調整官の属性については、「精神保健福祉士その他の精神障害の保健及び福祉に関する専門的知識を有する者として政令で定めるもの」とされており（法二〇条三項）、ＰＳＷのみが任用されるわけではない。現在の具体的な任用要件は以下の四点である（一部略）。

（1）医療観察制度の対象となる精神障害者の円滑な社会復帰に関心と熱意を有すること。

（2）ア　精神保健福祉士の資格を有すること、又は、イ　精神障害者の保健及び福祉に関する高い専門的知識を有し、かつ、社会福祉士、保健師、看護師、作業療法士若しくは臨床心理士の資格を有すること。

（3）精神保健福祉に関する業務において八年以上の実務経験を有すること。

（4）大学卒業以上の学歴を有すること、又は大学を卒業した者と同等と認められる資格を有すること。

法施行前年の二〇〇四（平成一六）年に全国五〇か所の保護観察所に配置された五六名の法務事務官（法施行後に社会復帰調整官に移行）の「ほとんど」はＰＳＷであった（今福［2005］、佐藤［2006：12］）。社会復帰調整官の配置数は精神保健参与員の名簿登録数とともに公表はされてはいないが、第4章2で述べた観察法附則4条の規定に基づいた報告によれば、平成二一年度時点では一一一名であるとされている。保有資格についてはＰＳＷが一〇五名、保健師が四名、看護師が九名、作業療法士が三名、そして社会福祉士が三七名となっている（厚生労働省［2010］）。合計数が合わないのは複数の資格を保有している社会復帰調整官が複数いるということであると考えられる。また平成二三年度時点では一三七名が配置されているとする記載がある（厚生労働省［2012］）。さらに殿村他によれば、「現在欠員も含めて全国で一六〇名の社会復帰調整官が活躍している」（殿村他［2014：144］）。

社会復帰調整官の役割のうち、ＰＳＷの「使命」を最も具現化している役割が「精神保健観察」である。「精神保健観察」は「入院によらない医療」（通院医療）もしくは指定入院医療機関から退院許可後に同様の医療を行うことの決定を受けた対象者に対して保護観察所が実施する活動であり、法では「精神保健観察に付されている者と適当な接触を保ち、指定通院医療機関の管理者並びに都道府県知事及び市町村長から報告を求めるなどして、当該決定を受けた者が必要な医療を受けているか否か及びその生活の状況を見守ること」、及び「継続的な医療を受けさせるために必要な指導その他の措置を講ずること」の二つの役割が課せられる（法一〇六条）。具体的には居宅訪問、保護観察所への出頭要請、当該者が通院している指定通院医療機関等からの報告要請、家族等からの当該者の生活状況の聴取などの方法により行われる（蛯原［2004：48-49］）。後段の「その他の措置」とはすなわち通院医療対象者の（再）入院の申立てのことを指す。

3　「精神保健観察」における「社会復帰」の意味

前節で述べた社会復帰調整官のポイントは、本法における入院によらない医療（通院医療）の履行を

「法務省の地方支部分局であり、地方裁判所に対応して全国五〇か所に置かれ、犯罪や非行をした人たちが地域において社会復帰できるよう、国家公務員である保護観察官と民間ボランティアである保護司が協働して指導や援助を行っている」(弥永［2007：68］)「保護観察所」が担うこととなり、実質的には、その九割近くがPSWである社会復帰調整官がその任に当たるという点である。この点から、当該職務に通院処遇の履行のための「強制力」は完備されているのか否かという論点が導出できる。PSWは、第1章より述べてきた保安処分の精神を脈々と受け継ぐ医療観察法の枠内に規定されることによって権能を保持することに成功したのか否か、成功したのであればPSWは自らの使命をふまえて、その権能をどのように「活用」しようとしているのか。この論点の検討を通して「精神保健観察」における「社会復帰」の意味を検討したい。

本法における通院処遇の履行を確実なものとするために保護観察所が位置づけられたことの意味については、保護観察所の性質とともに、第4章2において既述した。ごく簡単に繰り返せば、保護観察所は「再犯防止」を主たる任務としており、医療観察法の枠組みに保護観察所が位置づけられたことは、いみじくも本法が保安処分としての機能＝ポリスパワーを有した制度であることを示す根拠となった。この点について法務省保護局精神保健観察企画官であり、二〇一四年度から協会外部理事でもある今福章二は、社会復帰調整官の新設自体が保安処分からの脱却であるとして上述の批判をかわしている。

保護観察所が医療観察事務を実施するにあたっては、新たに所掌事務を追加し、保護観察を担う保護観察官とは別に、精神障害者の保健・福祉等の専門家に専ら医療観察処遇を担わせることとして、社会復帰調整官を新たに配置したものであり、決して保護観察所の既存の枠組みの単なる再利用ではない。しかも、法律の目的と基本構造の正しい理解とそれに基づく運用がなされており、批判はあたらないと考える（今福［2012：113-114］）。

そのうえで本法対象者の「社会復帰」については、「対象者の社会復帰をどう理解するかは難しい論点」と前置きをしつつ、「社会の一員として地域で生活し、再び被害者を出すことなく、主体的な生き方を獲得すること」と述べる（傍点筆者、今福［2012：114］）。今福は、「再び被害者を出すことなく」という点を担保する社会復帰調整官のリスクマネジメントについて、第4章1，2でも既述したが、「精神保健観察官」から「社会復帰調整官」へと名称変更された法成立経緯の理由と絡めて以下のように説明する。

精神保健監察官とすると、リスクマネジメントの役割のみが期待されると誤解されかねないが、実はそれにとどまらず、地域処遇に携わる関係機関と連携して行う処遇チームリーダーとして、医療や福祉を含む地域処遇全体をコーディネートする役割も同時に担うのが社会復帰調整官である（中略）もちろん、これによりリスクマネジメントの性質が薄まるわけではなく、その観点から地域処遇全体をコーディネートするという観点も含まれることは言うまでもない（今福［2012：118］）。

今福の説明にある「コーディネート」はそれだけを取り出せばソーシャルワークの主務でもある「連携」や「調整」に該当するものであるが、社会復帰調整官の精神保健観察における「コーディネート」の前提には明確に対象者のリスクマネジメントが存在している。ここでいうリスクマネジメントは具体的には、対象者の「再び対象行為を行うおそれ」の「具体的・現実的な可能性」を防止するための通院処遇の履行の徹底ということに接続する[5]。それでは通院処遇の履行のための「強制力」を社会復帰調整官は保持しているのか。また上記の「具体的・現実的な可能性」が、その予測可能性の是非はともかくとして予測されると判断されたとき、本当に「対象者の利益」のみを理由として強制権の発動――すなわち「その他の措置」(〔再〕入院の申立て)の発動が行われるのか。

木太は二〇〇八年特集における論考において、社会復帰調整官は明確に「強制力が発動されうる役割」を担っている旨を述べている。

医療観察法を端緒に司法領域における精神保健福祉士のかかわりは広がりをみせているわけだが、一部では強制権を有する機関にあってソーシャルワークは成立するのかといった懸念を聞くことがある。筆者は、たとえ強制力が発動されうる役割を担っているにせよ、強制力を発動させないためのかかわり(ソーシャルワーク)はやはり必要だという立場をとりたい。司法領域にあっても私たちのかかわりを必要とする対象者は現に存在するのであるから(木太[2008:94])。

また、社会復帰調整官であり本法に関する複数の論考がある佐賀大一郎は、「重大な他害行為を行った者であったとしても、医療の必要な疾患・障害をもつ一人の人に、支援者としてかかわる姿勢や方法等は、他害行為等にかかわることがなかった人びとに対する場合と、基本的に変わるところはない」という視点を前提としつつも、「病気なのに治療に結びつくよりも、なぜ他害行為に結びついてしまったのか、その状況がいかなる理由、環境によってもたらされたのかについてアセスメントするなど、背後にある人間関係や環境などの生活環境の側面に注目する『人と状況の全体性を把握する視点』」の重要性を挙げている。そのうえで、「円滑な社会復帰の妨げとなる同様の行為を行うことなく社会に復帰できるような状況にあるか」を考慮することや、「医療を受ける義務の履行を見守る役割と自由意志を尊重するという二つの役割」を有する存在であることも明示している（佐賀［2006：127］）。佐賀の見解からは社会復帰調整官の役割は、端的に、「その他の措置」の発動という一種の強制力を背景にした、社会復帰の阻害要因である「再び対象行為を行うおそれ」の「具体的・現実的な可能性」の除去にあるということを示すものであるといえる。この点は二〇〇八年特集の座談会における佐賀による審判における社会復帰調整官としての留意すべき点についての発言においても確認できる。

（中略）三つ目は、法令遵守の姿勢です。この制度の対象となった過程を鑑みて、安心して、安全な生活を送るために、ルールを守るという認識を、対象者がどのような姿勢でもち、大事にしていくのかという点です（佐賀による発言、伊東他［2008：107］）。

社会復帰調整官の精神保健観察についてより明確かつ率直に強制権の発動あるいは「社会の安全」のための再犯防止役割の帯同を述べているソーシャルワーク論を主専攻とする論者もいる。

同じく二〇〇八年特集の座談会において、「奇数人数」による判断のために、精神保健参与員の審判合議体メンバーへの「昇格」を提案した協会理事でもあり、「精神保健参与員、精神保健参与員等養成研修企画委員、医療観察病棟倫理委員として医療観察法事件等に関与してきた」（伊東［2009：34］）伊東[6]は、本法に肯定的な立場を明確にしたうえで、本法の「メリット」を三点挙げる。伊東のいうメリットには、本法に前のめりとなったPSWの「本音」が見事なまでに表現されている。

伊東のいう第一の「メリット」は「審判におけるメリット」である。

> 措置入院を判断するために精神保健診察が行われるが、そこでは、対象者の行った他害行為が事実であるという前提で進行される。それは、対象者にとって他害行為の有無を争う場がないことを意味している。「冤罪」ということもありうることを考えると司法も含めた審判によって処遇が決まっていくことは、メリットといえる（伊東［2009：42-43］）。

措置入院の前提となる「自傷他害のおそれ」のうち、特に他害行為（のおそれ）についてどの程度「冤罪」が疑われるものがあるのか定かではないが、そもそも二〇〇二年特集の池原論考にもあるように、本法対象行為に該当するような重大触法行為の場合の責任無能力認定となる割合の低さを考えれば、伊東のいう触法事例については仮に本法が存在していなくても通常の司法のルートにのることは容易に想像がつく。しかしより問題があると考えられるのは伊東のいう第二、及び第三の「メリット」である。

伊東は第二の「メリット」として「精神保健観察と社会復帰調整官の存在」を挙げる。伊東はここで、社会復帰調整官を「周囲に安心感を与えるもの」（伊東［2009：43］）と位置付ける。さらに精神保健観察については以下のようにその意義を肯定的に述べる。

措置入院制度においては、措置解除になった時点で拘束力はなくなり、一般の精神科医療の枠の中で、医療保護入院、任意入院、通院が実施されることになる。すなわち、措置解除直後に通院が始まったとしても、そこでの関わりは他の精神障害者と同じく地域の保健所等の機関によって支援が行われることになり、本人の拒否や病院との連携の不具合などによって、支援の中断や通院医療そのものの中断も散見されていた。精神保健観察では社会復帰調整官との関わりがあるとともに、医療の中断は許されない。そのような地域処遇での一定程度の縛りができたことは、重要な側面であると評価できる（傍点筆者、伊東［2009：43］）。

伊東のいう「周囲」への「安心感」の中身は、後半の精神保健観察の「メリット」の説明で明らかとなる。すなわちここでいう「周囲」とは地域社会ということであり、「安心感を与える」とは本法対象者については措置入院解除して退院した精神障害者と異なり、退院後も社会復帰調整官による「医療の中断」を防止する「一定程度の縛り」としての「関わり」が行われるので、対象者の触法行為の予防という観点において地域に「安心感」を与えるということになる。伊東はここで何ら口ごもることなく、本法のメリットの一つとして「地域社会」の「安心」のための「再犯防止」を掲げているのである。

そして伊東は第三の「メリット」として「鑑定入院制度と入院処遇」を挙げるが、ここで伊東はＰＳＷとしての「矜持」を揺るがしかねない趣旨のことを述べている。

ある程度の時間をかけて確定診断と責任能力の有無を判定する鑑定入院が実施されることによって、不用意に精神障害者としてのレッテルが貼られることがなくなる（傍点筆者、伊東［2009：43-44］）。

上記引用中の傍点箇所について言及する以前に、ここでの伊東の発言には事実誤認がある。伊東は本法による鑑定入院により、「確定診断」と「責任能力の有無」を判定するとしているが、医療観察法における鑑定入院は法三七条で規定されているように、責任能力の有無を判定するものではなく、第4章で述べた疾病性、治療可能性、社会復帰（阻害）要因の三要因の有無の評価を行うものである。このような本法の鑑定に関する基本的誤認もさることながら、傍点を付した記述は「レッテル」という語を用いているように明らかに精神障害自体を悪しきものとして捉えている。

伊東は上記の「メリット」に対して、「デメリット」として、①地域処遇における地域の社会資源の乏しさ、②入院処遇による退先確保の問題や「費用対効果」の問題、そして③触法精神障害者の処遇が実質的に一元化されていない現状の三点を挙げる。特に③では、医療観察法における医療の必要性が認められる場合（処遇要件が満たされている場合）は、仮に精神保健福祉法の枠組みのレベルでの医療が可能であったとしても、医療観察法における入通院の決定を行わなければならないとする最高裁二〇〇七年七月二五日決定[7]を紹介しながら、「この程度の他害行為で医療観察法の対象になるのだろうかと疑問に思える」事例もあったとして、他害行為（触法行為）の「程度」によっては措置入院での対応が考えられた事例もあった旨を述べている。しかし当該裁判判例のみならず、これまでに何度も述べてきているように、医療観察法の処遇は触法行為の「程度」で判断されるものではない。本法の処遇要件は、本法に反対する側から幾度となく「要件」としての不適切さと内容の不明瞭さを指摘されている「再び対象行為を行うことなく社会に復帰するための医療の必要性」の「有無」である。伊東の言うように「この程度」の他害行為であったとしても、それが重大六罪種に該当し、上記要件が「有る」と審判において判定されれば、本法対象となるのである。伊東論考はデメリットを述べているこの点においても本法の基本的内容に関する事実誤認をもとに記述を行っている。

本章2で説明したように社会復帰調整官の職務要件は「精神保健福祉士その他の精神障害の保健及び福祉に関する専門的知識を有する者として政令で定めるもの」と定められており、その多くはＰＳＷであるものの、看護師、保健師、そして作業療法士も存在する。本法における社会復帰調整官業務に関して、作業療法士資格を有する社会復帰調整官として本法に肯定的な立場で積極的な発言を行っている鶴見隆彦は、医療観察法は、受刑者の社会復帰に向けた処遇の充実などを盛り込み二〇〇五（平成一七）年に名称変更とともに改正された「刑事収容施設及び被収容者等の処遇に関する法律」（旧監獄法）によって矯正施設における作業療法士の配置が開始されたことと同様に「作業療法士の活躍が期待される分野」であるとする（鶴見［2009］）。鶴見は、二〇〇八年特集にも論考（宇津木［2008］）を寄せている社会復帰調整官である宇津木朗らとともに発表している論考において、医療観察法における「社会復帰のかたちは対象者ごとに異なっている」としたうえで、「対象者なりの社会復帰の実現」に向けて、評価やケアマネジメントとともに「他害行為のリスクに関する視点」を有しておく必要性を述べる（鶴見他［2011：88］）。また社会復帰調整官の行う「ケアマネジメント」には「対象者の社会復帰に向けたストレングスモデル」とその実現のための「リスクマネジメントモデル（再他害行為防止）」を「融合」させた「社会復帰調整官独自の視点」が必要と述べる。すなわち「本人の希望やニーズを支持」し、他方で「その達成の阻害因子となるリスクを同定し、支援していく過程」が社会復帰調整官の「精神保健観察」であるとする（鶴見他［2011：95-96］）。また対象者との接触の方法に関して、訪問が主であるとしながらも、「疾病（悪化）と対象行為との関係を再度確認するという内省の深化やリスクマネジメントの視点」から保護観察所への「出頭」も「有効な手段」の一つとしている（鶴見他［2011：98-99］）。

　ここまで主にPSWによる論考を通して、社会復帰調整官の役割の一つである精神保健観察にみる社会復帰の意味について整理検討を行ってきた。総じていえることは、精神保健観察には従来からのソーシャルワーク実践に加えて対象者のリスクマネジメントが重要な役割と位置付けられており、そのリスクマネジメントは実質的な強制力を背景として実施されるということである。そして精神保健観察における社会復帰とは、リスクマネジメントによって、対象者が再び同様の触法行為（再犯）に及ぶことの無い物理的環境下において、その「生活」の「中身の質」はともかくとして、生活を続けること、ということになる。ここでいう「物理的環境」の中身はソーシャルワークの文脈において従来から語られる「社会資源」に加えて、対象者が再び触法行為を惹起しないための「医療」ということになる。但し、前者の「社会資源」についても、法施行初期には社会復帰調整官が本法における指定入院医療機関からの退院の「ゴールサインをだしてくれない」現状が指摘されているように（池原［2008：16］）、本法下においてはあくまで後者を担保するという手段にすぎない。後者の「医療」とは、すなわち本項の冒頭で挙げた「本法における医療」（指定通院医療及び指定入院医療）ということになる。ここで、医療も社会資源の一つではないかという疑義が呈されるかもしれない。しかしこの点については主に法学の立場から、通常の医療とは明確に「異なる」旨の見解が示されている。この点について例えば弁護士の小笠原基也は医療観察法における社会復帰の定義がないことに触れ、以下のような見解を示している。

医療観察法における社会復帰を論ずる前に、まず、この法律が目指す「社会復帰」とは何であるか（＝入通院決定を行うべきか否かのメルクマール）が問題となるが、この定義については、法律上定めがない。／この点、同様の重大な他害行為を行うおそれがあると、社会復帰が阻害されるとして、このようなおそれがなくなることを求める見解がある。しかしながら、このような「再犯のおそれ」を基準に社会復帰を捉えることは、抽象的な概念により強制入院を行うことを容認し、その濫用により人権侵害を招くことになること、入院患者にレッテルを貼ることになり、かえって社会復帰を阻害すること、「再犯のおそれ」を科学的に予想することは不可能であることなどから、「再犯のおそれ」を処遇要件としないこととした立法経緯に真っ向から反することとなり、採り得ない。／また、対象者に医療の必要があれば、すべてこの法律による「手厚い」医療を受けさせるべきとの見解もあるが、これも条文が、単に対象行為と精神障害の存否だけではなく、わざわざ「この法律による医療を受けさせる必要」を要件としていることに反する解釈であるから、採り得ない。／やはり、この法律が、「継続的かつ適切な医療並びにその確保のために必要な観察および指導を行うことによって、その社会復帰を促進すること」を目的とする以上、「精神障害がある程度改善した上で、対象者本人またはその周囲の者の自律的意思により、継続的かつ適切な医療が対象者に提供されるような状態」が、この法律の目指す「社会復帰」であると考えるべきである（小笠原

［2009：667－668］)。

また精神保健観察について町野朔は、医療観察法は日本初の強制通院制度であり、保護観察所における精神保健観察とは精神科病院外（地域社会）での精神医療の実行の確保を担保するための役割であると述べたうえで、あくまで対象者の「医療の確保」が目的であることを強調する。

精神保健観察は、保護観察とは異なり、対象者の再犯の防止を目的とするものではありません。ただ、彼等の医療を確保することを目的としています。通院医療を拒否し、遵守事項に違反したときには、保護観察所長が裁判所に対して入院・再入院の申立てを行いますが、これも、当該精神障害者に再犯のおそれがあるということではなく、入院してもらわなければ医療を継続できないからです（町野［2007：45-46］)。

両者の見解に共通している点は、「本法における医療」の意味は「医療の継続」を担保するための措置という点であり、かつそれ以上のことは何も言っていないという点である。小笠原の論考は、なぜ通常の医療ではなく「この法律による医療」が必要であるのかについて、「継続的かつ適切な医療が対象者に提供されるような状態」を目指すためという説明しかなされていない。そしてまさに、「継続的かつ適切な医療が対象者に提供されるような状態」が社会復帰であると説明されている。また町野の論考は、本法における入院・再入院の場面について述べているが、その履行の根拠として「彼等の医療の確保」を挙げている。

本書の当座の結論を述べる。医療観察法における「本法における医療」とは、「本法における医療」を受け続けるための強制力を持った措置ということになる。この壮大なトートロジーこそが、まぎれもなく本法における「社会復帰」なのである。そして社会復帰調整官として従事するＰＳＷには、「本法における医療」が継続されるために、「本法における医療」の履行を実質的な強制性をもって対象者に課すという権能が完備されたのである。

4　小括

以上、本章ではＰＳＷと医療観察法に関する論考の検討を通して、社会復帰調整官の役割の一つである「精神保健観察」にみる「社会復帰」の意味について整理検討を行い、本書における当座の帰着点を述べた。

ＰＳＷが医療観察法において担うことになった、ＰＳＷの医療観察法への関与の鍵概念でもある社会復帰調整官による「精神保健観察」における「社会復帰」とは、本法対象者が再び同様の触法行為に及ぶことのない物理的環境下において生活を続けることを指すことを明らかにした。さらにここで言う「物理的環境」の中身はソーシャルワークの文脈において従来から語られる「社会資源」に加えて、対象者が再び触法行為を惹起しないための「本法における医療」（指定通院医療及び指定入院医療）ということであり、「本法における医療」とは、「本法における医療」を受け続けるための強制力を持った措置のことを指すことを明らかにした。
すなわち、本書の当座の帰着点として、この壮大なトートロジーこそが、まぎれもなく本法における「社会復帰」なのであり、社会復帰調整官として従事するPSWには「本法における医療」を受け続けるための強制力を持った措置の履行のための権能が完備された点を明らかにした。

［注］

1　精神障害者の「社会復帰」概念について浅野は、一九六〇年代から八〇年代における「社会復帰」のための種々の実践をめぐる論争を振り返るなかで、「その後（一九六〇年代中頃以降：筆者注）、奇妙なことに『社会復帰』とは何かをめぐって、『社会復帰』を正面に据えた議論というものは、ほとんど行われて来なかったと言っても過言ではない」とし、それは換言すれば、社会復帰の定義を検討する間もないまま、実践が先行してきた経緯がある旨を述べている（浅野［2000：6-7］）。第3章3において詳述した協会存続の危機の際、PSWの使命の源泉とでもいうべきいわゆる「札幌宣言」を取りまとめた人物でもあり、浅野文献でも取り上げられている「やどかりの里」を主導してきた谷中輝雄は、精神障害者の「社会復帰」について「再び力を取り戻す」ことだけではなく「名誉挽回」あるいは「失地回復」の過程でもあると述べる（谷中［1993：148］）。谷中はその後、精神障害者を「患者」としてではなく、ごく普通の「生活者」すなわち「当たり前の人として」見、「当たり前のつき合い」として生活支援の実践を行う「ごく当たり前の生活」という考え方を提示する（谷中［1996］）。谷中は「当たり前の生活」に、強調を意味する「ごく」をつけ、「ごく当たり前の生活」としているが、谷中はこの「ごく」について、「その人らしい」あるいは「その人なりの」といった意味が込められているとする。その中身について谷中は、標準化され平均化された普通の生活の状態に精神障害者を戻す、あるいは適応させるのではなく、精神障害者その人のありのままの姿、独自性を大切にしながら、そのままの生活を受け入れて、認めて、可能にするという考え方であると述べている（谷中［1996：148-149］）。「やどかりの里」の実践の意義を述べたものとして、谷中と同時期に協会運営に携わった坪上宏の論考（坪上［1998］）、やどかりの里の実践を哲学的観点から支えた早川進による谷中らとの対談集等がある（谷中他編［1983］、早川他編［1984］）。

2　精神障害者の「社会復帰」を取り上げた最近の論考として、一九六〇年代から八〇年代前半まで多くの精神科病院において、精神障害者が日中にＰＳＷを中心とする医療従事者が開拓した事業所で働き社会性や技術を取得する「社会復帰」プログラムの一環として行われていたいわゆる「院外作業」に焦点をあて、その意義と限界を示したものとして、ＰＳＷ出身の精神保健福祉分野の研究者である平林恵美と相川章子による一連の論考がある（平林他［2005］、同［2006］、相川他［2009］）。平林らは社会復帰に関連して、「札幌宣言」を「ＰＳＷの実践の方向性が明示」されたものと位置付けている（平林他［2005：81］）。また、ＰＳＷが主として取り組んだ院外作業は、「院内適応」から「院外（社会）適応」へという「段階論」としての「社会復帰」から、「ソーシャルワークの視点」すなわち「ソーシャルワークの専門性である『主体論・かかわり・自己決定』」に立脚した「社会復帰」を目指す活動へと変容していったことを述べている（相川他［2009：259-260］）。社会学の立場から精神障害者にとっての「社会復帰」について検討している早野禎二は、「精神障害」を「関係性」の障害と位置づけ、「復帰」する「社会」の支配的な価値、また「社会復帰」や「自立」を社会の支配的な価値として個人が内面化せざるを得ない問題に対する解として、様々な属性との多様な「社会的関係」の構築を広い意味での「社会復帰」として挙げている（早野［2000］、同［2003］）。

3　第3章注5を参照。

　ＩＣＩＤＨ（International Classification of Impairments, Disabilities, and Handicaps 国際障害分類）は一九八〇（昭和五五）年、世界保健機関（ＷＨＯ）において、国際疾病分類（ＩＣＤ）の補助分類として、機能障害と社会的不利に関する分類として発表されたもので、日本語版は一九八五（昭和六〇）年に「ＷＨＯ国際障害分類試案（仮訳）」として発表された。その後、ＩＣＩＤＨの改訂の検討が行われ、二〇〇一（平成一三）年、第五四回ＷＨＯ総会において、国際生活機能分類（International Classification of Functioning, Disability and Health（ＩＣＦ）が採択された（障害者福祉研究会［2002：まえがき］）。ＩＣＩＤＨは「運命論的」でありマイナス面が強調されており、また環境要因があまり重視されておらず、そもそもの検討段階において障害当事者の参加がなかった等の批判があった。ＩＣＦは単線的から相互作用的なモデルとなり、ＩＣＩＤＨには無かった「環境因子」と「個人因子」（但し分類は作成されず）が加えられた（上田［2005：7-28］）。ＩＣＦをＰＳＷ実践に応用させたものとして長崎他［2006］。

4　「生活環境の調査」が「生活環境の調整」や「精神保健観察」と異なる点として、調査期間中は社会復帰調整官が具体的な調整や援助を行うものではないため（新谷［2007：74-75］）、調査期間中に家族等から相談援助の求めがあったとしても原則的にはそれを行う役割はこの段階では持たないという点である。

5　危険性の古典的な概念については、第1章で取り上げた安平により保安処分の前提条件としての「危険性の存在」について、危険性の意義、危険性認定の主体、危険性認定の根拠、危険性原因の本質、危険性の程度、危険性の変動性に分けて整理されている（安平［1936：384-387］）。「危険性の意義」とはすなわち何をもって危険であることを指し示すかということであるが、安平は「一定有害事象発生の可能性または蓋然性」が、客観的な諸条件によって基礎づけられている状態を指すとしている。「危険性」は「有害事象の実現が予想されている人物、または行為の性状」を指す。「危険性認定の主体」については「危険性認定の根拠」と密接に関連している。危険性認定判断は三つの「主義」に分類される。第一は、「個々具体的事件に応じて、裁判官をして自由にその危険性を認定せしむる主義」である。これは危険性認定の全てを裁判官に委ねようとする主義である。第二は、「裁判官に危険性の判断を為さしめず、立法者をして危険性ありと認め得る原由を法定せしむる主義」である。これは第一の主義とは反対に、危険性事実を先に法規上規定しておく主義であり、裁判官による裁量を許さない形式である。第三は、「立法者をして予め、一般的に危険徴表と認められる一定の事実形式を法定せしめ、この事実の存する場合に於て更に裁判官をして具体的に危険性を存するや否やを審判せしめんとするもの」である。第三の主義を安平は「折衷」と呼称している。第三の主義は危険性を断定させる客観的事実を先に法定化しておき、この条件に合致した後にさらに裁判官による審査を行ったうえで判断を行うものである。安平は危険性判断の「危険性」を顧慮した場合、第三の主義が妥当であると述べている。重要な点は危険性はあくまで規範的判断（司法判断）によるものであるという点である。「危険性原因の本質」とは違法行為への性向の原因をどのように捉えるかということである。安平は違法行為の原因を「社会的行動への意思欠如」（「違法なる意思」）と「社会的行動への能力欠如」に大別する。前者については「行為者人格」と「社会的外部条件」との「競合」が犯罪意思発生の原因となる。後者は仮に合法的意思を有していたとしても「之に従って行動する能力を欠く」場合を指し、そのような者は「社会的に危険なる者を免れぬ」とする。「危険性の程度」は言葉通りの意味であるが、安平はこれは具体的な問題であるとしたうえで、「侵害可能性の程度」と「その可能とされる侵害の程度」の両者によって決定されるとする。「危険性の変動性」について安平は、「消滅」もしくは「益々、『鋭き危険性』を示す」場合の二方向の可能性を考慮すべきとしている。前者については犯罪を惹起させる原因である「犯人の主観的条件」と「犯人の人格を囲繞する外部条件」の「変更」の企図が重要となる。後者の場合は1章で整理した「狭義の保安処分」すなわち改善処分をのぞいた拘禁を主体とした処分が適当であるとしている。以上の危険性存在の具体的判断の指標となる「危険性の法規的徴表」については刑法に於ける責任無能力を、「平素の自己人格と全く異なる人格状態の下に行動する場合」と「異常なる人格それ自体に基いて行動する場合」とに分類した上で、後者に対しての従来の（すなわち現行の）刑法による「道義的見地より刑罰の賦科を免奪していたのは、社会防衛の立場より誤りであった」として、予防拘禁を包含した保安処分を講じることの必要性を述べている。

医療観察法に関連して、五十嵐禎人は触法精神障害者の「再犯」の「危険性」について、dangerousness と risk に分けて説明している。前者の dangerousness とは「個人の性向、資質、経歴などを考慮して判定される危険性であり、あるかないかの二分法によって判定される」（五十嵐［2002：59］）「範疇的現象」（五十嵐［2004：98］）であり、他方、後者の risk とは「あくまでも一定の状況を仮定して、その状況に関連した種々の要因を考慮して行われる一種の確率（危険性が高い、三〇％の危険性があるというように判定される）的な危険性の判定」（五十嵐［2002：59］）を指す。そして「精神科医が日常行っている臨床的判断の中には、risk の評価（リスク・アセスメント）が含まれて」おり、「患者の自傷・他害行為を防止するために行われる治療的介入は、こうしたriskを最小限にするためのリスク・マネージメントにほかならない」（五十嵐［2004：98］）として、dangerousnessへの変換の閾値の設定は、「患者の危険性（risk）や治療継続の必要性と自由の制限を課すことによる不利益、さらには被害者をはじめとした社会一般の感情をも考慮して裁判官が規範的に行うしかない」（五十嵐［2002：59］）と主張している。

6　伊東は二〇一五（平成二七）年六月より、ＰＳＷ養成を行っている大学等で構成される「日本精神保健福祉士養成校協会」会長を務め、二〇一七（平成二九）年度からは、同年度に「日本社会福祉士養成校協会」および「日本社会福祉教育学校連盟」と合併して誕生した「日本ソーシャルワーク教育学校連盟」副会長でもある。

7　医療観察法では通院医療の決定を受けた者について、精神保健福祉法に規定された入院を妨げないこととしている（一一五条）。すなわち精神保健福祉法における入院の必要性が判断された場合は、医療観察法上は通院医療のまま、措置入院等の強制入院を含む入院治療が行われることになる。たとえば措置入院の「自傷他害のおそれ」のうちの「他害」については、「他人の生命、身体、貞操、名誉、財産等に害を及ぼすこと」と解釈されている（精神保健福祉研究会［2002］）。第４章注19の国会での質疑の通り、精神保健福祉法における措置入院要件と医療観察法の処遇要件との差異の判断基準も論点となる。指定通院医療対象者の精神保健福祉法における入院事例の紹介と考察について藤村［2009］。触法心神喪失者の処遇の一元化について川本［2009］。また、医療観察法における医療の必要性が認められる場合（処遇要件が満たされている場合）は、医療観察法における入通院の決定を行わなければならないとする最高裁二〇〇七（平成一九）年七月二五日決定について中山［2008］、渡辺［2008］、同［2009］、山本［2009］。当該判決の詳細について安田［2009］。

終章

本書のまとめ
――ＰＳＷの司法分野における構造的・機能的役割拡大へ

これまで「保安処分構想と医療観察法体制――日本精神保健福祉士協会の関わりをめぐって」という主題について検討を行ってきた。終章では、はじめに本書のまとめを行う。そのうえで今後の研究課題に代えて、ＰＳＷが医療観察法に関与することにより獲得した職務要件を足掛かりとして主に司法分野において志向している役割及び他職種から期待されている役割について整理を行い、本書を一旦閉じることにする。

1　本書のまとめ

はじめに各章の概要についてここで改めてまとめとして述べたい。なお引用文献注記については本節に限り省略した。

第1章「保安処分とは何か」では本書の端緒として保安処分の概要についての整理を行った。

第1節では一九世紀後半におけるカール・シュトースによるスイス刑法典予備草案における保安処分規定を「制度」としての保安処分の始点としたうえで、保安処分の定義について整理した。保安処分は一般的に、「犯罪の危険の防止(再犯防止)」、「治療・教育・改善」を目的とした「自由の剥奪を伴う隔離・拘禁を含む強制的な措置」、そして当該措置について裁判所で言い渡される「司法処分」であることの三点によって定義付けがなされる。但し古典的な定義を見ると必ずしも上記三点に合致するものを保安処分としているわけではなく、むしろより緩く広く定義されている。また初期の定義は特に惑うことなく「社会防衛」をその主目的としている場合が多い。牧野は「中間者」すなわち心神耗弱者を保安処分の主対象と位置付け、「社会防衛」と「治療」の二つをその目的と規定している。安平は「犯人の再犯危険を防止せんとするもの」を狭義の保安処分とし、これに「改善」を加えたものを広義の保安処分と規定している。上述の保安処分定義付け三要素のうち「司法処分」であることは含まれていない。安平は保安処分の特徴について、特別予防を第一次目的としている点、危険性の駆逐を目的としている点、刑罰の本質を危険性防止の手段性としている点、そして犯人の社会的危険性に立脚している点の四点を挙げている。木村は保安処分を安平とは異なる意味での広義と狭義とに分けている。すなわち木村は広義の保安処分を「犯罪の危険を防止する為めに、刑罰以外に於てこれを補充し、又は、これを代替するものとして、国家が使用するところの改善・教育・保護その他の処分の総てを含むもの」と規定している。狭義の保安処分はこれに「犯罪行為」の事実と「裁判所」による言い渡しを加えたものとなる。そのうえで木村は上述の保安処分の定義付け三要素のうち再犯防止要素のみ入っている広義の保安処分を一般的な保安処分として議論の俎上に載せるべきとしている。小川は上述の一般的な保安処分の定義と同様の定義を行っているが、当該制度の前提として「考査所」または「鑑別所」などの専門機関の附置、また処分の執行については「専門家と良識者とを構成員とする員会組織」と「保護観察官、調査官などの名をもってよばれる職員」の必要性を挙げている。瀧川は保安処分について司法処分であることを前提としたうえで、犯罪予防、「将来的危険性の防衛」としての「個別処遇」、「害悪」が処遇の本質では無い点、そして「犯罪人の社会的危険性」に立脚している点の四点をその特徴として挙げている。

第2節では保安処分の執行形式について整理した。保安処分の執行形式については前提として「対人的保安処分」と「対物的保安処分」とに大別できる。一般的に保安処分としての議論の俎上に載せられるものは自由剥奪を伴う前者である。対人的保安処分は概ね、心神喪失者等に対する「監護処分」、酒癖あるいは薬物依存者に対する「矯正処分」、労働嫌忌者に対する「労作処分」、そして犯罪の常習者及び危険性のある者に対する「予防処分」の四種に規定される。前の二つはどちらかといえば治療的意味合いが強い処分であり、後の二つは予防拘禁的意味合いの強い処分である。戦後、日本では基本的に前の二つの処分の実現をめぐって攻防が繰り広げられた。

第3節では刑罰と保安処分の関係性について整理した。保安処分は原則的に刑法典の内に規定される。刑法典において刑罰全てが保安処分に代替される可能性もあり得るが、基本的には刑罰と保安処分とは並列的に刑法典に規定される。但しその場合、そもそも旧派的刑罰の克服としての存在であるはずの保安処分が同じ刑法典に並列されるという矛盾に晒されるという点について留意する必要がある。安平は刑法典のなかに制裁手段として刑罰と保安処分を認めている場合を「広義の二元主義」と呼び、「狭義の二元主義」（重畳主義）と「狭義の一元主義」（代替主義）とに分類できるとする。「狭義の二元主義」はさらに「執行上の並行主義」と「執行上の代替主義」とに分類される。安平は「狭義の一元主義」を「狭義の二元主義」の弊害を克服するものとしているが、上述のようにそもそも本質を異にするはずの刑罰と保安処分との間に代替可能性があることの理論矛盾が生じることになる。安平はこの点については、「本質的には共通せず」とも「実際的機能」においては共通点が多いとしたうえで、刑罰が保安処分を代替すべきである旨を述べている。

第1章で整理した保安処分の要点は次の二点にまとめることができる。第一は、古典的な保安処分の焦点はあくまで「保安」のための「危険性の除去」であり、「治療・矯正」によってもそれが不可能な場合は「予防拘禁」が用意されているように、対象者の改善可能性の可否は処遇要件にはなっていないという点である。第二は、「治療・矯正」の対象として想定されていたのは、当該制度検討初期の段階からいわゆる心神喪失等の状態が呈される精神障害者とアルコール・薬物依存症者であった点である。

第2章「日本における保安処分導入の過程」では、日本における保安処分導入の過程について、主に実質的な保安処分検討が開始された現行刑法制定以降に限定したうえで整理検討を行った。

第1節では、現行刑法制定から日本における保安処分検討のメルクマールともなっている昭和三六年準備草案及び昭和四九年草案の登場背景とその中身、及びそれらに対する法と医療を司る各種団体の反応の経緯について整理した。一九二六（大正一五）年の政府諮問に対する臨時法制審議会答申として出された綱領において保安処分導入が謳われたのが保安処分の具現化の始点となる。当時の政府は刑法改正の諮問の理由として「美風良習」及び「淳風美俗」、すなわち牧野のいう「国家がその政治を行う上において守らねばならぬところの道義的規範」を維持することの困難を挙げていた。ここでの留意点は、刑法にあらたな目的が付加される必要性があったために保安処分の導入が図られたのではなく、刑法がそもそも保持していた上記の目的が、応報という形式では果たせなくなってきたために保安処分を含めたうえで刑法自体を目的刑的、特別予防的性質を持つものに変容させようとした点である。綱領を日本における保安処分検討の始点と捉えたとした場合、その登場の契機はなにも心神喪失者等の「治療・改善」などではなく、吉川の言うように「日本固有の『美風良習』を維持するという封建的・反動的なイデオロギーと、新派思想の理論的所産ともいうべき刑事政策的思惟との奇妙な妥協の産物」だったのである。そしてこれをはじめて具現化した案として予備草案、及びそれに続くかたちで昭和六年草案及び昭和一五年仮案が公表されることになったのである。昭和一五年仮案の時点で処分の種類は、「監護処分」、「矯正処分」、「労作処分」、そして「予防処分」の四種であった。

戦後の刑法改正に基づく保安処分導入の検討契機は、先述した戦前における導入根拠は覆い隠され、日本国憲法における基本的人権がその「建前」とされた。すなわち吉川が指摘するように、応報刑は憲法三六条違反に当たり、必然として保安処分導入が採用されているという「建前」である。昭和三六年準備草案では処分の種類がそれまでの四種から「治療処分」（旧監護処分）及び「禁断処分」（旧矯正処分）の二種に限定された。大谷によれば、この時点で日本における保安処分の検討は「精神障害犯罪者」及び「薬物中毒による犯罪者」の「治療を主眼とする処分に限られた」のである。

第2節では、昭和四九年草案に対する法と医療を司る各種団体の反応の経緯について整理した。昭和三六年準備草案とその後の検討を経て、改正法案のかたちで治療に主眼が置かれた昭和四九年草案が公表される。昭和四九年草案は、精神神経学会が賛成から反対へと転換したのをはじめとして、それまで必ずしも主流ではなかった反対運動を勃興させる契機となった。協会も同様であり、少なくとも昭和四九年草案までは強固な反対運動を繰り広げた。

第3節では、昭和四九年草案検討がしばらくの間「淀み」の状況にあった一九八〇（昭和五五）年、新宿駅西口バス放火事件と直後の法務大臣発言を契機に再び検討の機運が高まり、それに反対する日弁連との「協議」の席上で法務省より提案された骨子提案以降について整理検討を行った。骨子は処分の種類を「治療処分」に一本化したもので、昭和四九年草案までは名称として規定されていた「保安処分」という語自体を完全に破棄したものであった。また骨子はその対象について、昭和四九年草案までの「禁固以上の刑にあたる行為」をした者からいわゆる重大六罪種にあたる行為をした者で再びこれらの罪にあたる行為をするおそれのある者に修正された。この点は医療観察法に引き継がれている。骨子公表以降は協会を含めて反対運動が激化した。

日弁連は一九八一（昭和五六）年、日弁連要綱案を公表した。実現可能性のあった事実上の保安処分である骨子の対案の意味を持つはずの日弁連要綱案は、骨子では初犯防止策が不十分であるなどの意見が盛り込まれていた。また、協会の保安処分に対する方針変更の端緒となる、PSWが職務要件として明記された「通院措置制度」案が提起されているなど、それ自体十分に保安的色合いを内在させた内容であった。日弁連要綱案についても精神神経学会をはじめとする各種団体から批判の的とされた。他方、法務省からはその内容が手ぬるいという批判を受けた。上記の通り協会は日弁連に対して、一方的な業務規定をされたことに対しては抗議を行ったものの、日弁連要綱案自体に対しては曖昧な態度を取った。医療観察法においてPSWは、協会による積極的な働きかけにより当初は想定されていなかった保護観察所における社会復帰調整官の職務要件を獲得することになった。社会復帰調整官の職務と日弁連要綱案において期待されていた職務が必ずしも同じわけではないが、触法精神障害者の「地域」における処遇に関しては、国会答弁における登場の仕方も含めて、PSWは一九七〇年代からすでに保安処分との親和性が高い職種と認識されていたと言える。協会も保安処分に対しては当初は反対しながらも、保安処分的要素のきわめて強い医療観察法には積極的に関与することになった。

第3章「協会の保安処分に対する『対抗』の過程」では、協会による保安処分に対する「対抗」の過程について、同時期の精神医療の動きと絡めて整理した。

第1節では、日本におけるPSW活動の開始からY問題が勃発する一九七二年までの活動創始期について協会が発行している年史等を基にして整理を行った。PSWの始点は一九二八（昭和六）年に編纂された東京府立松沢病院史に登場する「遊動事務員」がその端緒である。その後、一九四八（昭和二三）年に国立国府台病院に「社会事業婦」が配置される。その後名古屋大学医学部付属病院においてもPSWが配置されることになった。協会自体は、一九六四（昭和三九）年一一月一九日、仙台市において設立総会が開催され、この年より「日本精神医学ソーシャル・ワーカー協会」としての活動が開始された。協会設立を加速させた契機は一九六四（昭和三九）年三月二四日に起きた「ライシャワー駐日大使刺傷事件」である。事件後、にわかに当時の精神衛生法改正論議が沸き起こり、当該法にPSWが位置づけられる可能性を強く意識し、そのことが協会設立へと結びつくことになる。協会設立当初はどちらかといえば方法論の確立に重点が置かれていたが、一九七〇年前後より精神医療の現場における種々の事象を契機として徐々にソーシャルアクション志向を強めていくことになった。また同時にPSWの不安定な雇用状況も顕在化しており、協会はPSWの身分制度確立、待遇改善を模索することになった。

第2節から第3節では、第1節後半の状況下において勃発したY問題とその後の協会の曲折についてやや紙幅を割いて整理検討した。Y問題とは、本論で述べた通り一九六九（昭和四四）年一〇月、当時受験生であり、両親や専門職から見ると情緒不安定であったYが、両親の相談を受けていた当該地域の保健所と精神衛生センターのPSWより精神疾患を強く疑われ、医師の正式な診察を受けることなく、上記センターのPSWの記録をもとに精神科病院に当時の精神衛生法に基づく同意入院（強制入院）となった出来事である。その後、一九七三（昭和四八）年に開催された協会総会の場においてY自身により告発がなされた。協会はY問題を中心に据えた議論を展開しようとしつつも、むしろ個々の協会員にとっては身分制度問題のほうが喫緊の課題でもあったため、二者択一の様相を見せていた。曖昧な態度をとる協会に対してYとその支援者側は激しい抗議活動を展開し、ついに一九七六（昭和五一）年の協会大会・総会が中止に追い込まれた。協会の存続自体が危ぶまれる中、Y問題と身分制度問題は相補的課題であるとして、一九八二（昭和五七）年、札幌市で開催された協会大会・総会において、PSWの任務を「『対象者の社会的復権と福祉のための専門的・社会的活動』を推進すること」とした「札幌宣言」が採択された。協会史においては、一般的にこれをもってY問題は収束したとされる。協会の保安処分に対する「対抗」の過程はY問題と同時並行の活動でもあったため、自らに内在していた保安に主眼を置いたうえでの強制性に対する気づきとその自覚の過程と絡み合いながらの活動となったが、このとき採択された札幌宣言におけるPSWの任務は、その絡み合いの解きほぐしを比較的容易にする補助線の役割を果たすことになる。

第4節では、Y問題への対応の時期とほぼ重なる一九七〇～八〇年代前半における協会の保安処分に対する「対抗」の過程について整理検討を行った。協会は保安処分に対してはあわせて五回の反対決議を行っている。その内容は総じて、躊躇や迷いのない全面否定の様相を見せている。しかし同時に保安処分検討の過程でPSWも明記されたかたちで公表され、その保安処分的性格について各方面から強く批判された日弁連要綱案及び昭和五七年日弁連意見書に対して、協会は一方的な業務規定に対する抗議は行ったものの、それ自体に対しては曖昧な態度を取った。その理由として、日弁連という社会的影響力がきわめて大きい団体による文書にPSW活用に関する記述がなされたことにより、「職域拡大」への「期待」を協会側ににわかに湧き上がらせた可能性があることは否めない。保安処分に対する迷いのない徹底的な反対の姿勢と、保安処分的性格を持つ制度への接近という相反する立場をとることを可能にした補助線こそ、第3節で述べたPSWの使命、すなわち「対象者の社会的復権と福祉のための専門的・社会的活動」であった。そしてこの補助線は医療観察法への関与に際して「重宝」されることになる。

第4章「協会の医療観察法への関与の過程——保安処分とPSWとの親和性」では、事実上の保安処分制度といえる医療観察法に対して、協会が名目上は反対あるいは懐疑的な立場をとりながら、実質的かつ積極的に関与を表明するに至った過程について整理検討を行った。

第1節では、医療観察法成立の経緯について、二〇〇一（平成一三）年六月に発生した池田小事件を、本法成立を「加速」させた契機と前提したうえで整理した。

はじめに第1項において、精神医療の側により、八〇年代後半に起きた精神科病院における権利侵害事件を「逆手」にとり、その原因を「処遇困難患者」とカテゴライズされた精神障害者に肩代わりをさせるかたちで実質的・機能的なレベルにおける保安処分制度としてにわかに検討がはじめられた「重症措置患者専門治療病棟」について整理した。本制度案は具体的には一九八八（昭和六三）年から開始された道下研究がその端緒となっている。道下研究では全国調査の結果をふまえたうえで、イギリスの「セキュア・ユニット（Secure unit）」を参考にして、「軽度」の「処遇困難患者」に対しては指定精神病院の再編成を行い、「重度」の症例に対しては国公立病院を中心に「集中治療病棟」を併設するという二重構造の体系構築が提案された。道下研究は一九九一（平成三）年七月の中間意見に反映され、翌一九九二（平成四）年に予算化までされたものの、「全国『精神病』者集団」による「声明」を契機として反対運動が広がり、当時の厚生省は本制度から撤退することとなった。協会は中間意見に対して「厚生省による『重症措置患者専門治療病棟』の設置構想に関する見解」において「精神科救急医療（緊急医療含む）、及び一般精神科医療・社会復帰・地域生活援助全般に関して、その基盤整備を急ぐことから始めること」を提起した。「重症措置患者専門治療病棟」構想は、「処遇困難患者」の定義のあいまいさ等、細かな点において「粗」の目立つ構想であったことを抜きにしても、当該の問題の解決を考えるのであれば本来ならば精神医療全体の底上げの方向に話が進まなければならない問題であった。本構想は、触法精神障害者あるいは処遇困難患者に対しては、決して精神医療全体の底上げを目指すのではなく、「別枠」で事を進める方向であることを示唆するものであった。

第2項では医療観察法の成立過程について、一九九九年（平成一一）年、当時の公衆衛生審議会精神保健部会による厚生大臣への意見具申をふまえた精神保健福祉法の一部改正の附帯決議をその始点として整理検討を行った。精神保健福祉法一部改正の同年から触法精神障害者対策に関する私的研究会が開始された。この研究会は二〇〇一（平成一三）年より法務省・厚生労働省の合同検討会へと引き継がれた。その最中、同年六月に池田小事件が発生し、事件翌日の首相指示により、本法検討が「加速」することになった。同月中に自民党ＰＴが発足し、同年一〇月には自民党ＰＴ報告書が公表された。同年一一月には自民党ＰＴ報告書を土台とした当時の与党三党による与党ＰＴ報告書が公表され、これを基にして二〇〇二（平成一四）年三月、六章一二二条からなる医療観察法案が閣議決定のうえ第一五四回国会に政府案として提出され審議入りした。当初、政府案では処遇要件について「再び対象行為を行うおそれ」と規定していたため、裁判所による審判による処遇決定手続きの是非とともに、再犯のおそれの予測可能性に質疑が集中した。その後、第一五五回国会に政府案はそのままに、修正案が提案される。本国会以降は事実上、修正案の審議となった。修正案では処遇要件が再犯のおそれから「再び対象行為を行うことなく社会に復帰するための医療の必要性」（社会復帰のための医療の必要性）へと修正された。しかし本国会においても処遇要件の「要件」としての不適切性等について異論が噴出し、継続審議となった。結局、本法は、二〇〇三（平成一五）年七月の第一五六回国会において可決成立し、二年間の経過措置を経て、二〇〇五（平成一七）年七月一五日より施行となった。ＰＳＷは医療観察法において「精神保健参与員」及び「社会復帰調整官」の二つの役割の職務要件を「獲得」することになった。

第2節では、医療観察法成立に対する協会の姿勢と実質的な関与の過程について、主に協会が公表してきた本法に対する見解・声明を基に整理検討を行った。協会は、池田小事件直後に触法精神障害者に対する処遇システムについての「慎重な検討」の要望をお願いした①を含めて、本法に関連してあわせて一五回の見解・声明を発表している（二〇一五年九月現在）。協会は本論の通り、当初からその基本的立場としては「反対」の意を表明していた。しかし先述した自民党PT報告書及び与党PT報告書において「判定機関」を構成する一員としてPSWの明記がなされたことを契機に、協会は一歩踏み込んで保護観察所にPSWを配置することの要望を明記した④を公表する。最初の医療観察法政府案が国会審議入りした二〇〇二（平成一四）年には、「社会防衛の視点からの処分の決定を医療から切り離し、司法の責任としたことには一定の意義が認められる」とする⑦を公表している。但し、⑦を挟むかたちで、医療観察法案に全面的に反対する立場を表明している⑥及び⑧に名を連ねてもいる。さらにこれ以降協会は、本法に真っ向から反対する⑨、協会の立場について、それ自体矛盾を呈していた国会における協会による意見陳述に委ねながら反対の立場を表明している⑩、しかし本法可決後、明確な反対の言のないまま、法の機能的レベルの改善要望を表明した⑪～⑮というように、「迷走」しながら徐々に本法に積極的に関与していく様相を見せることになる。但し、「迷走」の背景にはPSWの使命という一貫した主張があったことも述べた。

第5章「PSWの医療観察法への関与のロジック――協会機関誌『精神保健福祉』における二つの特集の検討」では、第4章における協会の見解の迷走の過程をふまえつつ、PSWはどのようなロジックで医療観察法への関与を肯定しているのかということについて、主に協会機関誌『精神保健福祉』における医療観察法に関する二度の特集、すなわち二〇〇二年特集及び二〇〇八年特集に所収されている論考の検討を通して整理した。第1節では二〇〇二年特集、そして第2節で二〇〇八年特集について整理・検討を行った。

二〇〇二年特集時は医療観察法案が国会に上程され審議が開始された時期であり、協会は本法案に対して「迷走」の様相を見せていた時期である。二〇〇二年特集は、触法行為を理由として自傷他害のおそれの判断を受け措置入院となっている精神障害者に対する司法の介入の必要性については概ね共通した見解となっている。他方、二〇〇八年特集は、総じて医療観察法の機能面の改善と充実、及びＰＳＷの関与の強化に焦点が絞られている。二〇〇八年特集時は医療観察法施行三年目の時期であり、法の「機能」のレベルにおける不備が露呈し始めた時期でもあった。また協会にとっては施行五年後の見直し措置が目前に迫っている時期でもあり、すでに二つの役割の職務要件を「獲得」していたＰＳＷにとって自身の権能をより強化する「好機」でもあった。協会が医療観察法に対して、「迷走」の段階を経たうえで最終的に積極的に関与することを可能にした補助線は、Ｙ問題より抽出した「精神障害者の社会的復権と福祉のための専門的、社会的活動」というＰＳＷの使命であることはすでに述べた通りであるが、二〇〇二年特集はＰＳＷの価値と医療観察法の理念とを上述の補助線で繋ぐ作業の意味合いを持つものであり、二〇〇八年特集はすでに繋がれている補助線のかかり具合の点検の意味合いを持つものと言える。しかし、協会の方針変更は唐突なものではなく、一九八〇年代の日弁連要綱案に対する協会の姿勢に、同様の補助線を用いたかたちでの「予兆」を見出すことができる。

第6章「『精神保健観察』にみる社会復帰の意味」では、本書における当座の帰着点として、医療観察法におけるＰＳＷの職務のなかでもＰＳＷの使命を具現化しているものと考えられる社会復帰調整官の「精神保健観察」に関する論考の整理検討を通して、ＰＳＷの医療観察法への関与の正当化論理及びその鍵概念となる本法における「社会復帰」の意味について整理・検討を行った。

第1節では、「精神」の障害において「社会復帰」はどのような意味を持つのかについて整理した。はじめに、そこに「復帰」することが「善」とされている「社会」とは、規範的・道徳的秩序により種々の属性の各マジョリティの最大公約数的な価値志向に基づき時間的・空間的に構築されている集合体にすぎないと規定した。そのうえで、吉田おさみの狂気論、及び「社会モデル」の考え方をごく簡単に紹介し、「身体」の障害に対しては消極的な排除が行われ、他方「精神」の障害に対しては、それが社会の安寧秩序を破壊する「危険」なものという位置づけがなされるため、積極的な排除が志向される旨を述べた。以上から、精神障害者にとっての「社会」への「復帰」とは、この「社会」で「普通」に生きる／生き続けるための「条件」の意味合いを持つことを述べた。

第2節では、第1節で整理した「社会復帰」を主目的とした医療観察法においてPSWが主要な職務要件となった社会復帰調整官による「精神保健観察」の内容について主に法的規定を中心に整理した。

第3節では「精神保健観察」における「社会復帰」の意味について述べた。総じていえることは、精神保健観察には従来からのソーシャルワーク実践に加えて対象者のリスクマネジメントが重要な役割と位置付けられており、そのリスクマネジメントは実質的な強制力を背景として実施されるということである。そして精神保健観察における社会復帰とは、上記のリスクマネジメントによって、対象者が再び同様の触法行為に及ぶことの無い物理的環境下において生活を続けること、ということになる。ここでいう「物理的環境」の中身はソーシャルワークの文脈において従来から語られる「社会資源」に加えて、対象者が再び触法行為を惹起しないための「本法における医療」（指定通院医療及び指定入院医療）ということになる。「本法における医療」とは、「本法における医療」を受け続けるための強制力を持った措置のことを指す。

すなわち、本書の当座の帰着点として、この壮大なトートロジーこそがまぎれもなく本法における「社会復帰」なのであり、社会復帰調整官として従事するＰＳＷには「本法における医療」を受け続けるための強制力を持った措置の履行のための権能が完備された点を明らかにした。

２　ＰＳＷの司法分野における構造的・機能的役割拡大へ——今後の研究課題に代えて

本節では、本書に残された研究課題として、ＰＳＷの既存の役割を超えた、司法分野における構造的・機能的役割拡大の様相について概観しておきたい。

第６章３で本法における「社会復帰」の意味の検討の箇所で取り上げた小笠原は、社会復帰調整官の絶対数の少なさによる多忙状況をふまえて、「社会復帰調整官と同じ役割を担う者を、厚生労働省の下にも多数配置し、精神障害者一般の社会復帰のためのトータルコーディネート」を行わせるという提案をしている（小笠原［2009：672］）。それにより、社会復帰調整官の負担の軽減、社会的入院の軽減のほか、「不幸な他害行為」の防止にもつながるとしている。このトータルコーディネート職については、いわゆる既存の精神障害者の社会復帰施設、地域活動支援センター、また行政各窓口に配置されているＰＳＷがその任を負うということをイメージしていると思われる。

また医療観察法に関する複数の論考がある医師の松原三郎は、社会復帰調整官の役割は本来、精神保健観察に集中すべきとしたうえで次のように社会復帰調整官の権限強化の提案を行っている。

病状が悪化した場合には、保護観察所が行う精神保健観察の役割は大きい。本人が拒否をしても、社会復帰調整官が強制的に受診を行わせることができるような法的整備が必要である。また、ときには、社会復帰調整官の判断で一時的には指定入院医療機関への再入院も可能とすべきである（松原［2009：644-645］）。

さらに松原は、精神保健領域における重篤な精神障害を持つ人に対する地域における二四時間体制での積極的なアウトリーチ対応プログラムである「ＡＣＴ」（Assertive community Treatment：包括型地域生活支援プログラム）¹の本法の地域処遇における活用可能性を探るなかで、イギリスにおけるＡＣＴと類似の地域サービスである Community Mental Health Team（ＣＭＨＴ）の日本版でありＰＳＷも関与する「精神科訪問支援ステーション」の導入を提案している（松原［2008］）。

医療観察法はＰＳＷのみならず、社会福祉士を含めたソーシャルワーカー全般における養成段階においても必須の事項として規定されている。一九八七（昭和六二）年の成立以来二〇年ぶりに改正された社会福祉士及び介護福祉士法（「社会福祉士及び介護福祉士法等の一部を改正する法律」、二〇〇七（平成一九）年一一月二八日成立、二〇〇九（平成二一）年四月一日施行）により、社会福祉士養成カリキュラムの大幅な改正が行われたが、旧法では「法学」の一部として扱われていた司法福祉については選択必修科目「更生保護」（一五時間）として独立した科目として新たに設けられた。厚生労働省の定めるシラバス内容の「含まれるべき事項」には「医療観察制度の概要」が必須項目として掲げられている。またＰＳＷ（精神保健福祉士法）についても二〇一〇（平成二二）年に旧障害者自立支援法改正（「障がい者制度改革推進本部等における検討を踏まえて障害保健福祉施策を見直すまでの間において障害者等の地域生活を支援するための関係法律の整備に関する法律」、二〇一〇（平成二二）年一二月三日成立、二〇一二（平成二四）年四月一日施行）における「精神障害者の地域生活を支える精神科救急医療の整備等」の一つとして法改正がなされた。二〇一二（平成二四）年四月一日の施行とともに大幅な教育内容の見直し（科目の改編）が実施されたが、医療観察法に関しては必修科目である「精神疾患とその治療」（六〇時間）において厚生労働省の定めるシラバス内容の「含まれるべき事項」の「精神医療と福祉及び関連機関との間における連携の重要性」のなかに「医療観察法対象患者の支援」が挙げられている。また同じく必修科目である「精神保健福祉に関する制度とサービス」（六〇時間）においては「含まれるべき事項」自体に「医療観察法の概要」及び「医療観察法における精神保健福祉士の専門性と役割」が明示されている。

ＰＳＷについては上述の通りすでに新カリキュラムにおいて養成教育が開始されているが、司法領域における実習「成果」に関する論考も登場している。社会復帰調整官である殿村壽敏らは、ＰＳＷを目指す学生の保護観察所における実習の実践を通して、「調整官が実践するソーシャルワークの意義については、実践の科学として相応の年月を掛けて『医療観察福祉論』を構築する必要がある」と述べる（殿村他［2014：147］）。殿村らは、社会復帰調整官の専門性の基盤はソーシャルワークであるとしたうえで、「クライエントの自己決定の尊重、クライエントの利益と所属する機関の利益の食い違いという部分」にジレンマが生じうるとし、「調整官は社会的作用としての司法と個別的福祉援助という、もともと原理的には相反する両価値・倫理のハザマにある」ことを「宿命」としてＰＳＷ自らそれを受け入れ、「むしろジレンマを逆利用してステップアップの手段とする必要がある」としている（殿村他［2014：154-155］）。

本法施行後すでに一〇年が経過しており、徐々にＰＳＷによる医療観察法の枠組みにおける実践報告も登場してきている[2]。以上をふまえると、医療観察法を契機としたＰＳＷの役割の構造的・機能的役割の拡大の様相については、本書で取り上げることができなかった諸外国における司法精神医療におけるＰＳＷ活用動向を含めて、今後の研究課題とする必要があると考える。

［注］

1　「ＡＣＴ」（Assertive community Treatment）については西尾雅明（現東北福祉大学教授、執筆時、国立精神・神経センター精神保健研究所社会復帰相談部援助技術研究室長、精神科医師）による文献がある（西尾［2004］）。著者紹介欄に「わが国では初めての『包括型地域生活支援プログラム』（Assertive community Treatment：ＡＣＴ）の実践と、効果評価に関する研究を行っている」とある。西尾はＡＣＴの具体的な特徴として以下八点を挙げている。①「伝統的な精神保健・医療・福祉サービスの下では地域生活を続けることが困難であった、重い精神障害を抱えた人を対象としている」、②「看護師、ソーシャルワーカー、作業療法士、職業カウンセラー、精神科医など、さまざまな職種の専門家から構成されるチーム（多職種チーム）によってサービスが提供される」、③「集中的なサービスが提供できるように、一〇人程度のスタッフから成るチームの場合、一〇〇人程度に利用者数の上限を設定している」、④「担当スタッフがいない時でも質の高いサービスを提供できるように、チームのスタッフ全員で一人の利用者のケアを共有し、支援していく」、⑤「必要な保健・医療・福祉サービスのほとんどを、チームが責任を持って直接提供することで、サービスの統合性をはかっている」、⑥「自宅や職場など、利用者が実際に暮らしている場所でより効果の上がる相談・支援が行われるように、積極的に訪問が行われる」、⑦「原則としてサービスの提供に期限を定めず継続的な関わりをしていく」、⑧「一日二四時間・三六五日体制で、危機介入にも対応する」（西尾［2004：14-19］）。ＡＣＴに関する学術誌等の主な特集として、『精神障害とリハビリテーション』における特集（日本精神障害者リハビリテーション学会［2005］）、本文で述べている松原論考が所収されている『臨床精神医学』における特集（『臨床精神医学』編集委員会［2008］）、『精神神經學雜誌』（日本精神神経学会）における特集（日本精神神経学会［2011b］）等。

2　「ＰＳＷ」、「社会復帰調整官」、及び社会福祉分野の研究者による論考のうち第４章注３に挙げた特集号を除いて本文で取り上げなかった主なものとして、青木［2009］、稲村［2012］、狩野［2012］、同［2014］、河本［2004］、重野［2004］、鈴木［2004］、須和他［2005］、東條［2010］、野田［2013］、松原［2011］、三品［2015］、望月［2007］、森谷他［2008］等がある。また本書執筆時、協会による最新の機関誌において特集「司法と精神保健福祉の連携と支援のあり方」が組まれている（日本精神保健福祉士協会［2015］）。

[巻末資料1]

①「総会決議文」(一九七四〔昭和四九〕年五月一七日)(日本精神医学ソーシャル・ワーカー協会[1974：16])

私達は、現行の精神衛生法を中心とする精神医療が必ずしも「精神障害者」に対する治療を保証するものとはいえず、かえって、それが患者の人権を侵害する状況を創り出していると言わざるを得ません。このことは特に、「精神障害者」の入院制度や地域精神衛生の諸対策の中で集中的に、たち現われています。

私たちは、このような状況を見据えながら「精神障害者」の人権を侵害する事態を阻止し、同時に、私たちの行動を点検しながら、日常の取りくみをすすめることを前提として、現在、法制審議会において最終段階を迎えた保安処分を含めた刑法改正に反対いたします。

保安処分の新設は「精神障害者」を治療の名の下に、社会防衛、社会治安の目的で、社会から隔離、収容するものに他なりません。この中で「精神障害者」とは何かの判断基準もあいまいなままに、このことがすすめられようとしています。さらに拘禁状況の下での「精神障害者」の治療は困難であり、また将来犯罪を行うおそれのある者として収容するものは、予防拘禁に他なりません。しかも、その際の収容は、無期限になされる可能性もあるわけですから、人権侵害の危険が大きいと考えます。

以上の考えから、私達は保安処分を含めた刑法改正に反対し、行動することを決議します。

昭和四九年五月一七日

日本精神医学ソーシャルワーカー協会第一〇回総会

第一〇回精神医学ソーシャルワーカー協会全国大会

②「抗議文」（一九八一〔昭和五六〕年六月二七日）（日本精神医学ソーシャル・ワーカー協会［1981：23］）

改めて刑法改「正」についての法相発言、及び保安処分制度新設の動きに対し、抗議する。

刑法改「正」にともなう保安処分制度新設に対し、日本精神医学ソーシャル・ワーカー協会は、これまで再度にわたって反対の意を表明してきた。

しかし、昭和五六年六月二六日の閣議後における奥野法務大臣の発言は、刑法改「正」草案に修正を加え、保安処分対象の限定と手続と名称についての若干の手直しをするものと伝えられている。しかしながら、これらの手直しも精神障害者に対する人権侵害的本質には、何ら変わることのないものである。

我々は、精神医学ソーシャル・ワーカーとして「精神障害者の社会的復権と福祉」の実現を目指して日常実践としている立場から、いかなる保安処分制度もこの理念に逆行するものとして、ここにあらためて抗議の意を表するものである。

我々は、保安処分制度新設に反対するためにあらゆる具体的行動をおこすことをここに改めて表明し、新設の動きに抗議する。

昭和五六年六月二七日

日本精神医学ソーシャル・ワーカー協会第一七回全国大会
大会運営委員長　関原　靖
日本精神医学ソーシャル・ワーカー協会第一七回総会
協会理事長　柏木　昭

奥野法務大臣　殿

③「刑法改悪・治療処分新設法案の国会上程を阻止する決議」（一九八二〔昭和五七〕年六月二六日）（日本精神医学ソーシャル・ワーカー協会［1982b：12］）

私達は、一九七四年法制審議会が法務大臣に対して「改正刑法草案」を答申して以来刑法の改悪には、協会として反対してきた。しかし、一九八一年一二月二六日法務省は、「刑法改正の基本方針」を発表し、保安処分新設を刑法改悪の中心に据える方向で、強硬に刑法の改悪と、保安処分の新設法案を国会に上程しようとしているので、日本精神医学ソーシャル・ワーカー協会は、改めてそれに反対する。

昨年法務省が、保安処分を治療処分と名称変更したことは、保安処分という名称の与える戦前の予防拘禁制度に対するイメージを変えることだけを目的としたものであり、その法案そのものは、ひとつも変わっていない。そして、治療処分と禁絶処分を一本化し、対象を重大犯罪者に限ったことは、マスコミキャンペーンによって広められた「精神障害者」らしい人による重大犯罪事件を利用して、法案成立を図ろうとするものである。このことは、ことさらに「精神障害者」と犯罪を結びつけ、全体から見れば、少数の「精神障害者」による事件を、「犯罪性精神障害者」の処遇は社会的問題であると決めつけるものであり、従来から私達が解決しようとしてきた「精神障害者」は、恐しい者・犯罪を犯かす者などという社会の中の偏見を増長させるものとして、決して許すことの出来ないものである。同時に、保安処分制度による施設の設置は、現在でも多くの問題を持つ精神病院における保護病棟よりも、さらに非治療的・収容主義的な施設を法務省管轄として新設するものといえるわけで、精神病院の開放化・地域医療の推進を考える私達の立場としては、新設に強く反対せざるを得ない。

保安処分制度の基礎をなしているのは、一度犯罪を犯した「精神障害者」が将来再び犯罪を犯かすかどうかを「予測」しうるとすることにある。それに基づいて「処分」を加えるということは、現実の精神医療・福祉の中でも困難を伴う「精神障害者」の「社会的復権」の保障をおこなうことを、より困難にするといわなければならない。そして「精神障害者」を特別な人間とせず、彼らと共に生きようとする立場からは、そのような「予測」は不可能であり、保安処分制度は、法律として矛盾するものといえる。

私達、精神医学ソーシャル・ワーカーは、「精神障害者『社会的復権』」を保障する立場から「精神障害者」を治安・社会防衛の対象とする「治療処分」の新設に反対し、併せて「精神障害者」を犠牲の標的として、「予防拘禁制度」を実態化しようとする刑法改悪・治療処分制度新設の国会上程を阻止する運動を、全国の精神医療従事者と共に行なうことをここに決議する。

一九八二年六月二六日

第一八回日本精神医学ソーシャル・ワーカー協会総会

---

④「『精神病による犯罪』の実証的研究（野田正彰著）に関する見解」（一九八二〔昭和五七〕年六月二六日）（日本精神医学ソーシャル・ワーカー協会［1982b：13］）

日本精神医学ソーシャル・ワーカー協会は、刑法改悪・保安処分新設に反対する立場から、野田報告に対し、若干の検討を加えることにする。

1．症例報告の形式をとっているが、野田氏自身が直接関わったものでなく、本人の了承をとらず、その内容を公的な場に報告することは人権侵害の恐れが大きい。

2．症例は、全国各地にわたっているが、症例報告としても、社会調査としても、その方法論が不明確であり、一三症例で日本全国の精神医療実態を「実証」したとはいえない。

3．野田氏は、この報告を通して、精神医学の技術が完璧であれば「精神障害者」の犯罪は防止できると述べている。例えば、事例1の考察の中で「もし私が事件の何時間か前の段階で診察していれば、症状を引き出し、心因反応として診断し、強制的にでも入院させ、二週間ないし一ヶ月の入院ですべて解決していた可能性は大きい。」と述べている。事例9においても「問題点の第一は精神科医の診断能力の欠如である。」とあり、この報告全体を通して野田氏は「精神障害者」を「管理」する立場に立っているといえる。つまり「クライエントと共に生きる関わりの視点」が欠落しているわけで、このような姿勢に基づく症例報告は「精神障害者の『社会的復権』」を保証するものではない。

4. 野田報告は、一三症例の地域的状況をその文化的側面の分析において説明しようとしているところがみられるが、それが地域における精神医療の実態を規定している文化的背景の分析まで及んでおらず、結果として画一的な精神医療の価値観によって一三症例を考察しているといえる。このことは、社会のなかで、地域に根ざした「精神障害者」との関わりの視点を模索するPSWの立場からみると、野田氏は「精神障害者」を社会生活を営む者としてみていないとしか考えられない。

5. 症例9にもみられるように、野田氏は、この報告全体を通して地域の保健所制度、精神衛生相談員の業務内容について、批判を加えている。しかもそれらの記述が、地域に働くPSWをはじめ、精神医療従事者の個人的責任であるかのようにみえるものが多い。このことは、現場に働くPSWの立場からは、納得のいかないことである。つまり、PSWのマンパワー不足の問題、経済的背景の貧困の問題、行政における精神医療施策軽視の問題、国における精神医療制度の問題、そして地域社会における「精神障害者」の社会生活に対する無理解の問題等々、社会的な問題に起因することが多く、「精神障害者」と共に生きる視点を貫いてPSWが日常の業務を行なう困難さを理解する視点が欠落しているといえる。

6. 以上、野田報告は、保安処分制度新設反対という形式においては、日本精神医学ソーシャル・ワーカー協会の意見とは一致するにしても、「精神障害者」との関わりの視点においては異なる。また、精神医療の業務を「精神障害者」の犯罪防止を目的とするという野田報告とは、本協会は意見を異にする。

一九八二年六月二六日

第一八回日本精神医学ソーシャル・ワーカー協会総会

[巻末資料2]

①「校内児童殺傷事件に関する見解」（二〇〇一〔平成一三〕年六月一八日）（日本精神保健福祉士協会［2001a：169］）

日本精神保健福祉士協会　会長　門屋　充郎

このたびの大阪の校内児童殺傷事件で、不幸にして亡くなられた児童のご冥福と、被害に遭われた方々及びご家族の一日も早い回復を心よりお祈り申し上げたい。今後、すでに派遣されているメンタルサポートチームを中心として、事件現場に居合わせた児童を含めた被害者に対するアフターケア体制が万全に敷かれることを強く求めたい。

事件はいまだ捜査段階であり、事実関係は明らかではない。しかし、容疑者の精神科治療歴等が報道され、社会的な反響が大きく広がっていることから、本協会としての事件に関する当面の見解を表明する。

1．この事件の容疑者が犯罪行為を行うに至った背景を十分に検証したうえで、個別的な問題と一般化して議論すべき問題を区別して整理する必要がある。特に今回の事件が精神障害者全般の問題として取り扱われることにより、ようやく進展し始めた開放的医療やコミュニティケアならびにノーマライゼーションの方向性を後退させることがあってはならない。

2．立ち遅れた精神障害者への地域生活支援活動や精神科救急医療体制の充実を図り、誰もが自分の暮らす身近な地域で、必要な諸サービスを受けられる体制を早急に整備する必要がある。精神障害者の病状悪化のほとんどが生活上の諸問題に密接に関連しているにもかかわらず、問題解決のための相談・支援ネットワークが構築されないまま、当事者や家族が地域で孤立している状況が、犯罪行為に至る背景の一つであることを認識すべきである。

3．精神障害者の犯罪行為に対する精神科医療および司法制度のあり方については、慎重な検討が望まれる。

4．被害者やその家族、事件を目撃した子どもたちへのテレビ・新聞等の取材自体が事件の当事者の心的外傷となり、PTSDを悪化させかねない。これら事件の当事者、特に子どもたちへの取材においては、心のケアを再優先とする注意深さを期待する。

5．今回の報道では、現時点で事件と精神障害との因果関係が全く明らかにされていないにもかかわらず、容疑者の精神科治療歴や過去の診断名が報道され、あたかも精神障害が事件の原因であるかのような印象を与えており、精神障害者に対する差別・偏見の助長につながっている。多くの精神障害者が同一視されることへの不安と困惑を覚えていることからも、冷静かつ慎重な報道を強く要望する。

以上

②「重大な犯罪行為をした精神障害者の処遇等に関する見解」（二〇〇一〔平成一三〕年九月一七日）（日本精神保健福祉士協会［2001b：259］）

日本精神保健福祉士協会

日本精神保健福祉士協会は、去る六月一八日に「校内児童殺傷事件に関する見解」を表明した。その後、重大な犯罪行為をした精神障害者の処遇等に関する議論がにわかに活発となり、報道によると、政府・与党ともに新法制定を視野に入れた新たな処遇システムの検討が進められているところである。

本協会としては、具体的な法案が示されていない現時点で処遇システムそのものを論じることはできないが、従来から措置入院者への援助・支援という形で重大な犯罪行為をした精神障害者と向き合ってきた精神保健福祉士の立場から、現状の処遇等における問題や課題について整理し、以下のとおり見解を述べる。

なお、新たな処遇システムに関する法案が提示された時点においては、改めてそのことについて見解を表明することとしたい。

1．現行の処遇における課題

（1）精神科医療が、従前からの社会防衛的側面を払拭しないまま、数次にわたる精神保健福祉法改正を経た今日においても、医療が本来担う役割や機能を超えて、「保護」の名のもとに司法や社会が対応すべき問題までもかかえ込んでいる状況は何ら変わっていない。

（2）このことは、単に重大な犯罪行為をした精神障害者の問題に限らず、社会的入院の解消が遅々として進まず、社会復帰が果たせずにいることにも表れている。

（3）地域によって措置入院が長期化していたり、人口一万人に対する措置入院者の割合に相当の格差が生じるなど、現行の措置入院制度の運用上の明らかな差異がある。

2．重大な犯罪行為をした精神障害者へのかかわりを通して

重大な犯罪行為をした精神障害者とのかかわりにおいては、適切な医療を受け病状が回復したのち、特別な処遇がなくとも通常の地域生活支援体制のもとで社会復帰・社会参加を果たしている事例を少なからず経験している。

一方では、かかわりの中で相当な困難を感じる事例もあるが、その背景には以下のような問題点を指摘することができる。

①精神障害者の生活権を保障していくシステムが社会の中に整備されていない。

②医療の対象と考えにくい人までも、医療機関で対応している。

③本来チーム医療で対応すべきことが、十分なマンパワーが確保できないためその実践が困難な状況にある。

④貧困な医療状況にあって、一部の重大な犯罪行為をした精神障害者に対して過度に拘禁性が高い処遇を行なわざるをえない。

3．司法における課題

検察の起訴便宜主義や本来司法が果たすべき役割を医療が肩代わりしてきたことが、結果として精神障害者の偏見・差別を助長しラベリングを強化する結果になっている。また、安易に責任無能力とされることが精神障害者の尊厳を著しく冒し、逆差別となっている。

民法が改正され、ノーマライゼーションの観点から精神障害者の保護と自己決定の理念の調和を図り、新たな成年後見制度が定められた。刑法における責任無能力をめぐる規定についても見直される必要がある。

4．精神科医療における社会的入院者の解消と全体的な底上げを

精神科医療における二〇世紀の負の遺産としての社会的入院者の解消は、重要な課題とされながらもその進捗状況は

非常に遅れている。二一世紀を迎えた今こそ、地域社会が受け入れるべき精神障害者の退院を促進し、マンパワーの格段の充実を図ることで、精神科救急医療体制を一般科並みに整備し、誰もが二四時間安心して受診できる医療システムを構築することが急務の課題であり、精神科医療が本来担うべき機能・役割を明確にしていく方策が必要である。

5．精神障害者の地域生活支援体制のより一層の整備を

二〇〇二（平成一四）年度からの在宅福祉サービスの市町村への位置づけ、二〇〇三（平成一五）年度からの障害者ケアマネジメントの導入が予定されている中で、社会的入院者の受け入れを視野に入れた地域生活支援体制が計画・整備され、権利擁護制度の充実のもと、個々の精神障害者のニーズに即したさまざまなサービスが継続して提供されるシステムを医療の充実とともに実現していくことが、国、行政機関、精神保健福祉に携わるすべての専門職、そして市民の責務である。

以上

---

③「重大な犯罪行為をした精神障害者の処遇等に関する見解・補足説明」（二〇〇一〔平成一三〕年九月一七日）（日本精神保健福祉士協会［2001b：249］）

日本精神保健福祉士協会

1．措置入院制度の運用上の問題について

現在、精神障害者の医療的な処遇は精神保健福祉法の規定に基づいて行われている。犯罪行為をした精神障害者の処

遇については特別な規定があるわけではない。警察官通報、検察官通報に基づく措置入院制度の規定によって都道府県ならびに指定都市が運用を行なっているところであるが、この運用のあり方が地域によってまちまちであることを問題としたい。

措置入院の対象となる精神障害者は、二名の精神保健指定医の診察により、その病状によって自傷他害のおそれがあると診断された場合である。精神障害の発現率や罹病率に地域差はないとされていることから、厳密に医療的な判断がなされた場合は、地域によって措置入院者の数に有意な差が生じることはないと考える。しかしながら一九九九（平成一一）年六月現在の統計によると、人口一万人に対する措置入院者の割合は全国平均で〇・二七人であるが、指定都市を除いた都道府県別では最低〇・〇九人から最高〇・九四人まで、地域による格差が一〇倍以上と非常に大きいのが実状である。このことは、さまざまな要因が重なった結果であろうが、最も大きな要因として考えられるのは、都道府県による制度の運用上の差異にあることは想像に難くない。

措置入院が行政による強制入院制度であり、その運用は全国的に統一されて然るべきものであることから、全国の状況調査をしたうえで適切な運用を図られたい。

2．精神科医療と司法の連携の問題

日本における精神障害者の処遇問題の一つとして、精神科医療と司法の連携がほとんどとられていないことがあげられている。しかしながら、現行の制度上でも、運用の仕方によっては司法と精神医療が連携をとることが全くできないわけではない。鑑定留置中の治療の保障、医療刑務所の充実と出所後の医療機関への診療情報提供、監獄法ならびに刑事訴訟法の弾力的な運用による受刑者の医療機関への送致など、現行法体系においても、その運用によって今まで不十分であった司法と精神医療の連携を図ることはある程度可能と思われる。

3．精神障害者は責任無能力者か

すでに、多くの精神保健福祉関係団体が指摘しているのは、精神障害者に対する司法手続き上の問題である。わが国の刑法では、心神喪失はこれを罰せずという厳然たる規定があるが、犯罪行為をした精神障害者の大多数が検察の段階で、心神喪失あるいは心神耗弱すなわち責任無能力・限定責任能力を理由に不起訴または起訴猶予とされている。その後検察官通報を経て、これらの精神障害者の処遇は精神科医療に委ねられることとなる。しかしながら、措置入院者として私達が出会う精神障害者の中には、果たして責任をもてない人なのであろうかと疑問を抱かせる人が少なからず存在するのである。

わが国においても、遅まきながら精神障害者のノーマライゼーションの推進や地域精神医療・コミュニティケアの胎動が始まっており、二〇〇二（平成一四）年度からようやく精神障害者の在宅福祉サービスの実施主体が市町村に位置づけられ、二〇〇三（平成一五）年度にはケアマネジメントの本格的な導入も予定されている。すでに諸外国では脱施設化が進み、精神障害者も市民としての権利を享受するとともに、応分の責任を担うという考え方が主流となっている。精神障害者には、生活者としてさまざまな危険を冒す権利（失敗する権利）が専門的な支持システムのもとに保障され、その権利保障の代償として精神障害者本人と彼らを援助・支援する側が共に責任を負うという概念が浸透しているのである。

このように、たとえ障害があっても市民としての権利と責任を保障していこうという時代の流れにあって、検察段階において、犯罪行為をした精神障害者の責任だけが自動的に（と思えるほど）免責されることに果たして合理的な根拠を見出せるのであろうか。起訴され裁判を受けた精神障害者については、その責任能力の有無・程度は、犯行当時の病状、犯行前の生活状態、犯行の動機・態様等を総合して判断されており、現に心神喪失として無罪とされる例が毎年数件に限られていることからも、検察における責任能力の判断手続きが適性に行われる方策が必要と考える。またその際は、必要に応じて医療も保障される手立てが検討されるべきであろう。

「何をやっても、自分たち精神障害者は罪を問われない」とは、精神保健福祉関係者であれば誰でも一度は精神障害当事者から聞かされたことがある発言であるが、これは自己を著しく卑下するものであり、私たちは人間として扱われていないのだという諦めや悲しみが内在しているのではなかろうか。このことは明らかな逆差別を生むこととなっている。一方で、「私が罪を犯したときには、裁判を受けてその罪を償いたい」という精神障害者も少なくない。裁判を受ける権利や罰を受ける権利を一国民として保障していく仕組みが必要である。

4．社会復帰の困難性について

社会的入院をしている精神障害者の社会復帰が、私たち精神保健福祉士をはじめとする関係者と本人の相当な努力と、地域社会の理解のうえにようやく実現するという現状から考えると、重大な犯罪行為をした精神障害者の社会復帰は相当の困難が予想される。

過去に重大な犯罪行為があったとしても、地域での受入れに当たっては、特別な施設をつくることは考えにくく、一般の精神障害者が利用できる生活支援サービスを活用することが当然に考えられる。しかしながら、現状の貧困な社会資源でどれだけの人を受入れる余地が残っているのであろうか。仮に、何らかの医療の継続システムが導入されたとしても、十分な生活支援体制が整備されないのであれば、結果的に将来の犯罪の発生を予防することは難しいといわざるをえない。

昨年一二月の法務省と厚生省（当時）の合同検討会の立ち上げに際して、この検討会における協議・検討事項とされたのは、「重大な犯罪行為をした精神障害者の処遇決定及び処遇システムのあり方」のほか、「精神障害者に起因する犯罪の発生を予防するための方策」であった。前者については現在検討が進められているところであるが、後者についてはいまだ検討されておらず、その検討スケジュールも示されていない。

立ち上げに当たっての主意書付属資料には、後者について検討すべき方策として以下の六点があげられている。①信頼され、親しまれ、受診しやすい精神医療の構築、②精神保健についての知識の普及、③早期対応が必要な事例について、保健所や病院、警察、児童相談所、学校等が、通常の行政の枠組みを越えてかかわることができる新たな仕組みの構築、④通院や服薬を中断しないための仕組みや支援体制の構築、⑤退院後や通院中の患者を孤独にしないための地域精神保健福祉サービスの構築、⑥地域における危機介入体制の構築。

これらの方策が、新たな処遇システムと同時並行的に検討され、精神保健・医療・福祉全体を網羅するよりよいシステムが構築されることが、まさに喫緊の課題といえよう。

④「精神障害者の医療及び福祉の充実強化と触法心神喪失者等の処遇の改革に関する要望書」（二〇〇一〔平成一三〕年一二月一三日）（日本精神保健福祉士協会［2001c：346］）

日本精神保健福祉士協会

1．精神障害者の医療及び福祉の充実強化について

（1）精神科医療整備計画を策定してください

報告書にうたわれた精神障害者の保健・医療・福祉の充実強化は、精神科医療機関の偏在や人員配置基準などの抜本的改革なしに実現できません。このため、この先一〇ヵ年程度の精神科医療整備計画を策定し、具体的な数値目標を盛り込んだうえで、二次医療圏での適正な精神科病床配置、総合病院への精神科病床の付置、適正な病床配置に基づくマンパワーの他科並みの配置、救急診療体制の整備などを図ってください。

（2）精神障害者地域福祉計画を策定してください

精神障害者は私達の社会の大切な構成員であるとの認識に立って、精神障害者が地域の中で充実した意義ある生活を獲得するためには、福祉サービスの飛躍的な充実が欠かせません。このため、精神障害者地域福祉計画を策定し、上記の精神科医療整備計画と合わせた精神障害者保健医療福祉総合計画としてください。

また、これらの計画の実現のために、特別財源として公費の投入を含む予算措置を行ってください。

2．触法心神喪失者等の処遇の改革について

（1）新たな法律策定にあたっては、精神保健福祉士は対象者の生活支援の観点から援助を行うことを規定してください

報告書によれば、触法心神喪失者等の処遇に関する判定にあたって、精神保健福祉士の関与が予定されています。入院・退院・通院等の医療上の措置の決定に際しては、単に病状についての医学的判定だけでなく、本人の生活状況や社会的環境について適切に判断することが、医療の目標である社会復帰のために不可欠です。

精神保健福祉士は社会福祉学を学問的基盤としており、その実践領域は保健・医療・福祉となっています。今回、司法にまたがる領域に参加するにあたっても、本来の専門性に基づく援助を行うことに変わりはありません。このため、精神保健福祉士は対象者の生活支援の観点から援助を行うことを法律に明確に規定してください。

（2）新法施行は制定後三年以内として、この間に十分な時間をとって処遇に関するガイドライン等を策定してください

報告書では、地方裁判所に設置される処遇決定のための判定機関における判定のあり方や判定の基準は示されておりません。また、専門治療施設での処遇内容や退院後の保護観察下の通院措置の具体的なあり方も不透明です。

仮に、新法が来年の春に制定されたとしても、実際の施行時期は法制定後三年以内として、この間に、国に「触法心神喪失者等の処遇システム検討委員会」（仮称）を設置し、さらにこの委員会の下に「触法心神喪失者等の処遇判定ガイドライン策定小委員会」、「専門治療施設整備検討小委員会」、「通院措置システム検討小委員会」（いずれも仮称）を位置づけ、それぞれ綿密な実態調査と専門家や精神障害当事者による十分な議論を踏まえたうえで、処遇システムの構築を図るべきと考えます。

また、法施行後も三年に一度の法の見直し作業を行なうことを、法律の附則に規定してください。

（3）保護観察所に精神保健福祉士を配置してください

通院措置制度が、単なる再犯防止ではなく社会復帰と社会参加を実現するためのものであれば、保護観察所と保健・医療・福祉関係機関との適切な連携が欠かせません。そのために、生活支援の視点から関係諸機関と連携して対象者の支援ネットワークの形成をコーディネートする専門職として、保護観察所に精神保健福祉士を配置する必要があると考えます。

（4）不服申立てのシステムを確立してください

判定機関の決定に対する不服申立て手続きについては、上級審査機関を規定するとともに、判定後の処遇に関する不服申立てのシステムも明確に規定してください。

（5）専門治療施設に十分な数の精神保健福祉士を配置してください。

以上

⑤「『精神障害者の医療及び福祉の充実強化と触法心神喪失者等の処遇の改革に関する要望書』を提出するに至った経緯等の報告」（二〇〇二〔平成一四〕年一月（日にち不明）、会員宛郵送物）

会員の皆様におかれましては、日常の実践を通して精神保健福祉の向上にご努力されていることと存じます。また、常日頃より本協会の活動にご支援ご協力下さり感謝申し上げます。

さて、機関誌及びニュースレターにて既にご承知のことと存じますが、この度、表記の要望書を関係者に提出致しました。事態の展開が急であることから、即応の必要に迫られたものです。事後にはなりますが、常任理事会として、会員の皆様にこの間の経緯及び要望の趣旨について、以下の通り報告いたします。

日本精神保健福祉士協会常任理事会（文責・木太直人）

今回の要望書提出に至った経緯について

重大な犯罪行為をした精神障害者の処遇のあり方については、一九九九年の精神保健福祉法改正時の附帯決議（「重大な犯罪を犯した精神障害者の処遇の在り方については、幅広い観点から検討を早急に進めること。」）に基づいて、二〇〇一年二月から法務省と厚生省（当時）の合同検討会が開始されていました。

ところが、昨年六月の大阪池田小学校児童殺傷事件を契機とし国民の大きな関心事となり、緊急な政治課題として急浮上することになったものです。

この問題に対して、本協会としては、企画部プロジェクトとして二〇〇〇年一二月から検討を開始し、二〇〇一年五月には会員へのアンケート調査を実施するなどの取り組みを行ってきました。池田小学校の痛ましい事件に対しては、二〇〇一年六月一八日付で「校内児童殺傷事件に関する見解」（機関誌・精神保健福祉・通巻四六号、一六九ページに掲載）を表明し、九月二〇日には「重大な犯罪行為をした精神障害者の処遇等に関する見解（同誌・通巻四七号、二五九ページに掲載）並びに同見解の補足説明（同誌・同巻、二四九ページに掲載）を公表し、現状の重大な犯罪行為をした精神障害者の処遇等における問題や課題を指摘しました。

これに前後して、自由民主党（以下、自民党）が「心神喪失者等の触法及び精神医療に関するプロジェクトチーム」（以下、自民党PT）において、公明党が「触法精神障害者の判定・処遇に関するプロジェクトチーム」（以下、公明党PT）において、与党が「心神喪失者等の触法及び精神医療に関するプロジェクトチーム」（以下、与党PT）において、さらに民主党では「司法と精神医療の連携に関するプロジェクトチーム」（以下、民主党PT）において、それぞれ新法制定を視野に入れた検討が行われてきました。因みに、自民党・与党ともに「触法心神喪失者」という表現を使用していますが、これは、児童殺傷事件を契機として重大な犯罪行為をした精神障害者の問題が精神障害者全般の問題ではないということを意図したものと推察され、一定の評価を与えられるものと言えます（とはいえ、「触法」という表現自体が、ジャーナリストの日垣隆氏が指摘するように、「触法精神障害者」か「触法少年」にしか使われないものであり、特別な意味合いを含んでいるのですが）。

各PTが関係団体や司法精神医療や刑法の専門家や当事者・家族へのヒアリングを行ってきましたが、一〇月五日には本協会も自民党PTに呼ばれ、その時点での協会の見解を改めて直接伝える機会を得ました。

そして、一一月に入り、一日に公明党PTが「新たな精神障害者の触法行為に対する処遇システムについて」を公表し、九日に自民党PTによる「心神喪失者等の触法及び精神医療の施策の改革について」を、引き続き一二日には与党政策責任者会議としてＰＴ報告書をそれぞれ公表したことは報道等を通じてご存知のことと思います。また、一一月二二日には民主党ＰＴの中間報告も出されています（資料として、自民党ＰＴ報告書、与党ＰＴ報告書、民主党ＰＴ中間報告を添付します（※本書では省略：筆者注））。

与党ＰＴ（自民党ＰＴも同じ）報告書では、単に「触法心神喪失者等の処遇の改革」だけでなく「精神障害者の医療及び福祉の充実強化」が述べられており、当協会はじめ関係団体の意見書の内容が反映されています。なお、「触法心神喪失者等の処遇の改革」については、当初は重大な犯罪行為をしたすべての心神喪失者についてその責任能力を判定するための判定機関を設置することが検討されていたのに対し、報告書では不起訴処分となった心神喪失者及び裁判所において心神喪失のため無罪となった者等を対象とし、判定機関においては精神科治療を受けさせるために専門治療施設への入院又は観察下での通院という処遇の決定をすることとなっています。

その後の報道等によれば、与党ＰＴの報告を受けて、今春の通常国会提案に向けて政府による法案作成作業が進められているところです。一二月末の報道では、新たな処遇決定手続きにあたって、与党ＰＴ報告書では精神保健福祉士も裁判官や精神科医と共に処遇判定の構成員として規定されていたものが、政府案では必要に応じて精神保健福祉士に意見を求めることができるという規定に変わるようです。

与党ＰＴの報告書が発表されたことを受けて、本協会は、一二月一三日に「精神障害者の医療及び福祉の充実強化と触法心神喪失者等の処遇の改革に関する要望書」を提出し、新しい処遇内容そのものにも一定程度踏み込んだ要望を行ないました（要望書提出先：厚生労働省社会・援護局障害保健福祉部精神保健福祉課長、法務省刑事局刑事法制課長、自民党ＰＴ座長・熊代昭彦議員、与党ＰＴ座長・佐藤剛男議員、民主党ＰＴ座長朝日俊弘議員）。

本協会としては、早い時期から新しい処遇システムへの精神保健福祉士の位置づけに関する報道がなされ、報告書自体が不明瞭な点が多いながらも、現に具体性をもって規定されようとしていることもあり、俄かに当事者性を帯びてきたこの問題に重大な関心を寄せるとともに、協会としての立場を明らかにしておく必要があると判断し、一二月七日から九日にかけて行われた常任理事会並びに全国理事会の討議を踏まえたうえで、今回の要望書提出に至りました。

要望書提出の意図

要望書をご覧になった会員の中には、与党ＰＴ報告書で示された触法心神喪失者等の処遇規定（司法制度の枠組みでの規定）に関して協会の意見を何も言っていないではないかと感じている方もいるかと思います。

このことは、理事会においても重要な論点の一つとして討議されました。しかしながら、この与党ＰＴ報告書を骨子として、政府がすでに具体的な法案作成作業に取り組んでいる現段階では、同報告書における規定そのものの問題点を指摘することよりも、新しい処遇に精神保健福祉士が位置づけられることがほぼ確実となっている現実を見据えて、より良い法律が作られるための建設的な要望・提案を行うことを重視しました。

要望書の内容に関する補足説明

要望書の表題については、与党ＰＴ報告書では、最初に「触法心神喪失者等の処遇の改革について」の提言があり、その次に「精神樟害者の医療及び福祉の充実強化について」の提言という構成になっています。しかしながら、本協会としては、根本的な問題が現状の精神保健福祉施策の貧困にあるとの認識に立って、要望内容の優先順位を逆転させた表題としました。

以下、要望書をご参照のうえお読みください。

1．精神障害者の医療および福祉の充実強化ついて

（1）精神科医療整備計画の策定について

自民党ＰＴ報告書では、最初に「基本的認識」を資料も付けて説明したうえで、ダイヤモンドプラン（仮称）として精神障害者医療保健福祉対策五ヵ年計画の策定を提言していますが、与党ＰＴ報告書では、残念ながら骨子の提言のみで、ダイヤモンドプランと言う呼称も計画年数も消えた形となっています。

精神障害者の保健・医療・福祉の充実強化を謳うのであれば、まず従来から指摘が多い精神科医療機関の偏在や人員配置基準の抜本的改革が必要となります。当面考えられる改革策は、要望書の通りです。

また、精神科医療整備計画を一〇ヵ年としたのは、国の障害者プランが、総理府（当時）の障害者対策推進本部が策定した「障害者対策に関する新長期計画」（一〇ヵ年計画）の重点施策を具体的に実施していくために策定されたもので、来年度が計画の最終年度でもあることから、次期新障害者プランが策定される場合は一〇ヵ年計画になることを見越し、これと連動した形となることを求めたものです。さらに、精神科医療の改革は、五ヵ年程度で達成することは現状では困難と考えたことも一〇ヵ年とした理由です。

（2）精神障害者地域福祉計画の策定について

精神科医療整備計画の策定は、いわば日本型脱施設化を図ることであり、その実現には地域における福祉サービスの飛躍的な充実策が同時並行的に実施されなければならないことは論をまちません。

また、新障害者プランが策定されるとしても、精神障害者福祉施策が他障害領域の施策から圧倒的に遅れを取っている現実を直視すれば 精神障害者の総合的かつ特別な計画が必要であり、公費による特別財源の確保も欠かせないと考えました。

特別に公費を投入するためには、国民のコンセンサスが得られる必要がありますが、そのための努力は国のみに限らず、精神保健福祉士をはじめとして精神障害者に直接的なかかわりを持つ専門職の責務であるとも考えております。

2. 触法心神喪失者の処遇の改革について

（1）新法における精神保健福祉士の規定について

与党PT報告書によれば、触法心神喪失者等の処遇は、司法制度の枠組みで医療上の措置が決定される形となっており、そこに精神保健福祉士が規定されることは、対象者とのかかわりにおける私達の従来の専門性が損なわれることを危惧させることとなります。

このため、仮に司法にまたがる領域に精神保健福祉士が参加するにあたっても、本来の専門性が担保されるための働きかけが必要と考えました。

（2）新法の施行時期と、処遇に関するガイドラインの策定について先に触れたとおり、与党ＰＴ報告書は新たな処遇に関して細部に渡って提言しているわけではなく、極めて不透明な部分を多く含んだ内容となっています。

今春の法案提出は具体的な政治日程として上げられており、新法の制定は避けられないと思います。このため、新法を少しでも良い制度としてスタートさせるためには、政・省令や施行規則などの細部規定を十分な時間を取って慎重に決定していく作業が欠かせないと判断しました。

以上のことから、施行時期を余裕を持って設定し、要望書にあるような処遇システム検討委員会等の設置による十分な議論が必要と考え要望しました。また、法施行後も出来る限り短期間での制度のモニタリングと見直し作業を規定することも重要です。

（3）保護観察所への精神保健福祉士の配置について

通院措置制度への保護観察所の関与が提言されていますが、保護観察制度は再犯防止の観点から、主に仮釈放となった受刑者を対象にかかわりをもつものであり、精神障害者への関与は少ないのが現状です。地域における精神保健福祉ネットワークと保護観察所が連携を図るのであれば、そこに携わるコーディネーターが必要であり、その役割を取れるのは精神保健福祉士が最も適切であると考えました。

（4）不服申立てシステムの確立について

与党ＰＴ報告書の提言では、判定機関の決定に対する不服申立て手続きを定めるとしていますが、これには上級審査機関を規定する必要があります。

また、判定が出された後の専門治療施設における処遇等に関しても不服申立ての規定を盛り込む必要があると考えました。

（5）専門治療施設への十分な数の精神保健福祉士配置について

専門治療施設を整備し、なおかつ真に対象者の社会復帰を目標とするのであれば、諸外国の同様の施設に倣い、少なくとも定床の二倍以上のマンパワーの配置が必要です。このため、本協会としては十分な数の精神保健福祉士の配置を要望しました。

以上、要望書の提出経緯並びに要望項目の内容について報告いたしますが、会員の皆様には要望書提出の趣旨をご理解いただくとともに、この問題に多大な関心を持って今後の動向を注視していただくことを切望します。

また、要望書に関するご意見ご要望があれば、是非本協会事務局までお寄せいただけますようお願い致します。

⑥「『心神喪失等の状態で重大な他害行為を行った者の医療及び観察等に関する法律（案）』について」

（二〇〇二〔平成一四〕年四月一二日）（病院・地域精神医学会［2002：75-76］）

精神保健従事者団体懇談会

代表幹事

森山公夫：日本精神神経学会

高橋　一：日本精神保健福祉士協会

樋口精一：日本病院・地域精神医学会

わたしたち、精神保健従事者団体懇談会（精従懇）は、一九八六年九月に精神医療に関わる一二団体で発足し、現在は、一九団体が参加し、精神保健・医療・福祉の現場に関わる学術団体及び職能団体が一堂に会するわが国唯一の集団です。

わたしたちは、第一五四回国会に上程されている標記法案について、次の理由により、その可決成立に反対し、問題の抜本的見直しを行って必要な方策を立てることを求めます。

1．現在、精神障害者は、一般科よりマンパワー（医師・看護）の少ない入院施設や、圧倒的に不足している地域社会資源等、他の疾患・障害を持つ人たちと比べて著しく差別された劣悪な環境下に置かれている。加えて社会的に病気への認識が低く、差別や偏見の強い中で生きていかざるを得ない状況にある。

こうした状況を抜本的に改善し、精神医療・保健・福祉を全面的に充実させることこそが最も優先されるべき課題であり、結果として社会の安全確保につながってゆく最も有効な方策であると考える。

まず、精神障害者三三万人が入院中であるが、その三分の一と言われる社会的入院を解消するための精神病床削減計画が必要であり、同時に、精神病院の職員配置に関する医療法の特例を撤廃する計画も必要である。そして、この両者を前提として、救急医療・危機介入を含む地域医療・保健福祉圏域の策定とその圏域ごとの数値目標を含む計画の策定が必要である。これらはいずれも、わたしたちはもとより、多くの精神医療・保健・福祉関係者が以前から指摘し、求めてきたことである。しかるに、この一月から審議を進めている社会保障審議会障害者部会・精神障害分会における「総合計画」（仮称）の検討状況を見る限り、上記の基本的な問題に厚生労働省が真剣に対処しようとしているのか甚だ疑問であると言わざるをえない。直ちに、上記基本的問題への対処方策が、必ず実施されるという保証を持って具体的な形で示されるべきである。

2．本来、刑罰は過去になされた犯罪行為に対して科せられるが、新法の目的は再犯の防止であり、将来の危険性を予測して処遇が決められることになる。①精神科臨床とは別の視点から将来の「再犯のおそれ」を理由として決定される入院処遇は、医療の名を借りた予防拘禁に他ならず、また、②「再犯のおそれがない」という判断は一般的にも困難であると考えられるので、相当長期にわたる拘禁的な入院がじゅうぶんに予測され、やはり医療の名を借りた不定期刑が導入されるものと見なさざるをえない。通院医療についても、ほぼ同様のことが言えるが、司法管理下の強制された「地域医療」が本来の地域医療・地域ケアの本質を著しく侵害するということも強く指摘しておきたい。

こうして、精神障害者に対してのみ「再犯のおそれ」を取りあげることは、法の下の平等に反するもので、明らかに偏見に基づく差別であり、精神障害者にとってますます生きづらい社会を作るものと言わざるをえない。

ちなみに現在、措置入院制度では「自傷・他害のおそれ」を強制入院の根拠にしているが、これは、あくまでも「現時点」における病状にもとづく精神科臨床上の判断から「医療と保護」を行うものであり、本法における「将来の」「再犯予測」に基づく処分とは質的に異なるものであることをここに強調しておきたい。

3．不幸にして違法行為を起こした精神障害者についての最大の問題は、現在のところ、次の三点にあると考えられる。①簡易鑑定を含む起訴猶予処分前後の事情の不透明性。②起訴猶予後、措置入院となった場合の措置入院のあり方の問題性。③留置・拘留・受刑などの場における精神科医療の不十分性。

わたしたちはむしろこれらの問題こそ、本法案成立の前にまずもって検討され、改善策が提起されるべきであると考える。

---

⑦「『心神喪失等の状態で重大な他害行為を行った者の医療及び観察等に関する法律案』に関する提言」

（二〇〇二〔平成一四〕年四月二一日）（日本精神保健福祉士協会［2002b：9］）

日本精神保健福祉士協会

精神障害のため他害行為等のおそれのある精神障害者については、精神保健福祉法により、都道府県知事による行政処分として入院の措置が行われてきた。しかし措置入院後の医療に対する監督は必ずしも十分ではなく、実質的な運用は医療に委ねられた観がある。措置入院の目的は当該精神障害者の医療及び保護とされているものの必要以上に入院が長期化する例が少なくなく、結果的に医療が社会防衛の機能を果たしていることは否定し得ない。

今国会に上程された「心神喪失等の状態で重大な他害行為を行った者の医療及び観察等に関する法律案」（以下「法案」という）は、重大な他害行為を行い心神喪失等の理由で不起訴処分になった者及び裁判により実刑判決を受けなかった者に限定して司法処分の対象とした。社会防衛の視点からの処分の決定を医療から切り離し、司法の責任としたことには一定の意義が認められる。

われわれは、あらゆる精神障害者に対し、そのニーズに応じた適切な受診援助と早期からの社会復帰援助、自己決定に基づく生活支援を行う社会福祉専門職である。不幸にして精神障害のために他害行為を行った者であっても、基本的人権の擁護をかかわりの基本としている。この立場から、これまでに「重大な犯罪行為をした精神障害者の処遇等に関する見解」（二〇〇一年九月二〇日）及び「精神障害者の医療及び福祉の充実強化と触法心神喪失者等の処遇の改革に関する要望書」（二〇〇一年一二月一三日）を表してきた。

法案が対象者の人権を尊重し、責任無能力等とされた対象者の主体性の回復と社会的復権を実現しうるものとなることを願い、以下の提言を行う。

1．審判における「再び対象行為を行うおそれ」の判定について

（1）法務省刑事局の調査によれば、殺人事件を起こし、精神障害のため心神喪失者または心神耗弱者と認められた者の大半に前科・前歴がなく、重大犯罪の前科・前歴を有する者は六・六％にすぎない。過去の経過をもって将来を予測するための材料にすることは難しく、また病状と行為の因果関係が必ずしも一義的に特定できるものではないことから、精神障害のために再び対象行為を行うおそれの有無を判定することは困難と考えられる。仮にごくわずかの可能性をもって再び対象行為を行うおそれがあると判定することになれば、対象者の退院はかなわず、無期限の予防拘禁になりかねない。

法案による医療が単なる社会防衛ではなく、対象者の社会復帰を目指すものであるとすれば、精神障害のため再び対

象行為を行うおそれの判定について、政省令により、対象者の回復の可能性を認めた柔軟な基準を設ける必要がある。
（２）審判において精神保健参与員が意見を述べる場合に、対象者の生活環境、生活歴等の資料を得るため、入院による鑑定に際して、医師だけでなく精神保健福祉士の関与が必要である。

2．指定入院医療機関について
（１）対象者の生活状況を把握し、退院に向けた環境調整を行うため、指定入院医療機関に十分な数の精神保健福祉士を配置する必要がある。
（２）指定入院医療機関における対象者の処遇について、対象者、保護者または付添人に対し、精神保健福祉法第三八条の四の規定と、同様の処遇改善請求権を付与すべきである。
（３）対象者は、単に病状の安定と生活の回復だけでなく、精神障害のため自らが行った他害行為に対する贖罪という重い課題を背負っており、医療及び福祉的援助が果たす役割は大きい。入院医療の目的が医療施設内での病状の安定だけでなく、地域社会での安定した生活を目指すものであれば、リハビリテーション機能の充実は極めて重要である。そのための施設設備の整備とともに、作業療法士、臨床心理技術者、精神保健福祉士等の十分な配置が必要である。
（４）指定入院医療機関の実際の配置は地域的に限定され、退院後の生活拠点とは地理的に大きく隔たることが予想される。退院後の指定通院医療機関への通院と、地域社会における生活への円滑な移行のために、指定入院医療機関からの外泊制度または仮退院制度を設ける必要がある。

3．指定通院医療機関について
（１）保護観察所の精神保健監察官と連携し、対象者の医療中断を防止するとともに、対象者が主体的に通院による医療を継続できるよう援助するため、指定通院医療機関に十分な数の精神保健福祉士を配置する必要がある。
（２）対象者が必要なときに適切な医療を受けることができるよう、指定通院医療機関における救急医療体制を整備するとともに、指定通院医療機関を含む医療圏域の精神科救急医療体制の整備を図る必要がある。

4. 地域社会における処遇について

（1）地域社会における処遇が単に社会防衛の観点からでなく、真に対象者の自立した生活の実現を目指すものとするため、対象者の生活自立を図るコーディネーターとして、保護観察所に十分な数の精神保健監察官を配置する必要がある。

（2）地域社会における精神障害者の生活自立のために利用可能な資源は極めて乏しく、早急にその充実を図る必要がある。

（3）地域精神保健福祉活動の中心となる保健所、市町村への精神保健福祉士の配置を促進する必要がある。

（4）対象者に対する地域社会の理解を促進し、対象者が必要に応じて地域社会の諸資源を利用しながら生活の自立を実現できるよう、関係機関職員の研修とともに地域社会に対する普及啓発を図る必要がある。

5. その他

（1）全く新しい制度であり、法案をめぐって様々な論議が行われているところであることから、附則において施行から三年後の見直しを規定すべきである。

（2）法案が成立した場合には、新制度の運用をめぐる具体的事項について、広く関係者の意見を集めるとともに、十分な時間をかけて検討すべきである。

会長　門屋　充郎

「「『心神喪失等の状態で重大な他害行為を行った者の医療及び観察等に関する法律案』に関する提言（二〇〇二年四月二一日　日本精神保健福祉士協会）」の訂正について」（第四章注22）、「⑦」の訂正）

本誌第一一八号の九ページに掲載した標記提言に重大な誤りがあったため、第一回全国理事会の決定にしたがい、五月二八日付で訂正版を作成し、二〇〇二年度定期総会の議案書に同封して、全会員に送付いたしました。ここに重ねてお詫びし、報告いたします。

訂正箇所は次のとおりです。

○「2．指定入院医療機関について」の（2）の全文を削除する。

○続く（3）を（2）とする。

○同じく、（4）の全文を削除する。

なお、標記法案に対する協会の見解については、六月一五、一六日に開催される第三回常任理事会で検討した上で、見解（案）として全国理事に送付する予定です。

---

⑧「『心神喪失等の状態で重大な他害行為を行った者の医療及び観察等に関する法律（案）』についての声明」

（二〇〇二〔平成一四〕年五月一四日）（病院・地域精神医学会［2002：76］）

全国精神障害者社会復帰施設協会
全国精神医療労働組合協議会
全国精神保健福祉センター長会
全国保健・医療・福祉心理職能協会
全日本自治団体労働組合衛生医療評議会
全国自治体病院協議会精神病院特別部会
全国精神障害者地域生活支援協議会
全国精神保健福祉相談員会
国立精神療養所院長協議会
地域精神保健・社会福祉協会

日本作業療法士協会　　日本精神科看護技術協会
日本精神神経学会　　日本児童青年精神医学会
日本集団精神療法学会　　日本精神保健福祉士協会
日本総合病院精神医学会　　日本病院・地域精神医学会
日木臨床心理学会

わたしたち、精神保健従事者団体懇談会（精従懇）は、一九八六年九月に発足した、精神医療・保健・福祉に関わる学術団体及び職能団体が一堂に会する、我が国ただ一つの連合体です。

わたしたちは、第一五四回国会に上程されている標記法案（以下法案）について、その可決成立に反対であることを表明し、抜本的見直しを行うよう要請いたします。

反対であることの理由

1．精神障害者の入院施設や地域社会資源は、他の疾患・障害を持つ人たちのそれと比べて著しく不十分な状態であり、その上、精神障害者は偏見にさらされた生活を強いられています。こうした状況を抜本的に改善し、精神医療・保健・福祉を全面的に充実させることこそが最も優先されるべき課題です。そのことを抜きに、「他害行為」への対応策のみを先行させた法案の成立を急ぐことは、精神障害者への偏見を助長するのみで、真の問題解決にはなり得ません。

2．法案では、「将来の再犯のおそれ」を要件として処遇が決定され、専門施設への入院処遇は再犯のおそれがなくなるまで無期限に延長できることになっています。「再犯のおそれ」を精神医学的に科学的根拠をもって予測することは難しいことです。特に再犯のおそれが「ない」という判断はきわめて困難であることから、この法案のもとでは、対象者が必要以上に長期間収容されることが予想されます。

3．また、再犯のおそれを基準とする司法管理下での強制された「地域医療」は、地域医療・地域ケアの本質を著しく侵害するということを強く指摘しなければなりません。

4．不幸にして違法行為を起こした精神障害者への対応について、重要な問題は次の三点であり、法新設の前にこれらの課題への取り組みがなされるべきです。

1　簡易鑑定など起訴猶予処分に至る過程に関する問題

2　責任無能力あるいは限定責任能力とされ措置入院となった場合の医療の問題

3　留置・拘留・受刑など司法の場における医療のあり方の問題

以上

---

⑨「『心神喪失等の状態で重大な他害行為を行った者の医療及び観察等に関する法律案』に関する見解」

（二〇〇二〔平成一四〕年七月一三日）（日本精神保健福祉士協会［2015-］）

日本精神保健福祉士協会第三八回総会

日本精神保健福祉士協会は二〇〇一年九月一七日と同年一二月一七日に重大な犯罪行為をした精神障害者の処遇に関する「見解」と「要望」を表明した。その後、標記法案が明らかとなったことから改めて協会として検討を行った。その結果、二〇〇二年五月に開催された全国理事会において協会としての態度を審議し、精神保健従事者団体懇談会が表明する反対『声明』に同調することを採決によって決定し、協会としての見解を表明することとした。

協会は法律案が社会防衛を目的とし「再犯の恐れ」を基準とした無期限の予防拘禁を可能とする政府案には反対である。不幸にして重大な犯罪を起こした精神障害者が、刑事責任能力がないとされたときの入通院の正当な根拠は、他害行為の背景にある精神障害に対する医療の必要性以外にはありえず、社会防衛的処遇が必要となれば、それは司法の責任において行われるべきである。これらを明確にした充分なデュープロセスの確保が必要で、慎重な対応が望まれる。

協会は精神障害者の社会的復権の観点から、精神障害者の医療・保健・福祉における支援に関わり、一貫して精神医療が社会防衛的役割を果たすことは時代に逆行すると主張し続けてきた。特に精神科入院医療は治療行為に加えて、刑事責任能力がないとして措置入院となった者への予防拘禁を含む社会的入院など、一般科医療より劣悪な条件下で過酷な役割を担わされている。医療はいかなる状況にあっても疾病からの回復を支援すべきものであって、社会防衛を目的とすべきものではない。しかし、現実の精神医療は司法の問題を含む社会的処遇の役割なども担わされてきた。このことが精神医療の問題を複雑にし、総体的に医療の質を低下させてきたと考えている。

協会は、基本的に精神障害者の責任能力を認め、自己決定を尊重することを前提として処遇されるべきと考え、いかなる立場、状況にある精神障害者であっても等しく質の高い医療が保障されるべきであると主張してきた。司法の場における精神障害者に対しても、良質な医療・保健・福祉を受ける権利が保障されるべきであり、当該精神障害者が裁判を受ける権利が保障されること、また、場合によっては刑を受ける義務を負うべきであることを確認するものである。

日本の精神障害者の社会的処遇を含む精神保健福祉の現状は、国内の監査機関・諸外国からの勧告等からしても国際的に劣悪な状態である。政府が行うべきは、現状の精神保健福祉政策の抜本的改革、社会防衛政策を基本的に廃し、脱施設化による病床削減、精神科特例の廃止と充分なマンパワーの配置、大幅な医療費の確保などによる良質な精神医療体制の歴史的転換が喫緊の課題である。そのうえで、日本と同程度の経済・社会・文化水準にある先進諸国が行っているコミュニティケアを基本とした精神保健福祉施策への大胆な転換を進める必要がある。

協会は国会における標記法案の審議を速やかに中断し、まずもって日本の精神保健福祉の政策転換を行い、司法と医療の役割分担と連携について改めて検討するべきであることをここに見解として表明する。

⑩「『心神喪失等の状態で重大な他害行為を行った者の医療及び観察等に関する法律』成立にあたっての見解」（二〇〇三〔平成一五〕年八月一三日）（日本精神保健福祉士協会〔2003b：274〕）

日本精神保健福祉士協会　会長　高橋　一

日本精神保健福祉士協会（以下、協会）は、二〇〇二年七月一三日の第三八回総会において標記法案（以下、法案）に関する見解を採択し、法案に対して反対の立場を表明した。

反対の主な理由は、再犯の恐れを入通院決定の要件とすることにより、無期限の予防拘禁を可能とする危険が高いこと、法案の成立によっても精神科医療が旧来の社会防衛的役割を払拭することにはならないこと、国際的に劣悪な状態にある日本の精神保健福祉の状況を抜本的に改革することが先決であること、であった。

その後、第一五五回国会に与党より法案の一部修正案が提出され、対象者の社会復帰を目的とすることが強調されたが、法案そのものの規定が基本的になんら変わらないことから、協会は先の見解に基づき、同国会衆議院の審議等の場で意見陳述を行い、精神保健福祉士としての立場を明確にしてきた。

第一五四回から第一五六回の三期にわたる審議を経て、本年七月一〇日に法案は可決成立した。衆参両議院法務委員会での強行採決は、国民の人権に係る重大な法案審議にふさわしくない後味の悪いものとなったが、国会という公開の場でこれほど精神障害者施策に関して議論されたことはかつてなく、また厚生労働省をあげての対策本部を設置しなければならないほどに、その貧困な状況が明らかになったことも事実である。

法律は成立したが、審議過程で関係諸団体から出された司法や精神科医療に関する疑念や課題については明確な回答や解決策が得られないままの事項が多くあり、協会としては、今後も引き続き諸課題の改善・解決への取組みを求めていかねばならない。

また、新たに精神保健参与員や社会復帰調整官として精神保健福祉士の関与が規定されているが、我々は精神障害者の人権擁護と社会復帰・社会参加を促進する役割を担う者として、かつて強制医療を基調とした精神衛生法の下でさまざまな制約を受けながらも、精神障害者とのかかわりを通して彼らの社会的復権に努めてきたように、新しい制度の対象となる人びとを社会が受け入れていくための方策を怠ってはならない。

そのためにも、協会は今後具体的に検討される指定入院医療機関での処遇内容や対象者の地域社会での処遇等について、監視機構や報告義務など考えられる人権擁護システムも検討したうえで、積極的に要望や提言を行なっていく姿勢である。

同時にこれまで以上に精神障害者への差別と偏見の解消に向けた国民への啓発（情報提供）や正しい知識普及への貢献に努め、病気や障害を理由に誰も排除されることのない真のノーマライゼーション社会の実現のために一層の努力をすることを表明する。

⑪「『心神喪失等の状態で重大な他害行為を行った者の医療及び観察等に関する法律』に関する現段階での見解」（二〇〇四〔平成一六〕年一一月二六日）（日本精神保健福祉士協会［2004b：12］）

社団法人日本精神保健福祉士協会　会長　高橋　一

国は、現在「心神喪失等の状態で重大な他害行為を行った者の医療及び観察等に関する法律」（以下、医療観察法）の二〇〇五年七月までの施行に向けた準備作業を進めている。報道等によると、指定入院医療機関の整備は、独立行政法人国立病院機構の病院や公立病院の指定手続きや建設着工が、地元住民の根強い反対もあり遅れている。当初予定されていた三〇床規模の専門病棟の全国二四か所の設置についても、一部で病床数を縮小する形での病棟設置や既存病棟での改修による設置も許容するなど、法施行の難しさを物語っている。

一方で、国は本年三月に、医療観察法の鑑定、指定入院医療機関運営、入院処遇、指定通院医療機関運営、通院処遇、地域処遇に係るガイドラインの試案を公表し、その後も関係諸団体の意見も取り入れながら改変した内容について公開し、来年一月のガイドライン策定に向けた作業を進めている。法運用上の根幹となるガイドラインの策定経過を情報公開してきたことに加え、入院処遇及び通院処遇のガイドライン（案）では、処遇の目標・理念の一つに「標準化された臨床データの蓄積に基づく多職種のチームによる医療提供」が掲げられ、精神保健福祉士も対象者の社会復帰調整を主に担う職種として位置づけられていることは、一定の評価が与えられるものである。

本協会は、二〇〇三年七月の医療観察法成立を受けて、同年八月一三日に法成立に当たっての見解を表明し、医療観察法の諸課題について引き続き改善・解決への取り組みを求めていくことや、医療観察法の対象となる人々を社会で受け入れていくための方策を怠ってはならないことを確認した。この見解に基づき、本協会の理事を中心とした諸会員は、これまで厚生労働科学研究や司法精神医療等人材養成研修の企画等に参加し、精神障害者の人権擁護と社会復帰・社会参加を促進する観点から意見を述べてきた。

また、医療観察法に規定された精神保健参与員や社会復帰調整官の中心的な職種が精神保健福祉士であることからも、本協会は法の目的である対象者の社会復帰が形骸化され、社会からの隔離へと目的が変質しないよう、今後もこの法制度に関心と関与を持ち続けなければならない。

私たち精神保健福祉士は、精神保健福祉に対する認識の低さ等の地域社会における様々な矛盾や地域精神保健福祉システムの貧困といった困難状況の中にあっても、従来から重大な他害行為を行った精神障害者とかかわりを持ち続けてきた。私たちが大切にしてきたその「かかわりの視点」は、新しい法制度の下でも何ら変わるものではないことを確認したうえで、現時点で以下のような課題があり改善への取り組みが必要であると考えている。

1．審判における精神保健参与員の関与

医療観察法の審判における精神保健参与員の役割は、対象者の社会復帰の見通しや、必要とされる処遇及び環境調整の内容について、専門的な立場から具体的な意見を述べることにある。精神保健参与員は、ソーシャルワーク実践の相当の経験に基づき、対象者の可能性に焦点化した意見陳述が必要となる。

すでに、司法精神医療等人材養成研修が始まっているが、精神保健参与員が最低限獲得すべき知識や技術の習得に些か不安を抱かせるカリキュラム内容や時間配分となっていることから、来年度以降の研修ではその内容の充実が図られるとともに、研修参加にかかる交通費等の経費についても配慮される必要がある。

2．指定入院医療機関における入院処遇

入院処遇における精神保健福祉士の役割は、入院当初からの丁寧なかかわりを通して対象者との信頼関係を構築したうえで、対象者の社会復帰の調整を具体的に進めていくことにある。指定入院医療機関では三〇床規模の病棟で二名の精神保健福祉士の配置が予定されているが、具体的な社会復帰調整には、対象者の意向を踏まえたうえでの退院予定地の社会復帰調整官や指定通院医療機関、利用が想定される社会復帰施設等の関係機関との連絡調整に相当の時間と労力を要することから、より適正な数が配置される必要がある。

また、入院中の対象者には、第三者性が担保された外部の権利擁護者が定期・不定期に訪問し、直接面接ができるようなシステムを早急に検討する必要がある。なお、指定入院医療機関に配属される精神保健福祉士の業務においては、入院中の対象者の権利に関する情報提供が位置づけられ、権利擁護について精神保健福祉士が十分機能できるよう業務を保障すべきである。

3．指定通院医療機関における通院処遇

現時点での指定通院医療機関運営ガイドライン（案）によると、基幹型指定通院医療機関の要件として臨床心理技術者、作業療法士、精神保健福祉士の配置が盛り込まれている。しかし、これらのコメディカル職種がすでに配置されている医療機関でも、ほとんどの場合は業務対象が入院患者に集中しており、新たに医療観察法の対象者のケアのために時間を割くことが難しい現状にある。また、医療観察法の対象者のためだけに新たにコメディカル職種を配置することは、医療経済上不可能である。

このため、厚生労働省・精神保健福祉対策本部が決定した「精神保健医療福祉の改革ビジョン」（二〇〇四年九月二日）における精神医療改革策に連動させる形で、アウトリーチ型の外来中心医療への早急な転換を図り、最低でも外来部門に専従の精神保健福祉士を配置できるような診療報酬体系の構築が急がれる。

4．対象者の地域内処遇

1）都道府県及び指定都市の精神保健福祉センターは、精神保健福祉の技術的中核機関であることから、医療観察法の対象者の地域ケアが適切に実施されるよう、地域の関係機関・施設等の職員を対象とした研修を実施する必要がある。

また、同センターは精神保健福祉に関する複雑困難な相談指導を業務としていることから、医療観察法の対象者も含めた重度精神障害者の地域ケアの推進のために、アウトリーチを基本とした多職種によるケアチームの配置が検討される必要がある。

2）医療観察法の対象者に限らず精神障害者全般の地域ケアが円滑に行われるよう、人的資源の充実が望まれることから、保健所及び市町村への精神保健福祉士の配置や精神障害者社会復帰施設等のサービス提供機関の増員が促進される必要がある。

3）地域内処遇の中心的な役割を担う社会復帰調整官は、対象者の地域生活支援のコーディネートが本務であり、地域ケア関係者の過重な期待は社会復帰調整官の孤立化を招きかねない。このため、地域内の精神保健福祉関係機関の精神保健福祉士等は、社会復帰調整官と積極的な連携を図る必要がある。

また、社会復帰調整官は一部を除き保護観察所に一人の配置とされているが、制度の充実に向けて早急に複数配置とする必要がある。

4）医療観察法の対象者の地域生活には地域住民の理解が欠かせない。これまで以上に精神障害者に対する差別と偏見の解消に向けた国民への情報提供等が必要である。

最後に、医療観察法の目的が対象者の社会復帰の促進にあるとすれば、最も重要なことは、対象者の地域生活の維持であり、そのための継続的なケアが保障される地域生活支援システムが生活圏を中心に整備されることである。対象者の地域内処遇は、現行の精神保健福祉サービスの活用を前提としていることから、早急にこれらの地域間格差の解消と飛躍的な充実が図られなければならない。

---

⑫「『心神喪失等の状態で重大な他害行為を行った者の医療及び観察等に関する法律』の運用に関する要望について」（二〇〇六〔平成一八〕年一月二四日）（日本精神保健福祉士協会［2015-］）

社団法人日本精神保健福祉士協会　会長　高橋　一

平素より障害保健福祉施策の推進にご尽力を賜り、厚くお礼申しあげます。

さて、「心神喪失等の状態で重大な他害行為を行った者の医療及び観察等に関する法律」（以下「医療観察法」という。）が昨年七月に施行され、すでに同法の対象者の審判及び処遇が実施されているところです。また、法施行に当たり、入院処遇ガイドラインをはじめとする各種ガイドラインが示され、それらに則った処遇が実施されていることと存じます。

しかしながら、当該法が規定する鑑定入院における対象者の処遇のあり方に関して、当協会として若干の危惧を抱いているところです。

また、すでに通院処遇の決定が下され、当該対象者に対する医療観察法に基づく地域内処遇も始まっておりますが、自治体によってはいまだ十分な連携体制を取れずにいるところも散見されます。

つきましては、医療観察法の適正な運用のために下記の通り要望いたします。

記

1．最高裁判所・厚生労働省・法務省の共管による鑑定入院処遇ガイドラインを早急に定めてください。

[理由]

医療観察法の対象者は原則として地方裁判所の裁判官による鑑定入院命令により、鑑定その他医療的観察を受けることとなります。しかしながら、法施行から現在まで鑑定入院中の具体的な処遇ガイドラインは示されておりません。

鑑定入院については、入院中の責任の所在が明確になっていないとともに、対象者の処遇に関しても法律上何ら規定がありません。つまり、入院鑑定中の対象者の権利保障および行動制限のあり方等が入院を受ける医療機関の判断に任されている状況にあり、その処遇に恣意性が働きかねないことを強く危惧します。

このため、鑑定入院中の対象者の処遇については、少なくとも1）精神保健福祉法が規定する入院中の処遇に準拠すること、2）鑑定の客観性と適切な治療を確保するため、鑑定医師と主たる治療担当医師は原則として分けること、3）入院中の行動制限はあくまでも治療上の必要性に照らして行うこと、等を明記したガイドラインを早急に定める必要があると考えます。

2．対象者の地域社会における処遇の円滑な実施のために、以下の事項につき特段の配慮をしてください。

1）法務省と厚生労働省の連携をより一層深め、継続的かつ定期的な協議の場を持ってください。

2）各都道府県における地域ネットワークの強化を図ってください。

[理由]

通院決定を受けた対象者は、指定通院医療機関における医療を受け、保護観察所による精神保健観察の下で生活をすることとなります。当該対象者の生活については、精神保健福祉法に規定する精神保健福祉サービスの提供により支援していくことが想定されており、当然ながら地域内の関係機関・施設が地域ネットワークを構築していくことが求められています。

医療観察法の施行に先立ち、「地域社会における処遇のガイドライン」（法務省保総第五九五号／障精発第〇七一四〇〇三号）が通知されておりますが、自治体によっては当該ガイドラインが十分に活用されず、保護観察所と自治体・精神保健福祉主管課等との協議の場さえ持てずにいる所もあると聞いております。

当該ガイドラインに謳われているように、まずは法務省と厚生労働省の連携の強化及び地域社会における処遇の実施体制についての情報の共有の促進を通して、地方厚生局、指定医療機関、保護観察所、都道府県・市町村等の関係機関相互の連携協力が円滑に行われるよう、具体的方策を構ずることが肝要と考えます。

---

⑬「『心神喪失等の状態で重大な他害行為を行った者の医療及び観察等に関する法律』における社会復帰調整官の増員について（お願い）」（二〇〇八〔平成二〇〕年九月五日）（日本精神保健福祉士協会［2015-］）

社団法人日本精神保健福祉士協会　会長　竹中秀彦

平素より精神障害者の保健福祉施策の推進にご尽力を賜り、厚くお礼申しあげます。

さて、「心神喪失等の状態で重大な他害行為を行った者の医療及び観察等に関する法律」（以下「法」という。）が施行されて三年が経過し、同法の審判結果に基づき、対象者の入院および地域処遇が実施されておりますが、入院指定医療機関の整備予定の遅れから、法対象者の病床が著しく不足している現状にあることを認識しております。

本年八月一日付で厚生労働省から「心身喪失等の状態で重大な他害行為を行った者の医療及び観察等に関する法律に基づく指定医療機関等に関する省令の一部を改正する省令」が公布されました。法制定当時に、特別な医療の必要性を根拠として整備方針を立てたことに鑑み、新たな入院処遇施設を容認していくことにならないように厚生労働省の本法への医療体制を注視していきたいと考えております。

しかしながら、法施行より対象者の増加、特に地域処遇の増加に対し、広域で生活環境調整等にあたる社会復帰調整官の負担は多大なるものがあります。地域によっては短期間の人事交替により知識や技術の継承が困難と聞き及んでおります。

また、対象者数の多寡等を事由として他都道府県への協力に派遣される事例も少なくないとのことですが、このような対応は必要に応じた人員増によって対処すべきと考えます。

対象者数の多寡にかかわらず、未だに基盤が脆弱な精神保健福祉における地域関係者や医療機関関係者とのネットワーク形成のための準備は不可欠の取り組みです。また、研修という形で対象者数の多い地域の実情を学ぶことも可能と考えます。広域である都道府県に一人の配置は、休みや相談等もままならず、社会復帰調整官の質の向上や勤務の継続において課題であると考えます。

つきましては、下記の点につきまして要望をいたしますので、何卒ご高配を賜りたくお願い申しあげます。

記

1．社会復帰調整官の人員配置について、各地に複数（最低二人以上）の配置が可能となるような積極的な増員計画と予算措置をお願いしたいこと。

⑭「心神喪失等の状態で重大な他害行為を行った者の医療及び観察等に関する法律に基づく指定医療機関等に関する省令の一部を改正する省令（案）及び心神喪失等の状態で重大な他害行為を行った者の医療及び観察等に関する法律に基づく指定医療機関等に関する省令附則第二条第三項の規定に基づき厚生労働大臣が定める基準の一部を改正する告示（案）に関する意見募集（案件番号495080398）について」（二〇〇九〔平成二一〕年二月一九日）（日本精神保健福祉士協会［2015-］）

社団法人日本精神保健福祉士協会　会長　竹中秀彦

標記の件について、下記のとおり本協会としての意見を述べますのでお取り計らいのほどよろしくお願い申しあげます。

記

第1　意見の趣旨

標記意見募集に係る省令等改正案は、心神喪失者等医療観察制度の運用面において、法が目的とする対象者の社会復帰の促進に支障をきたす恐れがあることを懸念いたします。

第2　意見の理由

標記の省令については、特に指定入院医療機関の病床整備が進んでいないことから、病床が不足し、入院医療が必要と決定された者への適切な処遇の確保に支障を来たしかねない状況となっているため、将来的に病床に不足が生じた場合における「臨時応急的な対応」として、二〇〇八年八月一日に改正されたと理解しております。

前回の改正時に、特定医療施設等に入院決定を受けた対象者を三か月とはいえ入院による医療を行うことができると した附則第二条第一項の規定については、医療法等に規定された精神病床との比較において圧倒的なマンパワーを配置した「手厚い医療」を前提として策定された入院処遇ガイドライン（以下、ガイドライン）で示されているところの、入院処遇の目標・理念の実現を阻害することが強く懸念されているところです。

然るに、当該措置をさらに六か月まで延長することができるとする今回の改正案は、ガイドラインで目標としている急性期治療の三か月を超えて、回復期に至ってもマンパワーの不十分な特定医療施設等に治療を委ねることを意味しており、継続的な評価に基づく医療の提供が、質的にも量的にも担保されるとはとても思えません。結果として、当該措置を受けた対象者の社会復帰が進まなくなり、対象者に不利益をもたらす可能性が高いと考えます。

また、医療観察診療報酬は「指定医療機関が提供する医療は、一般の精神医療とは異なり、公共性及び専門性が極めて高いことに加え、継続的かつ適切な医療を実施するためにも、その設置主体において安定した病院運営が行われるよう定め」られていることから、当該診療報酬が「一般の精神科医療」を提供する特定医療機関等に支払われることに、国民の納得が得られるとは思えません。

さらに、標記告示案は、特定医療施設等の対象範囲をいたずらに拡大するもので、法が謳うところの理念や精神を形骸化することにほかなりません。

---

⑮「心神喪失等の状態で重大な他害行為を行った者の医療及び観察等に関する法律に関する見解」（二〇一一〔平成二三〕年一月一六日）（日本精神保健福祉士協会［2015-］）

社団法人日本精神保健福祉士協会

はじめに

二〇〇五年七月に心神喪失等の状態で重大な他害行為を行った者の医療及び観察等に関する法律（以下、「医療観察法」という）が施行され五年が経過した。医療観察法の附則には第四条として「政府は、この法律の施行後五年を経過した場合において、この法律の規定の施行の状況について国会に報告するとともに、その状況について検討を加え、必要があると認めるときは、その検討の結果に基づいて法制の整備その他の所要の措置を講ずるものとする。」と規定されている。この規定に基づき、先般二〇一〇年一一月二六日に国会報告が閣議決定された。その内容は現状の課題を明らかにするものは何も含まれておらず、極めて不十分なものである。現在、障害者権利条約の批准に向けた国内法の整備が検討されている中、医療観察法についても権利条約に照らした整合性の観点から法制度の見直しが検討されなければならない。

本協会のスタンス

本協会は、医療観察法の制定及び施行までの過程において、折に触れ見解を表明するとともに関係各省に要望書を提出してきた（※）。また、法施行後、多くの精神保健福祉士が医療観察法に関与することとなった。直接的には、社会復帰調整官、精神保健参与員、指定入院医療機関や指定通院医療機関の精神保健福祉士、自治体の精神保健福祉士、そして法対象者の地域ケアを担う障害福祉サービス事業所等の精神保健福祉士としてのかかわりであり、間接的には厚生労働科学研究や人材養成研修の企画検討等への参画や本協会としての医療観察法地域処遇体制整備に係る調査研究事業の取組みなどである。

二〇〇八・二〇〇九年度に取り組んだ各調査研究事業においては、以下のような課題抽出や提言を行った。

二〇〇八年度障害者保健福祉推進事業「心神喪失者等医療観察法制度における地域処遇のための関係機関連携に係る試

行的実践事業　報告書」より

〈調査研究において陪席可能なケア会議・ＣＰＡ会議の参加と関係者へのヒアリングから確認された地域処遇の課題〉

（※ＣＰＡ会議：指定入院医療機関における入院対象者のケア会議）

１）地域処遇への移行に関する医療機関の地域偏在が及ぼす課題

２）支援連携を可能とする豊かな社会資源の不足

３）全額公費負担の通院医療費と自己負担となる通院交通費のもたらす課題

４）地域連携を可能とする人的・経済的保障の不足

５）地域処遇の終了後のケア継続に関する課題

〈医療観察制度における地域処遇推進のための関係機関連携のあり方〉

１）精神保健医療福祉関係者への医療観察法制度の普及啓発

２）重層的な支援体制の構築を

３）ハード・ソフト両面の資源整備を

４）地域処遇から地域精神保健福祉支援体制までの継続したケアマネージャーを

二〇〇九年度障害保健福祉推進事業「心神喪失者等医療観察法制度における地域処遇体制基盤構築に関する調査研究事業　報告書」より

〈円滑な地域処遇の推進のために（提言）〉項目のみ

１）居住資源の整備課題への対応

２）強制を伴う通院処遇における通院交通費の負担への対策

3）生活保護制度の運用に関する対策
4）継続的かつ医療的緊急対応可能な医療提供体制の整備に関するモデル圏域の設定
5）司法領域・精神保健福祉領域のマンパワーの整備
6）移行型バトンタッチではなく、ダブル・マネージャー・システムのような重なりあいや協働へ
7）医療観察法の処遇のフローに相談支援事業所（市町村）の位置づけを明記する

強制力をもつ処遇も含んでいる医療観察法にかかわることは、ソーシャルワークを本分とする我々にとって、今も多くのジレンマを伴うものであるが、我々のかかわりはあくまでも現行の法制度の運用において出会う対象者の生活支援の観点に立つものであり、法施行後の要望等や提言などは、その立場で行ってきたものである。

※二〇〇二年七月には、第三八回総会において法律案が社会防衛を目的とし「再犯の恐れ」を基準とした無期限の予防拘禁を可能とするものであることから、当時の政府案に反対の立場を表明している。その後法成立に際しては、制度に関与しながら、諸課題の改善・解決への取組みを求めていくことを表明してきた。文末にこれまでの見解及び要望等を時系列で示す。

法施行五年経過を迎え

今回、法施行後五年を迎え、これまでの関与を踏まえて、本協会として現時点における医療観察法に関する評価を提示し、課題解決に向けた具体的な提言を行うことを企図したが、先ずは、改めて法そのものに関する全体的視点からの見解を以下に示すこととした。

なお、医療観察法が現状として施行されている間は、当然ながら法制度に関与しつつ、法制度における矛盾や課題の把握やそれらの改善に向けた行動も、個々の対象者支援に関する実践や支援において行っていくという姿勢は貫徹するものである。

1）法制定の背景要因の変化に関する検証の必要性

精神科病院がいわゆる触法精神障害者を措置入院として受け入れていることが病院の開放化の隘路となり、特別な制度のもとでの手厚い医療の提供が必要であるという説明が法制定前にあったことに対し、法施行後五年の現段階において、精神科医療がどのように変わったか細部にわたる検証は欠かせない。

2）精神医療や精神保健福祉全般の水準向上は為されたのか

医療観察法の附則には、政府による「精神医療等の水準の向上」と「精神保健福祉全般の水準の向上」が謳われている。医療観察法の整備と精神保健医療福祉の向上を車の両輪と位置付けたものであるが、この間の取り組み実績は果たして車の両輪たり得たのであろうか。

法の対象者の状況をみると、医療観察法の対象となる以前に一般精神医療を利用していた者が半数近くに及んでいる。このことは、現状の精神医療や精神保健福祉全般の水準が精神障害者の生活を十分に支えるまでに至っておらず、再発や悪化を防ぎきらず、結果として対象者にとっても対象行為の被害者にとっても不幸な結果を招くこととなっていることを如実に示すものである。

二〇一〇年の診療報酬改定により、救急・急性期・身体合併症医療の重点的評価は行われたものの、依然として医療法上の精神病床の人員配置基準は変わらず、低い基準に抑えられている。また、精神障害者の障害福祉サービスや地域生活支援事業の利用は増えているが、病院からの地域移行を含めた地域における精神障害者の生活支援体制は量的にも質的にも心もとない状況であることに変わりない。

3）既に破たんを呈した手厚い医療提供体制

一方、手厚い医療を謳っていた指定入院医療機関のたび重なる基準や規格の変更により、小規模病棟ではコメディカル職種の配置が少なくてもよく、なおかつ一般病棟の一部に医療観察病床を置くことができるとしたこと、指定病床以外の病床を「特定病床」として法対象者の受け入れを可能としたことは、精神保健福祉法上の入院医療と医療観察法による入院医療を切り離して「手厚さ」を提供するとした当初の制度設計がもはや破綻していることを意味している。

4）改めて、障害者権利条約に照らした精神保健医療福祉全体の抜本的変革の推進と実現を

いま急ぐべきは、車の両輪の一方の車輪として位置付けられた精神保健医療福祉の貧困状況を改善し、大胆な改革へのスピードを上げていくことである。

現在、障がい者制度改革推進会議において、障害者権利条約との整合性に照らした国内関連法の整備・制度改革が議論されている。そのなかで、医療分野における論点の一つとして、精神科医療における強制入院制度の見直しが掲げられており、医療観察法における入院も含めた検討が行われることになっている。このような動向も踏まえて、国はいま一度医療観察法のあり方を検証し、大胆な見直しを検討すべきである。

5）検証のための丁寧な実態報告を

医療観察法を現時点で評価・検証するには、制度総体としてあまりにもその実態が明らかにされていない点が多い。我々の個別実践の積み重ねはあるものの、対象者の処遇を含めた全国の運用実態を明らかにすることなしには具体的な課題も抽出できない。見直しのあり方を検討するためには実態を明らかにすることが先ず必要である。

おわりに

本協会としては、見直した結果としての方向性が廃止なのか改正なのかという結論ありきではなく、今後批准しようとしている障害者権利条約に照らした法制度の見直しを図ることと、その検証及び検討のために運用の諸実態を明らかにすることを求めるものである。

以上

参考：本協会のこれまでの見解や要望等

※二〇〇一．九．一七「重大な犯罪行為をした精神障害者の処遇等に関する見解」「補足説明」
※二〇〇一．一二．一三「精神障害者の医療及び福祉の充実強化と触法心神喪失者等の諸具の改革に関する要望書」
※二〇〇二．七．一三「心神喪失等の状態で重大な他害行為を行った者の医療及び観察等に関する法律案」に関する見解（日本精神保健福祉士協会第三八回総会）
※二〇〇三．八．一三「心神喪失等の状態で重大な他害行為を行った者の医療及び観察等に関する法律」成立にあたっての見解
※二〇〇四．一一．二六「心神喪失等の状態で重大な他害行為を行った者の医療及び観察等に関する法律」に関する現段階での見解
※二〇〇六．一．二四「心神喪失等の状態で重大な他害行為を行った者の医療及び観察等に関する法律」の運用に関する要望について
※二〇〇八．九．五「心神喪失等の状態で重大な他害行為を行った者の医療及び観察等に関する法律」における社会復帰調整官の増員について（お願い）
※二〇〇九．二．一九〈パブリックコメントへの意見提出〉心神喪失等の状態で重大な他害行為を行った者の医療及び観察等に関する法律に基づく指定医療機関等に関する省令の一部を改正する省令（案）及び心神喪失等の状態で重大な他害行為を行った者の医療及び観察等に関する法律に基づく指定医療機関等に関する省令附則第二条第三項の規定に基づき厚生労働大臣が定める基準の一部を改正する告示（案）に関する意見募集（案件番号四九五〇八〇三九八）について

不可解さを示すという仕事

立岩真也

■義務、だと思う

まず、ちかごろ数多くなった、精神保健福祉士の養成といった場所にいる皆さんは、読んでくださいませ。理由は、これから書くことを読んでもらえばわかると思うが、短く言えば、その人たちはなにか正しいことを教えることになっているし、なにかものを知っていることになっている人だからだ。むろん同じことは、教えるのでなくても、政策だとか施策だとかに関わっている人たちにも言える。

それは、本書全体が取り組んでいる主題についてもちろん言えるのだが、それ以前、「保安処分」とか「Y問題」といったこと、知っていることになっていることについて、いつまでも知っているふりをし続けるというのも苦しいだろうから、この本でほんとに実際に知ってください、ということがある。

そして、教えられている人、とりあえず仕事だから仕事をする人、さらにいろいろと（「支援」を）されている人は、学費を払ったり、あまり役に立たないことや迷惑なことをされたりして、すでに支払いがあるのだから、加えてこの本の代金を払うことはない。ただ、とくにいまいち、あるいはおおいに、教えられていることとされていることに腑に落ちないところ、なんだかおかしいと思うところがある人にとっては、この本は、すぐにではないが、使える本だ。

■審査報告書再掲

まず短く告知・広告した。さて、本書は博士論文がもとになっている。私はその論文の主査だった。主査という役の人は（主）担当教員が就くことが多く、それはこちらでもそうだ。そしてこの役の人は、私の勤め先では、教授会による博士号授与の合否を決める投票に際して、「審査報告書」を書いて朗読することになっている。そしてその書類は、教授会での朗読に際して誤字等の指摘、修正の提案を踏まえて書き直されることがあり、そうして作られた書類は全学の会議体——これが最終的な決定機関になる——の際にもその場に提供される。

この十年あまりの間、もう五〇ほどそうした書類を書いてきた。多くが春に提出されるので、多くは七月の終わり、一年でいちばん面倒な仕事だと愚痴を言うことがある。通る（通す）ためには、（いろいろ課題はあるにせよ）基本的にはよい論文であったと書くことになる。そのことに、私は、私が担当するすべての場合に異論はないのだが、とはいえどのように書くかということになる。その報告書には大きくは三つの項目があって、三つめは形式的な記述だから略。一番目は「論文内容の要旨」で、これは筆者が書いた要約が使えるものであれば、使わせてもらう。でないと自分で作ることになるが、樋澤さんのは使えたので、ほぼそのまま。だから、ここに再録するまでもない、とも思うが、とにかく短いので、引用。

□論文内容の要旨

本論文は、日本における保安処分に対して、少なくとも一九八〇年代前半までは強固に反対の立場を堅持してきた「日本精神医学ソーシャル・ワーカー協会」（現「日本精神保健福祉士協会」、以下、協会）、そして精神保健福祉領域のソーシャルワーカー（ＰＳＷ、資格としては精神保健福祉士）が、二〇〇〇年代以降、その構造的類似性から一種の保安処分と同定できる「心神喪失等の状態で重大な他害行為を行った者の医療及び観察等に関する法律」（二〇〇三年成立、二〇〇五年施行、以下医療観察法）に対して実質的且つ積極的に関与を表明するに至った過程を整理し、検討を行うことを通して、ＰＳＷの医療観察法への関与の正当化論理、及びその鍵概念となる本法における「社会復帰」の意味について明らかにすることを目的とする。

論文の構成は、序章、第1章「保安処分の概要」、第2章「日本における保安処分導入の過程」、第3章「協会の保安処分に対する「対抗」の過程」、第4章「協会の医療観察法への関与の過程――保安処分とＰＳＷとの親和性」、第5章「ＰＳＷの医療観察法への関与のロジック――協会機関誌『精神保健福祉』における2つの特集の検討」、第6章「「精神保健観察」にみる社会復帰の意味」、終章「本研究のまとめと今後の研究課題」。

まず第1章・第2章で戦前から刑法学者による保安処分に関わる主張が整理される。第1章では、後述される医療観察法につながる始点として、保安処分の定義、執行形式、そして保安処分と刑罰との関係が整理され示される。第2章では、日本における保安処分導入の経過が概観される。そこでは保安処分の主張が多様であったことが確認されるが、その上で、後に成立する医療観察法を保安処分と捉えるのは妥当であることも示されることになる。第３章では、一九六〇年代後半以降、保安処分が日本精神神経学会や精神障害者たちの運動において批判の対象とされていったその歴史が辿られる。そしてこの動きに連動し、協会もまた反対の側にまわったこと、以後その反対の立場自体は明確に否定されてはいないこともあわせて示される。

そうでありながら、協会は「同時に」医療観察法に関与していく。第４章では、医療観察法成立の過程を整理した後、協会による医療観察法に対する見解等の内容の整理を通して、協会が「迷走」しながらも、徐々に本法に積極的に関与していく様相が明らかにされる。第５章では、ＰＳＷがどのような論理によって、あるいは言葉の運びによって、医療観察法への関与を肯定しているのかについて検討された。第６章では、医療観察法におけるＰＳＷの職務のなかでもその使命を具現化した社会復帰調整官の「精神保健観察」に関する論考の整理検討を通して、ＰＳＷの医療観察法への関与の正当化論理及びその鍵概念となる本法における「社会復帰」の意味について明らかにすることが試みられる。そこでは「社会復帰」を支援する職務がＰＳＷの職務であり、その一部に医療観察法のもとでの職務が位置づけられ正当化されていることが確認された。

次に「論文審査の結果の要旨」。

□論文審査の結果の要旨

制度の始まりや変更についてそれに関わる学会・業界の対応やその変遷を辿ることの意義は大きい。にもかかわらず研究はわずかである。それでも日本精神神経学会の動きについてはいくらか知られているが、コメディカルと呼ばれる職種や社会福祉の側についてはこれまでほとんど研究がない。本論文で医療観察法とＰＳＷとの関わりの推移が詳細に明らかにされた。しかもその組織は態度を変更している。それは医療観察法をどのように見るか、それへの関わりをどのように考えるかに関わる。そして本研究は職能団体の性格・動態を明らかにしようとする研究でもある。協会の医療観察法への関わりを詳細に辿った本論文が博士論文の水準を十分に超えていることを審査委員は一致して認めた。

そして筆者は態度の変化がどのようなものであったのかを検討している。ただその「変節」は過去の見解を否定したうえでなされたものではない。そのため、変化がどのようなものであったのかの評定は困難なものになる。筆者は医療観察法成立の前後に協会が出したあるいは協会が名前を連ねた文書（全て巻末に資料として収録されている）、そして協会機関誌『精神保健福祉』で2度行われた特集に掲載された協会の関係者他の文章を検討した。ここにも論理的な過去の立場の否定があるわけではない。以前あったはずの将来の危険性の予測可能性が疑わしいから強制処置の正当性は得られないという論点は、医療観察法とそれへのＰＳＷの参与を肯定することになってからの文章にたんに現れないといった具合である。

こうして医療観察法否定の根拠を否定するのでなく、それに言及しないまま、肯定・受容の側への移動がなされる。そこに何があったのか。筆者は、一つに職域の拡大・確保が動因としてあったと推測する。そして以下を列挙している。日本弁護士会が示したＰＳＷの参与を含む案に協会は肯定的に反応した。法制化の流れの中で与党案に「地方裁判所の判定機関」を構成する一員としてＰＳＷが記されたことを契機に、協会は全国の保護観察所にＰＳＷを位置づけるという与党案より一歩踏み込んだ「要望」を提出した。制定された法のもとで職務が規定されていることに肯定的に反応し、成立・実施後はその職域の拡大を求める主張をしている。以上からその推定は妥当なものだろう。

そしてここでは、どうせ決まった制度であるからには他の職種よりも自らがよく「本人の側に立って」仕事を遂行できるという論も差し挟まれる。そしてもう一つ、PSWの本務としての「社会復帰」を援助すると言う時のその社会復帰が、安全な存在としてその社会でやっていけるような人になることであるとされ、それを支援する仕事が肯定され、それが医療観察法への参与への抵抗を少なくさせたと筆者は考える。これも妥当な把握であるだろう。

以上のように筆者は、協会やその関係者が言ったこと、そして言わなくなったことを辿りながら「変節」を跡付け、その上でそこに働いていた動因について傍証を重ねそれに迫りながら、その作業の困難をも感じることになった。その試みから何を受け取れるか。

PSWの仕事はパターナリズム、そして強制に接している。それが正当化される場面があることを筆者は認める。同じ立場をとるとしよう。しかしだからこそ、将来の可能性予測は強制力の行使を正当化しないというように、強制力の発動に慎重であるべきだとされよう。そう考えるなら、本論文に描かれたのは、その「留め金」を知られぬ内に外してしまったその歴史だったとも言える。このように強制への関与の道が開かれることがあることを本論文は示しているのでもある。

■手を挙げことに何が作用していた（いる）のか

この「論文審査の結果の要旨」には、ときどき、この論文はこう読む（こう読んだらおもしろい、こう読むしかない……）という文章を書けることもある――そういうものの幾つかをそのうちホームページに掲載することにしよう。樋澤さんのはそうはうまくいかなかった。「結局何が起こったんでしょうかね？何か見つかりますか？」といったやりとりを、論文提出の前、何度かしたように覚えている。はっきりした「証拠」はでてこなかった。むしろ、はっきりとした方針の転換、転換にあたっての根拠の提示といったものが「なかった」ことがこの論文で明らかにされたと言うべきか。

それはとくに珍しいことではない。むしろよくあることだ。だからこそ、こういう論文は書かれねばならない。はっきりした派手なことなら、わざわざ調べるまでもないことがあるが、そんな変化でない変化があり、そしてその変化は、人の生活を変えることもある大きな変化だ。論文→本書はそれを捉えている。

その上で、なぜこういうことなったのだろうと、やはり思う。そしてそれを示すようなものは？、と私はずっと樋澤さんと話していたのだが、というのがさきの話だ。ただ、例えばこの変化に関わった組織（協会）の関係者に仮に話を聞けて何かがそこで言われたとして、ではそれが「答」かといったらそういうものでもない。そこが難しいところでもあり、大切なところでもある。人の「語り」だけを取り出すのが仕事であると割り切って、そしてその自分がしていることがどんなことであるかわかっているなら、そんな人もいてもよい。ただ、「なぜ？」という問いはそれと別に立つ。その答は確定することはないだろうが、では、これまでとそして／あるいはいまと別様に現実をもっていくためにはどうしたらよいのだろうと考えるためには、必要である。むしろ、極端なことを言えば、変化のための条件を考えるために、ものごとの生起・変容の要因・条件を考えるという作業が要請され、その要請に応えられるのならその作業に意義があるということになる。

何があるだろう。まずわかっているのは、この組織（の人たち）がこの医療観察法関係の仕事をしたがった、したがっているということだ。なぜだろう。医療社会学的な言い方では、専門職は常に自分たちの仕事の範囲の拡大を求めているのだということになるか。ただこれも常に、ではない。例えば金にならない仕事、ならなくなりつつある仕事からは引こうとすることがある。だが、たいした収入にはならないとしても、そして時には自分たちでとうていやれきれることでないと思える（思えるはずの）仕事であっても手放そうとしないこともある。面子？、使命感？、自分たちの技能他を（過度に）高く評価すること？　そんなものも含みつつかもしれない、仕事の範囲の、量の、収入の（そしてこの三つは必ずしも相伴わない）確保し拡大しようとする力・動きを見ていくことが私は大切だと思っている。そしてその際、その同業の組織の「上のほうの」人たちと、普通に働いている人たちと、ときに前者を兼ねることもあるその職に関わる教育に携わる人、そうした学校を経営する立場にいる人たち、とそれぞれの思惑、利害も同じであったり違ったりすることも考えにいれておく必要がある。現場で働いている人たちは、面倒で実入りの少ない仕事などやりたくないと思っているのだが、業界や学界を背負っている（と思っている）人たちはそうではないといった具合にである。面倒な仕事であっても、例えば政府からの依頼を引き受けることによって、政府からなにかを得られる（かもしれない）といった計算が働く場合もある。

「終末期医療」「医療的ケア」等々で私もそんなことを、つまり様々な利害や思惑の錯綜を見聞きしたり、いちいち紹介しないが、何冊かの本に書いたりすることがあった。ここでもなにごとかが起こっているのかもしれない。そうすると、この医療観察法関係の仕事、そして以前に「Ｐ」――精神のほうの医療ソーシャルワーカー（ＰＳＷ）のことを、ときにいくらかの自嘲（と自負？）とともに「Ｐ」と呼ぶことを私は樋澤さん「たち」とつきあようになって知ったのだと思う——の仕事がどんな位置づけになっているのか、なってきたのかを知る必要がある。例えば、行政や医療・福祉の組織にその資格者を置くことが規定されていない職種の人たちは、たしょうわりに合わなくても自分の「場」を欲することがあるかもしれないのだが、Ｐの場合はどうか、とか。

■よいではないか、と思えたのかもしれない、が

そうしたことともに、医療観察法（的なもの）に関わるとはどんなことか、どんなことだと思っているのか、そしてそれとともに、Ｐの仕事はどんな仕事か、仕事だと思っているのか。

犯罪を（再度）行なうことを防ぐ仕事もその人のための仕事であると思われる。それは間違いである、とは言えないだろう。次に、本人の「支援」には、ときに「押しつけ」「強制」の要素が含まれる、これも、仕方のないこととして認めざるをえないと思われる。本書の最初のほうでも書かれているように、樋澤さんがこちらの大学院の前期課程——修士課程相当、樋澤さんは日本福祉大学の大学院で修士号をとっていたにもかかわらず前期課程からこちらの大学院に入ってきた——で研究したのもパターナリズムについてだった。パターナリズムは否定しがたい。

両者を組み合わせると、Ｐが医療観察法に賛成し、そして関わってもよいのではないか。そしてその仕事を自分たちは（他の人たちよりも）うまくやれるのではないか。こういう思考があったこと、あることは、考えられる。このような「連続性」があって、そして、前述した（前述しかけた）なにかしらの利害・思惑が絡んで、「変化」「変節」が起こった、のかしれない。

しかし、ではなぜ、自分たちは、保安処分に反対していた（してきた）のか。それを考えていくなら、そうするっと話が通る（変わる）ことはない。よいではないかと思われたことは再度くつがえされる、すくなくともおおいに疑問だということになるはずなのだが、その辺はどうなっていた（いる）のか。その思考の回路はたんに働かなくなったか。本書を読むとまるでなかったわけでもないようだが、しかしその思考・議論の回路は実効的に作動しなかった。素朴に疑問ではあるし、不思議がっているだけでも仕方がないのなら、今さら、戻って考えることもできる。すると一九七〇年代に言われた反対論・慎重論にいくらかを足した方がよいのかもしれない。私は私で、今年のはじめに出してもらった杉田俊介さんとの共著『相模原障害者殺傷事件』（青土社）の第1章「精神医療の方に行かない」ですこし考えてみた。一つに、本人のための仕事をすることになっている人が、本人のためでない理由（他害の抑止）で強制に関わるという位置にいるなら、それは本業の妨げになる、だからよくないといったことを述べた。これに反論の余地がないわけではない。ただ、そのことも含め、既にいくらも言われたことも含め、まだあるかもしれない論点も含め、考えることができる。考えられることなく、すくなくとも表立って議論がなされなかったことも含めて、考えることができるし、考える必要がある。

■多くの大勢による仕事が要るし、既にいくらかはある

あらためて、遅くなったが思考と議論を再開するために、停滞と、停滞している間の、気づかれない、あるいは気づいていないふりをし（ときにふりをしている間にいつのまにか）、または自らも気づいていないかもしれない変節があったというその事実を知ることだ。ふりをしていることを決めこんでいる人には

打つ手が見えないかもしれないが、そんな人ばかりでもないだろう。知ること知らせることの意味はある。

このごろずっと私は、「ただ知ること（→書くこと）が大切だ」といったことを言っている。それが必要な部分・領域がやまほどある、と思っている。

なにかを適当に調べて、そして解釈して、なにか展望を示す。ほんとに短い学会報告や論文でそれをセットにして話したり書いたりしてしまう人がいる。いるというだけでなく、それが普通だというのか、とくに「支援関係の学」の大勢のようだ。もちろん、簡単に、短く言えるのならば、それはよいことだろう。だが世の中はそう簡単にいかない。だから、適当でなくまず調べる必要がある。そしてそれを私たちはほっとかないで、引き継ぐ。そのために買って、読む。一人、一つの本で全部やる、なんていう無理な、たいがいは半端に終わることをしなくてもよい。誰かが考えることを引き継ぐために、実際にあったこと（なかったこと）を書いて、本にして売って買って、読まれる。それに意味があるのだと思う。

こうして、全体のまだ掘られていない部分を掘る。例えば保安処分～医療観察法に医師の集団がどう対応したかは書かれているが、看護師についてはない。Ｐについてもない。看護師についてはより以前の時期についてになるが、阿部あかねさんが同じ研究科に提出された博士論文「精神医療改革運動期の看護者の動向」（2015）で書いた。そして本書で樋澤さんが書いた。「精神科のソーシャルワーク」についてもいろいろな描き方、いろいろに描く場所がある。吉村夕里さんの本『臨床場面のポリティクス――精神障害をめぐるミクロとマクロのツール』（2009）がある。そして今、やはり同じ職業につきこちらの大学院で「相談支援」を巡るじつにややこしい制度のこんがらがりようを書き、博士論文に仕上げつつある萩原浩史さんがいる。これらが束になって、この領域のソーシャワーカーがいま置かれている状況、していること、させられていること、させてもらえていないことが明らかになっていく。そして、一つのことについても、幾種類かの仕事のある部分をやって、次につないでいく。誰かがあるいは自分が考えるために、起こったできことを記述する。それを受けて考える。学問が、増殖していくものであってよいとすれば、それは、こんな具合に覆うべき最低限を覆うためにある。ここが空いている、やってみたらいかが、といった周旋屋のような仕事は、じつは私はたいしてできない。大学院では「自分のテーマ」を尊重することになっており、こんなことをする人がいたらいいのにといったことは、ツィッターでつぶやくぐらいだ。

結局、埋まるべきところが埋まるのを、気長に待っているしかないことになる。しかし私自身はそんなに気長な性格ではないから、いくらかじれったいところはある。そこで、こんな具合になされてよい仕事が分布している、こちらで研究してきた人たちの仕事はこんな感じで相互に関係していることを本等で示す。『生存学の企て』（立命館大学生存学研究センター編、2016）はそんな本だ。ただ基本的には、待っていて、手伝えるときにはすこし手伝って、よいものが出たらよかったと思う。そうした論文〜書籍はじつはじつにたくさんあって、みなここに挙げることはできない——右記の『企て』をご覧ください。この文章のように、単著の中に「おまけ」を載せてもらったもの二つだけ書名だけあげさせてもらう。定藤邦子『関西障害者運動の現代史——大阪青い芝を中心に』（2011）に「関西・大阪を讃える——そして刊行を祝す」。有吉玲子『腎臓病と人工透析の現代史——「選択」を強いられる患者たち』（2013）に「これは腎臓病何十万人のため、のみならず、必読書だと思う」。そして、ここで書名をあげた本すべては生活書院から出してもらっている、から出版社名を略した。

あとがき

本書は、二〇一五年度に立命館大学大学院先端総合学術研究科に提出した博士学位論文『保安処分構想から医療観察法体制へ――日本精神保健福祉士協会の関わりを中心に』に加筆修正を行ったものである。

本書は、筆者がわずかな期間だけ従事した二つの仕事が基点になっている。一つは大学四年次に従事した知的障害者小規模授産施設のアルバイト、もう一つは大学卒業後にＰＳＷとして就職した精神科病院における経験である。

筆者は一九九一（平成三）年に愛知県にある日本福祉大学社会福祉学部に入学した。筆者が入学した学部は、母校のみならず、いまや多くの大学で「化石」化している第二部（夜間学部）であった。そのため種々のアルバイトを経験したのであるが、四年次の一年間は、知多半島南部に位置する知的障害者小規模授産施設の臨時職員として、主に当該地域に縁のある自動車メーカーのプラスティック製品の組み立て作業の支援（当時は「指導」という言葉を使っていた）に従事した。「支援」といっても正直なところ筆者に「支援」などができるわけもなく、授産生（当時はこのように呼んでいた）と一緒に組み立て作業に没頭する毎日であった。朝九時始業後、昼食を挟んで午後三時ごろまで作業を行った後、その日の組み立て分を専用のケースに並べ入れ、それを軽トラックに積み込み、授産生とともに筆者が運転して片道一〇分ほどの元請の工場に納める、ということと土日祝日を除いて毎日続けた。いまでもその作業の感覚は指が覚えている。一度だけ、運搬中に緩いカーブで減速し損ね、荷台に積み重ねていたケースをすべて道路にぶちまけてしまい、対向車にビクビクしながら、同乗していた授産生に手伝ってもらいつつ散々な思いで軽トラに積み直したこともあった。「福祉」の冠がついた大学に入学したものの、特段福祉に強い関心を持っていたわけではなかった（そもそも大学への進学にあまり関心が無かった）筆者が授産施設での職を得たのも、サークルの先輩のやや強引な紹介によるもので、決して能動的なものではなく、あくまで日々の糧の足しのつもりで始めたものであった。しかしこの授産施設での日々は、当時から志向すべき概念として大学の講義のなかで頻繁に登場していた援助者と被援助者との「対等な関係」や、被援助者の「自己決定」の尊重というものの難儀さを肌で感じる経験となった。たかだか大学生にあそこまでの仕事を任せてもらえたことに心底感謝している。

一九九五（平成七）年三月に大学を卒業後、筆者は甲信越地域の民間精神科単科病院にＰＳＷとして就職し、一九九八（平成一〇）年三月まで三年間勤務した。配属された部署は「認知症疾患（当時は「痴呆疾患」）治療病棟」。語弊を承知でいえば、筆者の当該病棟での役割は、入院してくる患者の次の「居場所」探しであった。拙いながらも、とまどい悩みながらの三年間であった。病院のスタッフは皆全力を尽くして本人の意思を尊重しようという努力をしていた。ここでの経験は、むろん自身の未熟さが前提にあるものの、あまりに乏しい社会資源の現実（当時は介護保険制度などは無かった）と、患者の気持ちを十分に汲み取ることのできないもどかしさと、「自己決定」という言葉の空虚さを実感する三年間であった。

授産施設と精神科病院での経験は、「対等な関係」や「自己決定」という言葉それ自体が錦の御旗となって、いとも簡単に「本人不在」の状況を作り出すという比喩ではないまさに字義通りの「暴力」性を帯びたものとして、それを「暴力」とは気づかぬまま「支援」の「専門家」に駆動させるものであるということを否応なしに実感させられるものとなった。筆者はこの頃からここでいう「暴力」に対抗するには、それの排除を目指すのではなく、そもそも社会福祉のような「支援」には除去不可能な「暴力」性が内包されているのであり、それなしでは「支援」は成り立ち得ないものであり、そのことについて開き直ることなく自覚することこそが重要ではないかと考え始めることになった。また、そもそも何故、ソーシャルワーカーのみならず「専門家」と呼ばれる人たちは、被援助者を被援助者と規定して「支援」という介入ができるのだろうか、という素朴な疑問を持つ契機ともなった。

結局、自身が就いていた仕事に付随する「暴力」性の自覚の恐怖に耐えられずに逃げるように職を辞し、大学院に入学したのであった。本心では、大学院に入学したところでこの疑問が解消されるとはとうてい思えなかったが。

大学院に入学した以上は「研究」をしなければならなかった。修士課程では坪上宏（社会福祉方法論）によるソーシャルワークにおける援助関係論について学び調べ、「一方的関係」の条件付き許容について論じた。博士課程では当初、すでに立岩真也が『私的所有論』等で提唱していたパターナリズムを持ち出すことにした。治療や支援の場においては一般的に忌避されるべき行為・概念とされているパターナリズム／パターナリスティックな介入行為はソーシャルワークにおける重要な価値の一つである「自己決定」を推し進めるうえで、条件付きで必須の原理であり行為でもあることを提示した。

むろん、だからといって、右記の疑問が簡単に解消などされない。そもそも被援助者の本来的な自己決定なるものをいかにして理解すればよいのか。緊急性が高い場合は介入の根拠原理も想定し易い。他方、実は、本書の主題でもある緊急性がそれほど高くない「社会復帰」支援の場面ほど、どのような原理を介入の根拠とすればよいのか想定し難い。被援助者の生命の危険があるわけではなく、地域社会でじっくり生活を築こうとしている被援助者に対して、専門家はどのような価値基準で何を志向して援助を行うのか。志向の矛先の優先順位がほんの少しでも「社会」のほうが上位となった場合、それはおそろしいほどに危険な介入の第一歩となるのではないか。社会福祉の世界でごくごく当たり前にいわれている「地域生活支援」なるものは、そのような両義性が否応なしに含まれている危うい実践であることを自覚しはじめた。その「危うさ」が見事なまでに顕著となったのが本書の主題でもある医療観察法に対する協会の関与の過程であった。そしてその「危うさ」を筆者にさらに強く確信させることになった事象が相模原事件とその後の動向である。

二〇一六（平成二八）年七月二六日未明、神奈川県相模原市にある障害者施設「津久井やまゆり園」において当該施設の元職員の手により入所者一九名が刺殺され、職員を含む二七名が重軽傷を負わされるという事件が発生した。

すでに様々な立場の人や団体が、様々な視点から本事件について述べている[1]。また、医療観察法成立過程を考えれば蓋然的なことではあったが、二〇一三（平成二五）年に改正された精神保健福祉法の附則に基づき二〇一六（平成二八）年一月より開催されていた「これからの精神保健医療福祉のあり方に関する検討会」は、本事件を契機として、措置入院中の診療内容の充実や措置解除後の地域での関与の強化が強調された方向でとりまとめがなされた（『これからの精神保健医療福祉のあり方に関する検討会報告書』〔二〇一七〔平成二九〕年二月二七日〕）。

そして本報告を追認するかたちで、同年二月二八日、改正の趣旨に「二度と同様の事件が発生しないよう（中略）法整備を行う」との文言が入った精神保健福祉法「改正」案が第一九三回国会に上程された（本稿執筆時点の二〇一七〔平成二九〕年六月現在、五月一七日参議院で可決後、衆議院に送られたが審議入りまでいかずに国会閉会。継続審議の方向）。ちなみにこの「趣旨」は同年四月一三日の参議院厚生労働委員会の場において、再犯防止が目的ではないことを明確にすることを理由として、厚労相の「お詫び」とともに取り下げられた。このことにより、そもそも法「改正」の立法事実の存否をめぐって混乱が引き起こされた。

本事件は、本書の主題である医療観察法成立加速の契機となった池田小事件を想起せざるを得ない。しかし筆者は、どちらの被告（本事件の被疑者は二〇一七〔平成二九〕年二月二四日に起訴されたので、両者ともこのように呼ぶことにする）にも事件前に措置入院のエピソードがあり比較的短期間で退院していたという点や、事象の凄惨さという共通項はあるとしても、本事件は池田小事件とは根本的に異なる性質を持つものであると考えている。

池田小事件の被告は、池田小の児童を殺傷することが必ずしも目的ではなかった。それまでの自身の起こした数々の事件や家族との関係性が複雑に絡み合い、誰でもどこでもよいので大量殺戮を模索し始め、結果として池田小事件という惨事に帰着することになった。

他方、本事件の被告は、以前より「障害者は生きていてもしょうがない」旨の発言をしており、同内容のことが書かれた手紙を衆議院議長公邸に持参することを試みてもいる。本事件でも正確に重度障害の入所者を選別して殺害を実行している。すでに多くの論者が指摘していることではあるが、これは紛れもなく優生思想に基づくヘイトクライムである。被告は優生思想にきわめて忠実に、ある種の合理性をもって犯行に及んでいることを身震いしながら認識しておかなければならない。

しかし同時に筆者は、本事件の被告は優生思想批判の文脈で断罪される必要があると同時に、その被告（の「思想」）を精神医療のカテゴリーにあてはめたうえで、「治療」のルートにのせようとする、PSWを含めた専門家のふるまいも断罪されなければならないと考えている。なぜならば私たちの「安全な社会」を脅かすおそれのある思想を治療しようとするふるまいは少なからず「他害」と接続するものであり、それはすなわち「隔離」に結びつくものであり、結局のところ被告のふるまいと同様のものだからである。

さらに言えば、本事件の被告の醜悪かつ唾棄すべき優生思想は全否定しつつ、彼自身の存在自体は全肯定されなければならないとも考えている。司法／精神医療／社会福祉はそれを目指してきたのだから。

本事件について本書では全く触れることができなかった。本事件後、大量の言説が洪水のごとく流布するなかで筆者は、いったい「福祉」は何を考え、何をなすべきなのかについて、結局、現在まで考えがまとまっていない。しかしながら筆者は、被告が当該事件の現場となった施設に「対人援助」職として勤務していたという経歴や、殺害された被害者がみな重度障害者であり、それ故に生を強制的にはく奪されたという点、また、そもそも筆者と同じ人間であるにもかかわらず地域社会から隔絶された施設に入所せざるを得なかった点に対しての猛省と謝罪のためのみにおいて、筆者を含む「福祉」の人間はおもてに出なければならない、ということだけは確信をもって言える。

以上のことをふまえて筆者は、精神保健福祉法における措置入院の「不備」の「改善」の議論の過程において、特に症状消退による措置解除後の関与の名目上の目的が「再犯防止」から当該者の「社会復帰」へと変換される瞬間と、それに対する協会の反応を注視していた。本書で述べたことの繰り返しになるが、ソーシャルワーカーはクライエントの「社会復帰」支援を主目的に掲げて支援を行う専門職である。問題はここで論ぜられている「社会復帰」が実際はいかなる内実を持つものであるのかという点にある。少なくとも医療観察法は「社会復帰」を錦の御旗として対象者の「再犯防止」のための種々の介入が制度化された。そして協会は医療観察法があくまで対象者の「社会復帰」が主目的であることを名目として積極的に本法に関与することになった。

今回の精神保健福祉法「改正」案についても上述した通り法案趣旨が「再発防止」から「社会復帰」へと修正されている。そして協会は、当初「改正」案の趣旨が取り下げられたことについては「肯定的」に受け止めるとして一定の評価を示したうえで、ＰＳＷの指定病院への配置を促進させるための診療報酬の裏付け、措置入院者の生活環境相談員の職務要件、また市町村へのＰＳＷの配置等、排他性を有した職能としてＰＳＷ活用を積極的に提案している[2]。筆者は協会による当該領域における職能の排他性の主張の仕方について、今後とも強い関心をもって注視し続けたいと考えている。

最後にもう一点指摘しておきたい。それは医療観察法の「効果」を主張した／している側は、すでに起訴されている本事件の被告に対して本来であれば起訴前より医療観察法の適用を強く主張すべきであったし、今後もすべきである、という点である。医療観察法は検察の不起訴処分、もしくは起訴後、心神喪失等の理由による無罪等の判決という司法判断が大前提であり、必ずしも精神医療の側に主導権があるわけではない。しかし例えば本事件後、国による報告書（『相模原市の障害者支援施設における事件の検証及び再発防止策検討チーム」の報告書』（二〇一六（平成二八）年一二月八日））が、本事件の要因の一つとして「措置入院」の「不備」を挙げているように、その真偽はともかく被告の「精神疾患」を本事件の根拠にするのであれば、被告には本書で述べた医療観察法適用の三要件、すなわち「対象行為（重大六罪種）を行った際の精神障害を改善し、これに伴って同様の行為を行うことなく、社会に復帰することを促進するため」、「この法律による医療を受けさせる必要」があると考えるべきである。そして、その可能性はきわめて高いが仮に本事件の被告の完全責任能力が認められ有罪判決が下される結果となった場合、協会含めて医療観察法を推進した側は、現在、医療観察法を適用されている対象者との差異を説明する責任がある。これは皮肉でも批判でも、ましてや暴言でもない。医療観察法の趣旨に沿えば至極当然の経路である。筆者はこの点についても注視し続けるつもりである。

［注］

1　立岩真也「七・二六障害者殺傷事件」、http://www.arsvi.com/index.htm（『生存学研究センター（arsvi.com）』2016-）には本事件及びその後の各種団体の声明等の膨大な情報が掲載されている。

2　日本精神保健福祉士協会「『精神保健及び精神障害者福祉に関する法律の一部を改正する法律案』の審議経過に関する見解」（二〇一七（平成二九）年四月一七日）。

謝辞

本書の刊行にあたっては、多くの方々のご指導とご助言、そして励ましを頂きました。

日本福祉大学社会福祉学部のゼミでご指導を頂いた坪上宏先生は、ゼミの時間にソーシャルワーカーの資格化問題に関してよく「倫理的に危険な商売の仲間入りの機運」というお話をされていました。それはすなわち、資格の排他性（権能）の強化と被援助者の「生」に対する侵害とは紙一重であることの憂慮であったと考えています。結局筆者はその後、同大学院修士課程において坪上先生の提唱した「援助関係論」をテーマとした修士論文を執筆することになりました。

修士課程でご指導頂いた川田誉音先生は、常に「言葉」にこだわりをお持ちになられておられました。それは言葉に内在する「暴力」性の自覚およびそれを扱うことの「責任」の自覚と換言することができるのではないかと考えています。お二人の先生との出会いは筆者に「福祉」のことを考え続けさせる契機となっています。

本書は立命館大学大学院先端総合学術研究科の立岩真也先生なくしては決して成り立ち得ませんでした。二〇〇四（平成一六）年、新潟市の大学で助手をしていた私が、立岩先生の著された『私的所有論』に心底感化されたという理由のみで京都市にある大学院に入学するなどという無謀かつ浅慮な行為について、さほどの違和を表明されることもなく、長きにわたり学位論文主査として、ていねいに深く辛抱強くご指導頂きました。また、副査の渡辺公三先生、美馬達哉先生、そして外部副査の大阪府立大学地域保健学域教育福祉学類の松田博幸先生にも多大な労をおかけいたしました。

筆者にとってはあまりに学際的であった立命館大学大学院先端総合学術研究科の先生および院生の方々には、未知の世界であると思っていた領域が実は自身の「生」の領域とシンプルに結びついているのだということを、楽しく、時に厳しく教えて頂きました。

勤務先である公立大学法人名古屋市立大学大学院人間文化研究科は筆者に良質な研究環境を与えてくださっております。

皆様に心より感謝申し上げます。

妻の夕希子、また妻と私のそれぞれの両親には迷惑ばかりかけています。ごめんなさい。そして、心より感謝いたします。

最後に、本書の出版の機会を与えてくださった生活書院の髙橋淳氏に心よりお礼申し上げます。ありがとうございました。

なお、本書はＪＳＰＳ科研費 JP25380747、および平成二九年度名古屋市立大学特別研究奨励費の助成を受けた研究を土台としています。お礼申し上げます。

二〇一七年六月

樋澤　吉彦

文献リスト

[A]
相川章子他［2009］「わが国における精神障害者社会復帰論の展開Ⅰ：ソーシャルワークの視点から（その3）」、『聖学院大学論叢』21（3）：249-261.
青木薫久［1980］『保安処分と精神医療』、批評社.
――――［1993］『保安処分の研究 精神医療における人権と法』、三一書房.
青木信人［2009］「社会復帰調整官から見た医療観察制度の現状」、『日本社会精神医学会雑誌』18（1）：99-104.
秋元美世他編［2003］『現代社会福祉辞典』、有斐閣.
浅田和茂［1982］「触法精神障害者に関する手続と精神鑑定の役割」、ジュリスト編集室［1982：50-68］.
阿部あかね［2011］「わが国の精神医療改革運動前夜：1969年日本精神神経学会金沢大会にいたる動向」、『生存学』3：144-154.
阿部信真［1976］「Y氏強制入院の経過とその後 ――地域精神医療管理体制批判の原点――」、『臨床心理学研究』14（1）：38-46.
浅野弘毅［2000］『精神医療論争史 わが国における「社会復帰」論争批判』、批評社.
朝日新聞［1970］朝日新聞東京版、「1. 檻」（1970（昭和45）年3月5日夕刊、第10面）、「2. 私刑」（同6日）、「3. 搾取」（同7日）、「4. 絶対者」（同9日）、「5. 鎖」（同10日）、「6. 選挙異聞」（同11日）、「7. 置去り」（同12日）.
――――［1973］朝日新聞東京版、1973（昭和48）年6月23日朝刊、第3面.
――――［1976］朝日新聞東京版、1976（昭和51）年5月23日朝刊、第18面.
――――［1984］朝日新聞東京版、1984（昭和59）年3月14日朝刊、第23面.
――――［1985］朝日新聞東京版、1985（昭和60）年3月31日朝刊、第3面.
――――［1990］朝日新聞東京版、1990（平成2年）年10月22日朝刊、第1面.
――――［1992］朝日新聞東京版、1992（平成4）年6月18日夕刊、第1面.
――――［2002］朝日新聞東京版、2002（平成14）年11月7日夕刊、第14面.
――――［2009］朝日新聞大阪版、2009（平成21）年9月25日朝刊、第35面、同26日夕刊第11面.
足立昌勝他［2002］「保安処分関係年表」、『法律時報』74（2）：68-71.

[B]
病院精神医学会［1972］『季刊　病院精神医学』32.
病院・地域精神医学会［1990］「資料 公衆衛生審議会（精神保健部会）中間意見」、『病院・地域精神医学』102：223-224.
――――［2002］『病院・地域精神医学』45（1）：73-87.
――――［2005］『病院・地域精神医学（企画特集 精神保健福祉における暴力の問題）』47（4）：399- 469.
――――［2008］『病院・地域精神医学』50（2）：16-26、136-144.

――――［2009］『病院・地域精神医学』52（1）：65-73.
――――［2010］『病院・地域精神医学』53（2）：112-128.
――――［2011］『病院・地域精神医学』53（4）：346-357.

[D]
デービッドH・クラーク／菅野重道他訳［1969］「日本における地域精神衛生――WHOへの報告　1967年11月より1968年2月に至る3ヶ月間の顧問活動に基いて」、『精神衛生資料』16：165-191（→国立精神・神経医療研究センター精神保健研究所 精神保健計画研究部「改革ビジョン研究ホームページ」事務局［2009-］）.

[E]
蛯原正敏［2004］「保護観察所の役割について」、町野編［2004：45-51］.

[F]
福祉労働編集委員会［2001］『福祉労働（特集 精神医療は変わるか）』91：12-63.
――――［2002］『福祉労働（特集 触法心神喪失者医療観察法をめぐって）』95：12-81.
藤村尚宏［2009］「医療観察法対象者の精神保健福祉法による入院」、『臨床精神医学』38（5）：653 - 658.
藤本淳三［1990］「処遇困難例問題について――日常臨床経験から――」、『日本精神科病院協会雑誌』9（10）：60-64.
古田佑紀［1981a～j］「ヨーロッパ諸国における保安処分制度とその運用の概要（1）～（10）」、『判例時報』997、999、1000、1003、1005、1006、1009、1011、1012、1014：3-9（1）、7-12（2）、10-16（3）、6-8（4）、9-14（5）、3-8（6）、11-15（7）、7-13（8）、12-20（9）、15-20（10）.

[G]
Günter Blau／斎藤金作訳［1962］『刑罰と保安処分』（法務大臣官房司法法制調査部調査統計課法務資料第378号）.

[H]
花輪昭太郎［1990］「処遇困難例――公立病院の立場から――」、『日本精神科病院協会雑誌』9（10）：53-60.
早川 進他編［1984］『流れゆく苦悩』、やどかり出版.
早野禎二［2000］「精神障害者における『自立』と『幸福』――『精神障害者』と『健常者』の相互関係の視点から」、『紀要（東海学園大学）』36：67-78.
――――［2003］「精神障害者における社会的ネットワークと『生活の質』――『自立』『社会復帰』概念の反省―」、『東海学園大学研究紀要』8：21-34.
林 弘正［2003］『改正刑法假案成立過程の研究 』、成文堂.
葉山水樹他［1983］「デンマークの保安処分――精神病質者に対するものを中心として」、泉編［1983：91-111］.
原 秀男［1982］「刑法改正をめぐる日弁連と法務省との意見交換会報告」、『法律時報』54

(2)：98-105.
判例タイムズ社［2005］『判例タイムズ』56（8）：15-44.
樋澤吉彦［2003］「『自己決定』を支える『パターナリズム』についての一考察：『倫理綱領』改訂議論に対する『違和感』から」、『精神保健福祉』34（1）：62-69.
――――［2005a］「介入の根拠についての予備的考察：『パターナリズム』を中心に 」、立命館大学大学院先端総合学術研究科先端総合学術専攻博士課程博士予備論文.
――――［2005b］「『同意』は介入の根拠足り得るか？：パターナリズム正当化原理の検討を通して」、『新潟青陵大学紀要』5：77-90.
――――［2008］「心神喪失者等医療観察法における強制的処遇とソーシャルワーク」、『Core Ethics』4：305-317.
――――［2011a］「心神喪失者等医療観察法とソーシャルワークとの親和性について」、『生存学』3：155-173.
――――［2011b］「心神喪失者等医療観察法とソーシャルワークとの親和性について――心神喪失者等医療観察法における「生活支援」に内包する両義性をソーシャルワーカーが肯定するに至った経緯の分析を通して――」、日本社会福祉学会第59回秋季大会自由研究発表（2011年10月9日）.
――――［2014］「治療／支援の暴力性の自覚、及び暴力性を内包した治療／支援の是認について――吉田おさみの狂気論を通して」、『現代思想』42（8）：207-223.
――――［2015］「保安処分に対する日本精神医学ソーシャル・ワーカー協会（現日本精神保健福祉士協会）の『対抗』と『変節』の過程」、日本社会福祉学会第63回秋季大会口頭発表（2015年9月20日）.
日立みらい財団［2003］『犯罪と非行（特集 医療観察）』137：5-46.
――――［2007］『犯罪と非行（特集 医療観察制度実施1年）』151：5-102.
――――［2012］『犯罪と非行（特集 医療観察制度の現状と課題）』174：82-103.
平野龍一［1988］『精神医療と法』、有斐閣.
――――［2004］「精神障害者の処遇」、町野 朔編［2004：3-7］.
平林恵美他［2005］「わが国における精神障害者社会復帰論の展開Ⅰ：ソーシャルワークの視点から」、『目白大学総合科学研究』1：75-83.
――――［2006］「わが国における精神障害者社会復帰論の展開Ⅰ：ソーシャルワークの視点から（その2）」、『目白大学総合科学研究』2：141-150.
広田伊蘇夫［2004］『立法百年史：精神保健・医療・福祉関連法規の立法史（増補改訂版）』、批評社.
広田伊蘇夫他［1987］『調査と人権』、現代書館.
法と精神医療学会［2004］『法と精神医療（シンポジアム 精神医療の地域化と犯罪抑止――2002年医療・観察法の経緯をめぐって）』18：28-91
――――［2005］『法と精神医療（シンポジアム 心神喪失者等医療観察法――わが国の精神医療の実態と今後の課題）』19：37-102.
――――［2008a］『法と精神医療（シンポジアム 医療観察法施行の動向）』22：70-119.
――――［2008b］『法と精神医療（シンポジアム 医療観察法――疾病性・治療反応性をどう考えるか）』23：37-105.
――――［2010］『法と精神医療（シンポジアム 心神喪失者等医療観察法の現状と見直し）』

25：50-96.
――――［2012］『法と精神医療（シンポジアム 刑事精神鑑定の現状と課題）』27：65-124.
法務省法務総合研究所［2016］『犯罪白書（平成28年版）――再犯の現状と対策のいま――』.
『法律のひろば』編集部［2006］『法律のひろば（特集 心神喪失者等医療観察法の展望）』59（12）：4-40.
堀田直樹他［1990］「精神科における処遇困難症例の分類及び治療――松沢病院の症例の検討――」、『日本精神科病院協会雑誌』9（10）：70-74.
堀内捷三［1982］「均衡（比例）の原則と保安処分の限界」、ジュリスト編集室［1982：39-49］.
本澤二郎［2002］『霞が関の犯罪――「お上社会」腐食の構造――』、リベルタ出版.

［I］
五十嵐禎人［2002］「触法精神障害者の処遇とわが国における司法精神医学の課題」、『現代刑事法』40：51-63.
――――［2004］「触法精神障害者の危険性をめぐって 刑事司法と精神科医療の果たすべき役割」、町野編［2004：96-101］.
池原毅和［2002a］「精神障害者の責任能力をめぐって：精神医療と犯罪をめぐる法制度」、日本精神保健福祉士協会［2002e：11-14］.
――――［2002b］「刑法の責任主義と『裁判を受ける権利』をめぐって」、『福祉労働』95：65-73.
――――［2008］「医療観察法施行一年で現れてきた問題点」、『病院・地域精神医学』50（2）：16-17.
石川 准他編［1999］『障害学への招待――社会、文化、ディスアビリティ』、明石書店.
石川 准編［2002］『障害学の主張』、明石書店.
石川 准［2002］「ディスアビリティの削減、インペアメントの変換」、石川他編［2002：17-46］.
石川元也他［1982］「座談会 刑法改正をめぐる論議と今後の課題――日弁連と法務省の意見交換会の経緯を中心に」、『法律時報』54（5）：61-76.
泉 博編［1983］『諸外国の保安処分』、日本評論社.
磯村 大他［2000］「北陽病院問題に関する報告書」、『精神神經學雜誌』102（2）：225-237.
板山 稔［2011］「医療観察法病棟に勤務する看護師の自律性、ストレッサー、バーンアウトに関する研究」、『弘前医療福祉大学紀要』2（1）：29-38.
糸井孝吉［1990］「処遇困難例――精神障害受刑者の実態と問題点――」、『日本精神科病院協会雑誌』9（10）：33-39.
伊東秀幸他［2008］「座談会 精神保健参与員の担う役割と今後の課題について」、日本精神保健福祉士協会［2008：101-110］.
伊東秀幸［2009］「医療観察法の光と影」、『田園調布学園大学紀要』4：33-47.
稲村義輝［2012］「医療観察法対象者の生活を支援する方法の一つ――緊急時に対応できる体制について――」、『更生保護』63（7）：29-33.
今福章二［2005］「医療観察法における地域処遇と精神保健観察」、『日本精神科病院協会雑誌』24（4）：334-339.

――――― [2012]「医療観察制度の現状と課題 保護観察所の立場から」、『犯罪と非行』174：104-127.
岩崎 香 [2002]「重大な犯罪行為をした精神障害者の処遇に関するアンケート」、日本精神保健福祉士協会 [2002e：23-27].
岩崎 香他 [2002]「座談会 重大な犯罪行為をした精神障害者の処遇をめぐって 現状の確認から」、日本精神保健福祉士協会 [2002e：37-44].
岩本正次 [2003]『意識生活学の提唱 岩本正次の世界』、やどかり出版.
インパクション編集委員会 [2004]『インパクション（特集 保安処分の新展開 笑顔につつまれた無法)』141：5-88.

[J]
ジュリスト編集室 [1982]『ジュリスト（特集・保安処分の総合的検討)』772：15-96.

[K]
柏木 昭 [1975]「協会 10 年の歩みの中から」、『精神医学ソーシャル・ワーク』9（15)：3-17.
柏木 昭他 [1985]「協会の歴史を通しての PSW 論」、『精神医学ソーシャル・ワーク』17（23)：58-84.
柏木 昭編 [2002]『新精神医学ソーシャルワーク』、岩崎学術出版社.
加藤 敏他編 [2011]『現代精神医学辞典』、弘文堂.
加藤久雄 [1981]『治療・改善処分の研究』、慶応義塾大学出版.
――――― [1982]「刑罰と保安処分との関係――とくに治療処分との関係を中心にして――」、ジュリスト編集室 [1982：29-38].
――――― [1990]「『処遇困難者』の処遇――欧米における 5 つの特殊病院（施設）における処遇の実態とその問題点――」、『日本精神科病院協会雑誌』9（10)：19-26.
金杉和夫 [1992]「典型的な『処遇困難』症例と『重症措置患者専門治療病棟』――北九州シンポジウムを振り返って――」、『病院・地域精神医学』35（2)：131-133.
狩野俊介 [2012]「医療観察法入院対象者へのソーシャルワーク実践の課題の検討――医療観察法病棟入院対象者の入院決定書関係書類における社会復帰阻害要因の分類より――」、『精神保健福祉』43（1)：49-56.
――――― [2014]「医療観察法病棟における就労準備性評価プログラムの試み」、『精神保健福祉』45（1)：57-64.
川本哲郎 [2009]「医療観察法と措置入院のあいだ」、『臨床精神医学』38（5)：705 - 708.
来住由樹 [2010]「心神喪失者等医療観察法の運用の現状と今後の見直し――指定入院医療機関の立場から――」、『法と精神医療』25：54-65.
木太直人 [2002a]「重大な犯罪行為をした精神障害者の処遇をめぐるこの間の経過と日本精神保健福祉士協会の取組み」、日本精神保健福祉士協会 [2002e：17-21].
――――― [2002b]「精神保健福祉士の立場から新法案を読む：PSW の専門性と新制度において果たすべき役割と課題」、『福祉労働』95：44-50.
――――― [2003]「『心神喪失等の状態で重大な他害行為を行った者の医療及び観察等に関する法律』と精神保健福祉士」、日本精神保健福祉士協会 [2003b：263-265].
――――― [2008]「司法と精神保健福祉の現状と課題」、日本精神保健福祉士協会 [2008：91-94].

木ノ元直樹［1998］「精神分裂病患者の無断離院および殺人事件と病院の責任（北陽病院事件）」、『賠償科学』23：45-51.
木村亀二［1942］『刑事政策の基礎理論』、岩波書店.
桐原尚之［2010-］「反保安処分闘争」、『生存学研究センター（arsvi.com）』http://www.arsvi.com/index,htm→本文 http://www. arsvi. com/d/h07. htm.
――――［2011-］「Y 事件／「Y 問題」／Y 裁判闘争」、『生存学研究センター（arsvi.com）』http://www. arsvi. com/index. htm→本文 http://www. arsvi. com/d/m01h1969y.htm.
――――［2013］「『Y 問題』の歴史――PSW の倫理の糧にされていく過程――」、『Core Ethics』9：71-81.
――――［2014］「『Y 問題』における被害事実と運動方針――Y 君は何と闘ったか――」、『立命館人間科学研究』29：49-63.
――――［2015］「宇都宮病院事件から精神衛生法改正までの歴史の再検討 ――告発者及びその協力者の意図との関係――」、『Core Ethics』11：47-57.
桐原尚之他［2013］「全国『精神病』者集団の結成前後――大阪・名古屋・東京の患者会の歴史――」、『立命館人間科学研究』28：27-40.
楠本 孝［2002］「保安処分論議の今日的総括」、『法律時報』74（2）：17-22.
柑本美和［2004a］「人格障害に罹患した犯罪者の処遇――イギリス国内裁判所・欧州人権裁判所の判決を手がかりに」、町野編［2004：63-68］.
――――［2004b］「刑事司法と精神医療過程との交錯――イギリス精神保健法改正論議から何を学ぶか」、『法と精神医療』18：75-91.
厚生労働省［2015-］http://www.mhlw.go.jp/→「医療計画」http://www.mhlw.go.jp/stf/seisakunitsuite/bunya/kenkou_iryou/iryou/iryou_keikaku/index/.html.
――――［2010］「心神喪失等の状態で重大な他害行為を行った者の医療及び観察等に関する法律の規定の施行の状況に関する報告について」（平成 22 年 11 月 26 日）http://www.mhlw.go.jp/stf/houdou/2r9852000000wvym.html.
――――［2012］「心神喪失等の状態で重大な他害行為を行った者の医療及び観察等に関する法律の施行の状況についての検討結果について」（平成 24 年 7 月 31 日）http://www.mhlw. go. jp/stf/houdou/2r9852000002gk0i. html.
香野英勇［2004］「豊かに生きるための生活と支援とは」、『精神保健福祉』35（1）：11-14.
河本純子［2004］「他害行為を行った精神障害者の『社会復帰の促進』について――心神喪失者等医療観察法の問題――」、『岡山大学大学院文化科学研究科紀要』18：89-109.
国際法律家委員会編／広田伊蘇夫他監訳［1996］『精神障害患者の人権――国際法律家委員会レポート』、明石書店.
国立精神・神経センタ - 精神保健研究所［2007］『精神保健研究』20：5-47.
国立精神・神経医療研究センター精神保健研究所 精神保健計画研究部「改革ビジョン研究ホームページ」事務局［2009-］ http://www.ncnp.go.jp/nimh/keikaku/vision/index.html.

［M］
牧野英一［1925］『刑事學の新思潮と新刑法（第 8 版）』、有斐閣.

――――［1929］『刑法における重點の變遷』、有斐閣.
――――［1934］『刑法改正の諸問題』、良書普及會.
町野 朔［1982］「保安処分と精神医療」、ジュリスト編集室［1982：23-28］.
――――［2004］「精神保健福祉法と心神喪失者等医療観察法：保安処分から精神医療へ」、町野編［2004：69-73］.
――――［2007］「医療観察法と精神保健観察：法の意義と課題」、『犯罪と非行』151：39 - 52.
町野 朔編［2004］『ジュリスト増 ――精神医療と心神喪失者等医療観察法』、有斐閣.
松原 新［2011］「医療観察法の現状と将来像」、『司法福祉学研究』11：165-175.
松原三郎［2008］「医療観察法の地域サポートと ACT」、『臨床精神医学』37（8）：1029-1036.
――――［2009］「医療観察法対象者の地域サポートの将来像」、『臨床精神医学』38（5）：641 - 645.
見浦康文［1975］「『PSW 通信』からみた協会 10 年の歩み――会員発言の中から――」、『精神医学ソーシャル・ワーク』9（15）：19-34.
――――［1995］「PSW としての 40 年――必要とされる職種への道――」、『東京 PSW 研究』4：11-32.
三品竜浩［2015］「医療観察法における相談支援事業所との連携多機関による社会復帰への協働と連携について」、『精神保健福祉』46（2）：112-114.
道下忠蔵［1990a］「精神科医療領域における他害と処遇困難性に関する研究」（厚生科学研究報告書）、『病院・地域精神医学』102：179 - 196.
――――［1990b］「処遇困難例問題と取り組んで」、『日本精神科病院協会雑誌』9（10）：4-8.
三井 誠他編［2003］『刑事法辞典』、信山社.
宮城純子［2009］「触法精神障害者に対する看護師のイメージ」、『北里看護学誌』11（1）：10-14.
宮城島一明［2006］「一般病床数と全身用 X 線 CT 数からみた二次医療圏間較差の変遷に関する分析」、『日本衛生學雜誌』61（4）：407-413.
村井敏邦［1982］「『治療処分』論批判 - 上 -」、『法律時報』54（5）：18-24.
望月和代［2007］「心神喪失者等医療観察法における精神障害者の自立支援を考える」、『北星社会福祉研究』22：45-51.
森下 忠［1958］「北欧における保安処分」、日本刑法学会編［1958：139-167］.
――――［1982］「イタリアの保安処分とその実情」、『判例タイムズ』473：30-34.
――――［1984］「イタリアにおける保安処分制度の改正動向」、『判例タイムズ』519：26-32.
森下 忠他［1981］「座談会　保安処分をめぐって」、『法と秩序』63：12-38.
森谷就慶他［2008］「医療観察法における精神保健福祉士の役割と課題」、『保健福祉学研究』6：201-214.

［N］
長崎和則他［2006］『事例でわかる！ 精神障害者支援実践ガイド』、日総研出版.
長瀬 修［1999］「障害学に向けて」、石川他編［1999：11-39］.
中島 直［2002］「精神障害者と触法行為をめぐる日本精神神経学会の議論」、『医療観察法. NET』http://www.kansatuhou.net/ → 本 文 http://www.kansatuhou.net/04_

ronten/0801nakajima.html.
――――［2006a］「医療観察法の一般精神科医療に及ぼす影響」、日本精神神経学会［2006a：515-549］.
――――［2006b］「当学会および法関連問題委員会のこれまでの議論と今後の展望」、日本精神神経学会［2006b：1051-1055］.
中谷陽二［2004］「触法精神障害者：問題の広がりと深層」、町野 朔編［2004：52-57］.
――――［2013］『刑事司法と精神医学――マクノートンから医療観察法へ――』、弘文堂.
中谷陽二編［2009］『責任能力の現在 法と精神医学の交錯』、金剛出版.
長野英子［1997］『精神医療（「精福法」対応増補改訂版）』、現代書館.
――――［2001］「全国『精神病』者集団の闘い」、全国自立生活センター協議会編『自立生活運動と障害文化』、現代書館：114-122.
――――［2004］「強制の廃絶と精神障害者刑事事件救援センターの設立を：心神喪失者等医療観察法廃案闘争を振り返って」、『インパクション（特集 保安処分の新展開 笑顔につつまれた無法）』141：26-37.
――――［2004］「私の望む精神医療――精神『医療』は存在するのか」、『精神保健福祉』35（1）：7-10.
――――［2005-］「長野英子のページ」http://nagano.dee.cc/.
永野貫太郎［1983］「オランダの保安処分――その現状と改正の動向」、泉編［1983：43-90］.
――――［1990］「『処遇困難』患者と人権」、『日本精神科病院協会雑誌』9（10）：27-29.
中山研一［1984］「刑法学者の保安処分論（3）」、『警察研究』55（11）：3-16.
――――［2005a］『心神喪失者等医療観察法の性格――「医療の必要性」と「再犯のおそれ」のジレンマ』、成文堂.
――――［2005b］『心神喪失者等医療観察法案の国会審議――法務委員会の質疑の全容――』、成文堂.
――――［2007-2008］「新連載 触法精神障害者問題に対する『日精協』の対応　保安処分案と心神喪失者法案への態度」（連載1～連載6）、『精神医療』45：111-119（連載1）、同46：94-105（連載2）、同47：90-100（連載3）、同48：84-93（連載4）、同49：90-104（連載5）、同52：94-104（連載6）.
――――［2008］「医療観察法による『医療の必要性』について――最高裁平成19年7月25日決定の検討」、『判例時報』1992：3-12.
七瀬タロウ［2006］「日精協政治連盟の『政治献金』問題のその後『同様な行為を再び行』い始めた日精協」、『精神医療』41：93-95.
西尾雅明［2004］『ACT入門 精神障害者のための包括型地域生活支援プログラム』、金剛出版.
日本学術会議精神障害者との共生社会特別委員会報告［2003］『精神障害者との共生社会の構築をめざして』.
中山宏太郎［1990］「処遇困難例について」、『日本精神科病院協会雑誌』9（10）：29-32.
日本刑法学会［2005］『刑法雑誌（特集 精神医療と刑事司法）』45（1）：1-54.
日本刑法学会編［1958］『保安処分の研究』、有斐閣.
日本更生保護協会［2005］『更生保護と犯罪予防』39（1）：93-188.
日本司法精神医学会［2006］『司法精神医学（シンポジウムⅠ司法精神医学のあり方と、今

後の課題　シンポジウムⅡ精神鑑定の現状と課題)』1（1）：10-56.
——— [2007]『司法精神医学（シンポジウム 司法精神医療をめぐる諸問題)』2（1）：42-70.
——— [2008]『司法精神医学（シンポジウム 医療観察法と社会復帰)』3（1）：108-130.
——— [2009]『司法精神医学（シンポジウム 医療観察法の見直しに向けて)』4（1）：40-69.
——— [2010]『司法精神医学（シンポジウム 刑罰法令に触れる行為をした精神障害者の処遇と医療——その振り分けと受け皿)』5（1）：45-84.
——— [2011]『司法精神医学（シンポジウムⅠ 5年間に浮き上がった問題点　シンポジウムⅡ司法、行政、一般精神科医療は変わったか)』6（1）：41-86.
——— [2012]『司法精神医学（シンポジウム 医療観察法における「治療反応性」をめぐって)』7（1）：73-101.
——— [2013]『司法精神医学（シンポジウム 医療観察法における治療機能の向上)』8（1）：104-125.
——— [2013-] http://jsfmh. org/index. html.
——— [2015]『司法精神医学（シンポジウム 医療観察法医療が一般精神科に及ぼした効果)』10（1）：88-115.
日本精神医学ソーシャル・ワーカー協会 20 週年記念全国大会運営委員会編［1984］『日本精神医学ソーシャルワーカー協会 20 年の歩み』、日本精神医学ソーシャル・ワーカー協会 20 週年記念全国大会運営委員会.
日本精神医学ソーシャルワーカー協会第 30 回全国大会運営委員会編［1994］『日本精神医学ソーシャルワーカー協会の歩み　1984 ～ 1993』、日本精神医学ソーシャルワーカー協会第 30 回全国大会運営委員会.
日本精神医学ソーシャル・ワーカー協会［1973］『PSW 通信』28.
——— [1974]『PSW 通信』30.
——— [1975a]『PSW 通信』32.
——— [1975b]『PSW 通信』33.
——— [1981]『PSW 通信』50、51 合併号.
——— [1982a]『PSW 通信』52.
——— [1982b]『PSW 通信』54.
——— [1983]『PSW 通信』57.
——— [1994]『PSW 通信』85.
日本精神科病院協会［2002］『日本精神科病院協会雑誌（特集 重大犯罪を起こした精神障害者への対策)』21（2）：6-74.
——— [2003]『日本精神科病院協会雑誌(特集 心神喪失者等医療観察法案成立を受けて)』22（10）：1010-1050.
——— [2005]『日本精神科病院協会雑誌（特集 医療観察法を間近にひかえて－その役割と課題)』24（4）：305-374.
——— [2006]『日本精神科病院協会雑誌（特集 医療観察法施行後の問題点)』25（2）：92-155.
——— [2009]『日本精神科病院協会雑誌（シンポジウム 民間精神科病院からみた医療観

察法の問題点と法改正への提言)』28 別冊：73-90.
――――［2012］『日本精神科病院協会雑誌（特集 医療観察法の現状と今後の課題)』31（7）：664-720.
日本精神神経学会［2006a］『精神神經學雜誌（シンポジウム 医療観察法の諸問題と精神科医療)』108（5）：488-526.
――――［2006b］『精神神經學雜誌（シンポジウム 医療観察法の運用の実態と問題点)』108（10）：1036-1055.
――――［2008a］『精神神經學雜誌（シンポジウム 医療観察法にかかわる鑑定と法運用の問題点―事例を通して―)』110（1）：30-48.
――――［2008b］『精神神經學雜誌（シンポジウム 医療観察法における地域処遇について)』110（12）：1148-1177.
――――［2009］『精神神經學雜誌』111（9）：1096-1119.
――――［2011a］『精神神經學雜誌（特集 医療観察法の存続は可能か―5 年後見直しを迎えて―)』113（5）：456-487.
――――［2011b］『精神神經學雜誌（特集 日本の ACT ―各地で行われている ACT の成果の現状―)』113（6）：593-631.
日本精神障害者リハビリテーション学会［2005］『精神障害とリハビリテーション（特集 ACT：国内外の動向と展望)』9（2）：126-160.
日本精神保健福祉士協会［2001a］『精神保健福祉』32（2).
――――［2001b］『精神保健福祉』32（3).
――――［2001c］『精神保健福祉』32（4).
――――［2002a］『PSW 通信』116：1-8.
――――［2002b］『PSW 通信』118：1-10.
――――［2002c］『PSW 通信』119：1-8.
――――［2002d］『PSW 通信』120：1-10.
――――［2002e］『精神保健福祉』33（1).
――――［2003a］『PSW 通信』126：1-8.
――――［2003b］『精神保健福祉』34（3).
――――［2004a］『PSW 通信』133：1-8.
――――［2004b］『PSW 通信』134：1-16.
――――［2008］『精神保健福祉』39（2).
――――［2010］『平成 21 年度障害者保健福祉推進事業（障害者自立支援調査研究プロジェクト）心神喪失者等医療観察制度における地域処遇体制基盤構築に関する調査研究事業報告書』.
――――［2015］『精神保健福祉』46（4).
――――［2015-］http://www.jaPSW.or.jp/index.htm.
日本精神保健福祉士協会事業部出版企画委員会編［2004］『日本精神保健福祉士協会 40 年史』、日本精神保健福祉士協会.
日本精神保健福祉士協会 50 年史編集委員会編［2014］『日本精神保健福祉士協会 50 年史』、日本精神保健福祉士協会.
日本犯罪心理学会［2007］『犯罪心理学研究（ミニ・シンポジウム 医療観察法における心理

社会的処遇の実際と課題)』45：254-261.
――――[2009]『犯罪心理学研究（シンポジウム 精神障害と犯罪--矯正医療処遇と医療観察制度)』47：201-218.
日本弁護士連合会［1974a］「刑法全面『改正』阻止に関する宣言」、日本弁護士連合会ホームページ http://www.nichibenren.or.jp/ →本文 http://www.nichibenren.or.jp/activity/document/assembly_resolution/year/1974/1974_3.html).
――――［1974b］「刑法全面『改正』に関する声明」、日本弁護士連合会ホームページ http://www.nichibenren.or.jp/ → 本 文 http://www.nichibenren.or.jp/activity/document/statement/year/1974/1974_3.html
――――［1984］「刑法問題意見交換会一時休会にあたって」、日本弁護士連合会ホームページ http://www.nichibenren.orjp/ → 本 文 http://www.nichibenren.or.jp/activity/document/statement/year/1984/1984_4.html
――――［2007］『自由と正義』58（4）：72-105.
日本弁護士連合会編［1983］『揺れ動く保安処分』、高千穂書房.
日本弁護士連合会刑事弁護センター（協力）［2007］『刑事弁護（特集医療観察法の実務・運用と今後の課題)』49：81-115.
――――［2010］『刑事弁護（特集 ビギナーズ医療観察法)』63：9-77.
日本弁護士連合会刑事法制委員会編［2014］『Q ＆ A 心神喪失者等医療観察法解説 第２版』、三省堂.
日本民主法律家協会［2002］『法と民主主義（特集 心神喪失者等処遇法案 ――「予防拘禁」の復活か…)』370：2-41.
日本臨床心理学会［1983］「いわゆる野田報告書をめぐって――治療処分＝保安処分阻止の闘いの中で」、『臨床心理学研究』20（3）：70-86.
日本老年精神医学会［2007］『老年精神医学雑誌（特集 高齢者と医療観察法)』18（5）：473-518.
野田秀孝［2013］「医療観察法の現状と課題―ソーシャルワーク援助の視点から―」、『とやま発達福祉学年報』4：23-25.
野田正彰［2002］『犯罪と精神医療 クライシス・コールに応えたか』、岩波書店.

[O]
大熊一夫［1973］『ルポ・精神病棟』、朝日新聞社（→大熊［1981］).
――――［1981］『ルポ・精神病棟』（文庫版)、朝日文庫.
――――［1985］『新ルポ・精神病棟』、朝日新聞社（→大熊［1988］).
――――［1988］『新ルポ・精神病棟』（文庫版)、朝日文庫.
大塚淳子［2002a］「実践を通して PSW のかかわりの視点を考える」、日本精神保健福祉士協会［2002e：29-36］.
――――［2002b］「精神医療の現場から問う：論点の整理と十分な議論を」、『法と民主主義』370：26-28.
――――［2003］「重大事件を起こした事例へのかかわりを通して考える」、日本精神保健福祉士協会［2003b：252］.
大西幸雄他［1983］「西ドイツの保安処分」、泉編［1983：153-179］.

大谷 實 [1982]「保安処分問題の現状と論点」、ジュリスト編集室 [1982：15-22].
──── [2014]『新版 精神保健福祉法講義 [第2版]』、成文堂.
岡江 晃 [2013]『宅間守 精神鑑定書 精神医療と刑事司法のはざまで』、亜紀書房.
小笠原基也 [2009]「医療観察法と社会復帰」、『臨床精神医学』38 (5)：667 - 672.
緒方あゆみ [2004a]「イギリスにおける精神医療法制の動向」、『同志社政策科学研究』5：151-161.
──── [2004b]「精神障害犯罪者の社会復帰支援施策」、『同志社政策科学研究』6：77-87.
──── [2010]「心神喪失者等医療観察法の見直しに向けて」、『明治学院大学法学研究』89：63-85.
──── [2011]「精神障害犯罪者の処遇と心神喪失者等医療観察法」、『刑法雑誌』50 (2)：215-242.
小川太郎 [1952]『保安處分 (法律學体系第二部 法學理論編)』、日本評論新社.
──── [1964]『自由刑の展開』、一粒社.
小田 晋 [1990]「処遇困難患者をどう処遇するか――Secure unitの条件と問題点――」、『日本精神科病院協会雑誌』9 (10)：12-18.
小沼杏坪 [1990]「覚せい剤関連の精神障害者の処遇について――現状と今後の課題」、『日本精神科病院協会雑誌』9 (10)：47-52.

[S]
斉藤豊治 [1984]「保安処分をめぐる法意識」、『法社会学』36：99-110.
佐賀大一郎 [2006]「心神喪失者等医療観察法とPSW」、『精神保健福祉』37 (2)：125-129.
櫻木満信 [2011]「医療観察法病棟の単身社会復帰支援からみえた看護師のケアと視点の特徴」、『日本精神科看護学会誌』54 (2)：51-55.
佐藤三四郎 [2002a]「精神保健福祉をめぐる最新の動向」、日本精神保健福祉士協会 [2002b：2].
佐藤三四郎 [2002b]「社会防衛のとしての精神医療：精神保健福祉法制の変遷を中心に」、日本精神保健福祉士協会 [2002e：5-10].
──── [2008]「医療観察法と精神保健福祉士」、日本精神保健福祉士協会 [2008：95-99].
佐藤園美 [2006]「触法精神障害者の地域処遇：「社会復帰調整官」の役割についての一考察」、『長野大学紀要』27 (4)：9-16.
佐藤和喜雄 [1982]「野田報告書をめぐって――治療処分＝保安処分新設阻止の斗いの中で」、『臨床心理学研究』20 (2)：22-34.
澤登俊雄 [1982]「精神障害犯罪者に対する司法処分」、『法律時報』54 (5)：12-17.
式場 聰 [1990]「処遇困難例について」、『日本精神科病院協会雑誌』9 (10)：8-11.
障害者福祉研究会編 [2002]『ICF 国際生活機能分類――国際障害分類改定版――』、中央法規.
白木功 [2004]「審判手続きを中心に」、町野編 [2004：12-31].
新谷和永 [2007]「社会復帰調整官の業務にかかる現状」、『犯罪と非行』151：72 - 87.
重野 勉 [2004]「医療観察法と触法精神障害者の社会復帰の課題」、『湊川短期大学紀要』41：9-22.
助川征雄 [2003]「英国における司法精神医学サービスの動向とソーシャルワークに関する

調査研究」、『人間福祉研究』6：11-26.
———— [2004]「英国の司法精神医学サービスにおけるソーシャルワーカーの役割」、『精神保健福祉』35（1）：80-83.
杉原美津子 [2004]『生きてみたい、もう一度　新宿バス放火事件』、新風舎.
———— [2014]『炎を越えて 新宿西口バス放火事件後三十四年の軌跡』、文藝春秋.
鈴木慶三 [2004]「触法精神障害者と心神喪失者等医療観察法における若干の考察」、『高崎健康福祉大学総合福祉研究所紀要』1（1）：11-22.
鈴木高秋 [1990]「対応困難例について（実地面からの検討）」、『日本精神科病院協会雑誌』9（10）：39-42.
鈴木康夫 [1990]「処遇困難例——反社会性人格障害とアルコール依存症」、『日本精神科病院協会雑誌』9（10）：65-69.
墨谷 葵 [1982]「保安処分（刑事治療処分）における危険の意義」、ジュリスト編集室 [1982：69-77].
勢藤修三 [1981]「保安処分に関する新聞論調の今昔（上）」、『法律のひろば』34（10）：37-44.
須和美智穂他 [2005]「保護観察官と社会復帰調整官が連携した処遇事例」、『更生保護』56（11）：46-51.
精神科編集委員会 [2003]『精神科（特集 心神喪失者等医療観察法成立をめぐって）』3（6）：501-535.
———— [2007]『精神科（特集 医療観察法と精神障害者の責任能力）』10（3）：185-215.
『精神科看護』編集委員会 [2008]『精神科看護（特集 どうなっている？医療観察法）』35（4）：11-47.
『精神看護』編集室 [2004]『精神看護（特集 2「心神喪失者等医療観察法」で精神医療はどう変わるか）』7（1）：44-89.
———— [2008]『精神看護（特集「鑑定入院」をめぐる混乱を整理する）』11（3）：16-43.
精神保健福祉研究会 [2002]『精神保健福祉法詳解（改訂第二版）』、中央法規出版.
精神保健福祉白書編集委員会 [2014]『精神保健福祉白書 2015 年版　改革ビジョンから 10 年——これまでの歩みとこれから——』、中央法規出版.
全国精神保健福祉会連合会（みんなねっと）[2007-] http://seishinhoken.jp/.
全国精神医療労働組合協議会 [2001-] http://www.seirokyo.com/index.html →「『心身喪失者医療観察法案』国会審議等」http://www.seirokyo.com/archive/folder1/singi/top.html →法務省・厚生労働省の「論点整理」http://www.seirokyo.com/archive/folder1/singi/ronten/021106seihu-point.html.
荘子邦雄 [1958]「イギリスにおける保安処分」、日本刑法学会編 [1958：169-222].
『精神医療』編集委員会 [2002]『精神医療（特集 司法と精神医療　重大犯罪の再犯予測は可能か）』26：8-126.
———— [2003]『精神医療（特集 羅針盤なき航海「医療観察法」の成立と漂流する精神医療）』32：9-94.
———— [2005]『精神医療（特集 動き出した「医療観察法」を検証する）』41：8-70.
———— [2010]『精神医療（特集 医療観察法のない社会に向けて）』59：3-132.

[T]
高橋 一［2003］「巻頭言『精神障害者の社会的復権と福祉のための活動』のさらなる拡充に向けて」、『精神保健福祉』34（2）：103.
高屋淳彦［1987］「精神衛生実態調査の歴史と問題点」（→広田伊蘇夫他［1987：86-99］）.
瀧川春雄［1962］『刑罰と保安処分の限界』、有斐閣.
滝沢武久［2003］『精神障害者の事件と犯罪』、中央法規.
――――［2014］『検証 日本の精神科社会的入院と家族 精神科長期入院者とその家族について歴史的考察とその実態』、筒井書房.
武井 満編［2007］『こころの科学（精神医学と法）』132：11-88.
立岩真也［2013］『造反有理 精神医療現代史へ』、青土社.
津久江一郎［1990］「処遇困難患者について――覚せい剤中毒疾患を通して――」、『日本精神科病院協会雑誌』9（10）：43-47.
土屋眞一［1981］「保安処分」、『判例タイムズ』441：37-39.
坪上 宏他編［1995］『あたりまえの世界 PSW の哲学的基礎 早川進の世界』、やどかり出版.
坪上 宏［1998］『援助関係論を目指して 坪上 宏の世界』、やどかり出版.
坪松真吾［2004］「社団法人設立に伴う組織運営および事業展開における今後の課題」、『精神保健福祉』35（2）：103-109.
鶴幸一郎［2008］「指定通院医療機関における精神保健福祉士の役割」、日本精神保健福祉士協会［2008：118-120］.
鶴見隆彦［2009］「現場で経験する新たな作業療法対象者へのかかわり～司法領域における作業療法から～」、『日本作業療法学会抄録集』43：6.
鶴見隆彦他［2011］「医療観察制度における処遇実施計画の策定と見直しに関する一考察」、『更生保護と犯罪予防』153：86-103.
東條敏子［2010］「社会復帰調整官の立場から見た医療観察法施行後 3 年間の現状と課題」、『医療』64（3）：206-208.
戸塚悦朗［1983］「イギリスの保安処分」、泉編［1983：229-293］.
殿村壽敏他［2014］「司法領域における精神保健福祉実習のあり方と実習教育について～保護観察所での初めての実習を通して～」、『福祉教育開発センター紀要』11：143-157.
富田三樹生［2000］『東大病院精神科の 30 年　宇都宮病院事件・精神衛生法改正・処遇困難者専門病棟問題』、青弓社.
――――［2006］「医療観察法の諸問題と精神科医療」、日本精神神経学会［2006a：488-499］.
――――［2009］「今、医療観察法を廃止し、精神科医療の抜本改革を行うときである」、『精神神經學雜誌』111（9）：1120-1125.

[U]
上田 敏［2005］『ICF（国際生活機能分類）の理解と活用 ―人が「生きること」「生きることの困難（障害）」をどうとらえるか―』、萌文社.
宇津木朗［2008］「医療観察制度の概要と社会復帰調整官の業務」、日本精神保健福祉士協会［2008：121-123］.
宇都宮病院事件・広瀬裁判資料集編集委員会編［2008］『宇都宮病院事件・広瀬裁判資料集』、宇都宮病院事件・広瀬裁判資料集編集委員会.

梅﨑節子［2011］「医療観察法病棟で勤務する看護師のストレスに関する研究 一般精神科病棟で勤務する看護師との比較」、『保健の科学』53（11）：783-788.
梅津あかり［2007］「医療観察法における指定入院医療機関での看護師の戸惑いを考える」、『日本看護学会論文集』38：54-56.

[W]
渡辺 脩［2008］「医療観察法の『医療の必要性』とは何か 平成19年7月25日付最高裁決定をめぐって」、『自由と正義』59（3）：80-88.
――――［2009］「医療観察法の『医療の必要性』とは何か 2007年7月25日最高裁決定をめぐって」、『臨床精神医学』38（5）：589 - 592.

[Y]
安田拓人［2009］「心神喪失者等医療観察法による医療の必要性と精神保健福祉法による医療との関係」、『判例時報』2033：170-171.
安平政吉［1936］『保安處分法の理論』、巖松堂書店.
谷中輝雄［1993］『谷中輝雄論考集Ⅲ 社会復帰』、やどかり出版.
――――［1996］『生活支援 精神障害者生活支援の理念と方法』、やどかり出版.
谷中輝雄他編［1983］『改訂ごくあたりまえの生活をもとめて―精神障害者の社会復帰への実践―精神衛生実践シリーズ2』、やどかり出版.
弥永理恵［2007］「社会復帰調整官の役割」、『こころの科学』132：68 - 71.
山本輝之［2009］「最高裁平成一九年七月二五日決定をめぐって」、『臨床精神医学』38（5）：603 - 606.
山本深雪［2004］「私たちが望む暮らしと支援 特に権利擁護の視点から」、『精神保健福祉』35（1）：15-19.
好井裕明［2002］「障害者を嫌がり、嫌い、恐れるということ」、石川他編［2002：89-117］.
吉川和夫［2007］「心神喪失者等医療観察法制度の実情と課題： 入院治療および通院治療を中心に」、『犯罪と非行』151：21-38.
吉川和男他［2009］「医療観察法における施設基盤の整備」、『臨床精神医学』38（5）：617-621.
吉川経夫［1969］「保安処分に関する立法上の問題」、『法律時報』41（2）（→吉川経夫［2001：67-89］）.
――――［1972］「保安処分制度に現われた刑法思想――戦後の刑法改正作業を中心に――」、『法学志林』69（2）（→吉川経夫［2001：151-175］）
――――［1977・1978］「セミナー保安処分」、『法学セミナー』273・274（→吉川経夫［2001：241-260］）.
――――［2001］『吉川経夫著作選集第3巻 保安処分立法の諸問題』、法律文化社.
『臨床精神医学』編集委員会［2006］『臨床精神医学（特集 動き出した医療観察法）』35（3）：245-324.
――――［2007］『臨床精神医学（特集 触法精神障害者のアセスメントと治療）』36（9）：1051-1219.
――――［2008］『臨床精神医学（特集 ACTの可能性を探る―現状と課題―）』37（8）：

981-1042.
――――［2009］『臨床精神医学（特集 心神喪失者等医療観察法の改正をめぐって）』38（5）：513-747.
――――［2010］『臨床精神医学（特集 司法精神医学の現在 -- 北米と日本）』39（10）：1255-1267、1271-1338.
吉田おさみ［1976］（→吉田［1980］）「"病識欠如"の意味するもの―患者の立場から―」、『臨床心理学研究』13（3）：113-117.
――――［1980］『"狂気"からの反撃―精神医療解体運動への視点―』、新泉社、1980.
――――［1983］『「精神障害者」の解放と連帯』、新泉社、1983.

本書のテキストデータを提供いたします

本書をご購入いただいた方のうち、視覚障害、肢体不自由などの理由で書字へのアクセスが困難な方に本書のテキストデータを提供いたします。希望される方は、以下の方法にしたがってお申し込みください。

◎データの提供形式＝CD-R、フロッピーディスク、メールによるファイル添付（メールアドレスをお知らせください）。

◎データの提供形式・お名前・ご住所を明記した用紙、返信用封筒、下の引換券（コピー不可）および200円切手（メールによるファイル添付をご希望の場合不要）を同封のうえ弊社までお送りください。

◉本書内容の複製は点訳・音訳データなど視覚障害の方のための利用に限り認めます。内容の改変や流用、転載、その他営利を目的とした利用はお断りします。

◎あて先
〒160-0008
東京都新宿区三栄町17-2 木原ビル303
生活書院編集部　テキストデータ係

キリトリ線

【引換券】
保安処分構想と
医療観察法体制

著者紹介

樋澤　吉彦（ひざわ・よしひこ）

1973年、長野県上田市（旧小県郡武石村）生まれ。

日本福祉大学大学院社会福祉学研究科社会福祉学専攻博士前期課程修了。立命館大学大学院先端総合学術研究科先端総合学術専攻一貫制博士課程修了。博士（学術）。現在、名古屋市立大学大学院人間文化研究科准教授。

専門：社会福祉学、ソーシャルワーク論。主な論文：「心神喪失者等医療観察法とソーシャルワークとの親和性について」『生存学』3、2011、「治療／支援の暴力性の自覚、及び暴力性を内包した治療／支援の是認について――吉田おさみの狂気論を通して」『現代思想』42(8)、2014など。

「ソーシャルワークと，自己決定／パターナリズム／医療観察法との関係について当面考えている樋澤吉彦のウェブサイト」http://www.geocities.jp/dayswamp/

連絡先：y-hizawa@nifty.com

保安処分構想と医療観察法体制

――日本精神保健福祉士協会の関わりをめぐって

発行――二〇一七年一〇月一〇日　初版第一刷発行

著者――樋澤吉彦

発行者――髙橋　淳

発行所――株式会社　生活書院

〒一六〇―〇〇〇八

東京都新宿区三栄町一七―二　木原ビル三〇三

TEL　〇三―三二二六―一二〇三

FAX　〇三―三二二六―一二〇四

振替　〇〇一七〇―〇―六四九七六六

http://www.seikatsushoin.com

印刷・製本――株式会社シナノ

Printed in Japan

ISBN 978-4-86500-072-6

定価はカバーに表示してあります。

乱丁・落丁本はお取り替えいたします。

私的所有論［第２版］

立岩真也　　文庫判並製　976頁　本体1800円

この社会は、人の能力の差異に規定されて、受け取りと価値が決まる、そしてそれが「正しい」とされている社会である。そのことについて考えようということだ、もっと簡単に言えば、文句を言おうということだ 。立岩社会学の主著、待望の第２版！

腎臓病と人工透析の現代史――「選択」を強いられる患者たち

有吉玲子　　A5判上製　340頁　本体3200円円

生きることが可能となる医療技術を、誰がどのように享受するのか、享受するための仕組みをどのように作るのか。その問いを突きつけるものとしての人工透析の歴史――技術の導入と制度・政策の構築過程、患者たちが直面する現状がいかに形成されてきたか――を検証し明らかにする。

受精卵診断と出生前診断――その導入をめぐる争いの現代史

利光惠子　　A5判上製　344頁　本体3000円

「流産防止」か「いのちの選別」か。日本における受精卵診断導入をめぐる論争の経緯をたどり、いかなるパワーポリティクスのもとで論争の文脈が変化し、この技術が導入されていったのかを明らかにする。今また様々な論議を呼んでいる出生前診断の論争点を提示。

生存学の企て――障老病異と共に暮らす世界へ

立命館大学生存学研究センター【編】　　Ａ５判並製　288頁　本体2500円

様々な身体の状態を有する人、状態の変化を経験して生きていく人たちの生の様式･技法を知り、それと社会との関わりを解析し、人々のこれからの生き方を構想し、あるべき社会・世界を実現する手立てを示す＝「生存学」その待望のテキスト。

生存学　vol.1 ～ vol.9

立命館大学生存学研究センター【編】　　A5変判並製　各2310円

〈生の技法〉の歴史･現在･未来を、調べ、記述し、展望する［生存学］の成果を凝縮する学術誌。vol.1= 特集1「生存の臨界」、vol.2 = 特集1「労働、その思想地図と行動地図」、vol.3 = 特集「精神」、vol.4 = 特集1「生存のデザイン」、vol.5 = 特集1「生存学、リスタート」、vol.=6 特集1「教育の境界、境界の教育」、vol.7= 巻頭特集「病／障の身体を（で／から）舞う」、vol.8= 巻頭特集「看護」、vol.9= 特集 1 「Hate and War: Japanese Question」他。